AF617695

Ni es la torcaz benigna, ni es el cuervo protervo;
son formas del enigma, la paloma y el cuervo.

Rubén Darío

'Coloquio de los Centauros'

Prosas profanas y otros poemas [1896]

Historia de los Reyes de Aragón

cuervo y paloma

Historia de los Reyes de Aragón

DE **SANCHO GARCÉS** [1004] A **FERNANDO II** [1516]

Marta Serrano Coll

A Ricardo, mi luz

«… en la batalla se señalaron muchos, pero entre todos el rey dio tal prueba de su persona que se conoció bien que imitaba en el valor a los reyes de quien descendía, que por el honor de su corona aventuraban sus vidas entre los primeros».

Jerónimo Zurita y Castro
Anales de la Corona de Aragón [siglo XVI]

Marta Serrano Coll

[Barcelona, 1972]

Doctora en Historia, es profesora titular de Historia del Arte en la Universitat Rovira i Virgili. También ha sido «chercheur invité» en el Institut Nationale d'Histoire de l'Art (París).

Su tarea docente se centra en el área del Arte Medieval, y sus investigaciones indagan sobre la imagen y otros elementos publicitarios del poder.

Ha publicado varias monografías y artículos, y colaborado en obras colectivas de ámbito nacional e internacional.

Transitar cinco siglos de historia

Las páginas de este volumen recogen los más relevantes episodios de una parte de nuestra historia medieval en la que, de modo pausado o convulso, deliberado o sobrevenido, se asentaron las bases que desembocarían en el llamado Estado moderno. Tienen como epicentro geográfico medular la corona de Aragón, y presentan como protagonistas indiscutibles a sus reyes, quienes al ser glosados –y contextualizados– conforman el hilo conductor de todo el relato.

Hasta veintiuno fueron los soberanos que, con mayor o menor fortuna gubernamental e historiográfica, dirigieron sus dominios a lo largo de los quinientos doce años que aquí se extractan, y formaron parte de tres linajes distintos: la casa privativa de Aragón pervivió hasta que la futura reina Petronila celebra sus esponsales [1150] con el conde de Barcelona Ramón Berenguer IV y constituyen lo que conocemos como corona de Aragón; la saga resultante de esta unión entre la casa de Aragón y el «casal» de Barcelona, se extinguirá, siglos después, con la muerte [1410] de Martín I el Humano; y, finalmente y tras el célebre Compromiso de Caspe [1412], cuatro descendientes de la dinastía de los Trastámara ocuparán el trono aragonés. El último representante de esta secuencia es Fernando II, quien se unirá –tras un novelesco pero conveniente y provechoso matrimonio– con Isabel I de Castilla. La desaparición de su «católica majestad» [†1516] trae consigo una nueva estirpe, los Austrias, y su representante va a ceñir en una misma cabeza las coronas de Aragón, Castilla y Navarra: Carlos I.

Los reyes de Aragón asumieron el poder en territorios cuya naturaleza y límites fronterizos fueron variando con el paso del tiempo, conforme acontecían conquistas, alianzas y enlaces matrimoniales: del primigenio condado de Aragón, limitado núcleo heredado [1004] por Sancho Garcés III el Mayor, al extenso territorio que aglutinó bajo su cetro Fernando II y que recibió [1516] su sucesor, el príncipe Carlos, hay una diferencia de más de cien mil kilómetros cuadrados que incluyen islas, posesiones en regiones ultrapirenaicas, en penínsulas ajenas a la Ibérica e incluso en áreas de otros continentes. Devino en un mosaico de unidades políticas que integraba súbditos de perfil muy heterogéneo: peninsulares, baleares, francos, itálicos, también griegos, africanos..., además de los indígenas de la «terra nullis», esto es, la tierra de nadie del continente americano en el que, de forma tan fortuita como inesperada, desembarcó Cristóbal Colón en 1492. Esta pluralidad y diversidad territorial requirió de una elaborada y astuta estrategia política que –a veces ineficaz en las volubles y cambiantes coyunturas– procuraba preservar su personalidad e idiosincrasia y, al tiempo, conseguir la cooperación en las empresas comunes acaudilladas por el rey. Esta gestión de equilibrios, más propia a veces de un funámbulo que de un soberano, conllevaba implícita la jura de privilegios, fueros y libertades previa a la ceremonia de coronación; como se verá, no siempre condición «sine qua non» de legitimidad.

Por otra parte, las transformaciones en los lindes de su señorío favorecieron que de la intitulación «Rex in Aragonum» inicial se pasase a la de «Rex Aragonum et comes Barchinone» tras la conformación de la corona de Aragón y, a partir de entonces, el título se fue dilatando progresiva y simultáneamente al engrandecimiento de los propios dominios hasta llegar al extensísimo de Fernando II: «Hispaniarum rex». Intentando no confundir –aun a sabiendas de la mutilación y, por ende, imprecisión– aquí se silenciará el resto de prestigiosas dignidades que ostentaron, y los protagonistas aparecerán solo designados como reyes de Aragón.

También se sintetizará como «palos de Aragón» o «señal del rey» el emblema heráldico que, invariablemente, salvo por timbres y divisas, identificaron como tales a sus titulares desde, cuando menos, Ramón Berenguer IV, intitulado «princeps Aragonensis». Aunque la leyenda atribuye su origen en tiempos de Wifredo el Velloso [840-897] como resultado de marcar con su sangre el propio escudo, las cuatro barras de sangre no figuran en ninguna obra histórica hasta 1551, cuando fue escrita la *Segunda parte de la crónica general de España* por Pedro Antonio Beuter. No obstante, la adscripción del «señal real» al linaje de los condes de Barcelona ya se había establecido con anterioridad, concretamente en el siglo XIV y durante el reinado del Ceremonioso.

Las líneas que siguen intentan ser un compendio de los más relevantes capítulos que atesora nuestro pasado, expuestos de forma comprensible y espero que didáctica, eludiendo la mera y tediosa acumulación de fechas y datos. Entre espeluznantes guerras o conflictos armados, apremiantes tratados y concordias, estratégicos esponsales –a veces consumados en repudio o nulidad–, o muertes sucesivas –fuesen resultado de causas naturales, accidentales o por un velado emponzoñamiento–, se despliega un discurso transversal que intenta tener en consideración no solo la vertiente personal de los protagonistas –es decir, su semblanza–, sino también su inmersión en el paisaje político, social y cultural que les envolvía. Ese que, con mejor o peor fortuna, ellos mismos ayudaron a definir.

Desde antaño, los reyes fueron muy conscientes de las posibilidades que ofrecían las artes como instrumento de prestigio, así como también del uso efectivo y efectista de su propia imagen, fuese textual o iconográfica. Como consecuencia, pronto se convirtieron en destacados promotores artísticos que alcanzaron a tener un relevante papel en la creación o consolidación de los diferentes lenguajes estéticos que –respondiendo a gustos dispares– fueron surgiendo en el transcurso del tiempo constreñido entre estos renglones.

Consciente de lo complejo que resulta a veces seguir las genealogías reales y para no forzar al lector a rebuscar en páginas precedentes algún contexto singular, se ha preferido repetir ese escenario con la intención de facilitar la comprensión y dar fluidez a la narración.

Limitaciones de extensión han obligado a eludir sucesos y acontecimientos secundarios y, de forma desgarradora, la práctica totalidad de las biografías de las heroínas que, sin duda, fueron las reinas consortes. Seguramente reclaman ya un volumen específico, aunque exigirá un enfoque y una metodología singulares. Estos vacíos, congénitos a cualquier trabajo de divulgación, se espera que actúen en el lector como un estímulo... Puede resultar apasionante indagar en los hechos que se sucedieron entre las costuras de los que aquí se narran con mayor detalle; solo hay que llegar hasta el final del volumen, donde se recoge un compendio de las crónicas utilizadas y de las fuentes bibliográficas consultadas. Por cierto, quizá sea el momento de decir que a esos autores se deben los cimientos de esta obra y de su tarea derivan muchas de las afirmaciones que aquí se expresan. A todos ellos, mi más caluroso y sincero reconocimiento y agradecimiento.

* * *

Agradezco...

A mis colegas de profesión todo lo que me han enseñado a través de viajes de estudio, investigaciones, conversaciones o debates, en especial a Javier Martínez de Aguirre Aldaz y a Gerardo Boto Varela; gracias por ser y estar.

A Gerard Puig Gavarro, compañero en la Universitat Rovira i Virgili, su eficiente colaboración: la supervisión de los mapas y la confección del glosario.

A todos mis amigos –incluidos los que ya se han ido, pero permanecen en mi recuerdo–, porque sigo aprendiendo de vosotros.

A mi familia. De forma singular a «avia», que ya ha cumplido ciento un años. Y, sobre todo y por encima de todo, a Alberto, a quien tanto debo: me siento afortunada por tenerte a mi lado.

También al editor, por su amabilidad y sus consejos; pero, sobre todo, por su capacidad de transmitir con su trabajo el amor por los libros.

Nota: La ilustración digital de la portada copia la miniatura «le roy d'Aragon» contenida en el *Armorial de l'Europe et de la Toison d'or* [1461] custodiado por la Bibliothèque nationale de France [Ms.: 4790 / 108r]. El dinero del lomo se acuñó en la ceca de Monzón durante el reinado de Pedro I [s. XI]; Antonio y Javier Arguas nos han cedido la fotografía de la pieza –de su colección– a través de Ogando Nunismática.

Nómina de reyes

Sancho Garcés 1004-1035 24
[Rey de Pamplona]

Ramiro I 1035-1064 37

Sancho Ramírez 1064-1094 49
[Rey de Pamplona]

Pedro I 1094-1104 63
[Rey de Pamplona]

Alfonso I 1104-1134 74
[Rey de Pamplona]

Ramiro II 1134-1137 85

Petronila 1137-1164 98

Alfonso II 1164-1196 108

Pedro II 1196-1213 119

Jaime I 1213-1276 132

Pedro III 1276-1285 143

Alfonso III 1285-1291 155

Jaime II 1291-1327 168

Alfonso IV 1327-1336 179

Pedro IV 1336-1387 190

Juan I 1387-1396 201

Martín I 1396-1410 212

Fernando I 1412-1416 227

Alfonso V 1416-1458 238

Juan II 1458-1479 250
[Rey de Navarra]

Fernando II 1479-1516 261
[Rey de Navarra]

Ficha del rey:

Nombre período de reinado

[nacimiento / muerte] 1ª **esposa/esposo** [padre de la esposa]: hijos. – **amante**: hijos.
+ lugar de enterramiento > traslado a otro lugar de enterramiento.

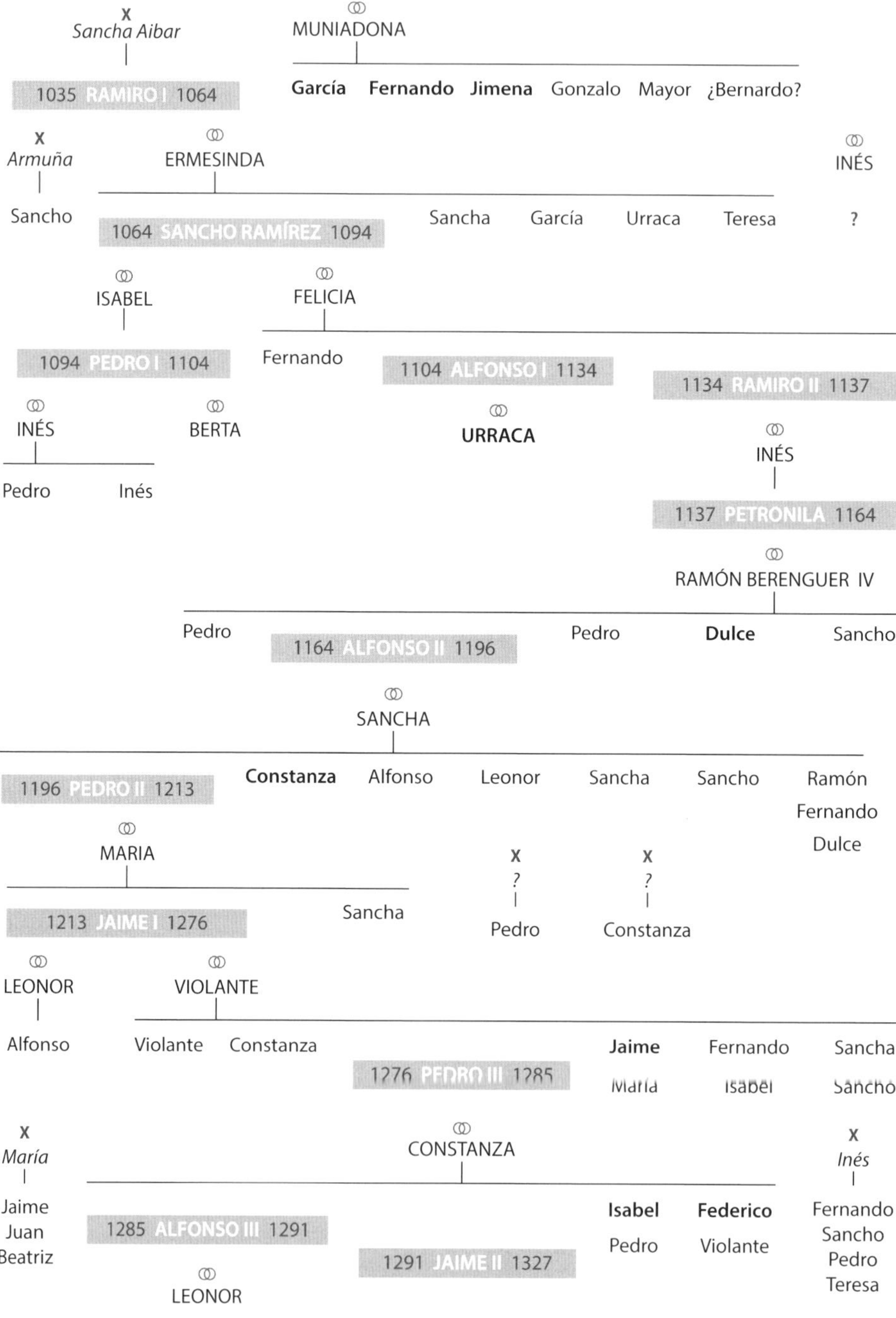
1004 SANCHO GARCÉS 1035
X
Sancha Aibar
MUNIADONA
1035 RAMIRO I 1064
García
Fernando
Jimena
Gonzalo
Mayor
¿Bernardo?
X
Armuña
ERMESINDA
INÉS
Sancho
1064 SANCHO RAMÍREZ 1094
Sancha
García
Urraca
Teresa
?
ISABEL
FELICIA
1094 PEDRO I 1104
Fernando
1104 ALFONSO I 1134
1134 RAMIRO II 1137
INÉS
BERTA
URRACA
INÉS
Pedro
Inés
1137 PETRONILA 1164
RAMÓN BERENGUER IV
Pedro
1164 ALFONSO II 1196
Pedro
Dulce
Sancho
SANCHA
1196 PEDRO II 1213
Constanza
Alfonso
Leonor
Sancha
Sancho
Ramón
Fernando
Dulce
MARIA
X
?
Pedro
X
?
Constanza
1213 JAIME I 1276
Sancha
LEONOR
VIOLANTE
Alfonso
Violante
Constanza
Jaime
Fernando
Sancha
1276 PEDRO III 1285
María
Isabel
Sancho
X
María
Jaime
Juan
Beatriz
CONSTANZA
X
Inés
Fernando
Sancho
Pedro
Teresa
1285 ALFONSO III 1291
Isabel
Federico
Pedro
Violante
1291 JAIME II 1327
LEONOR

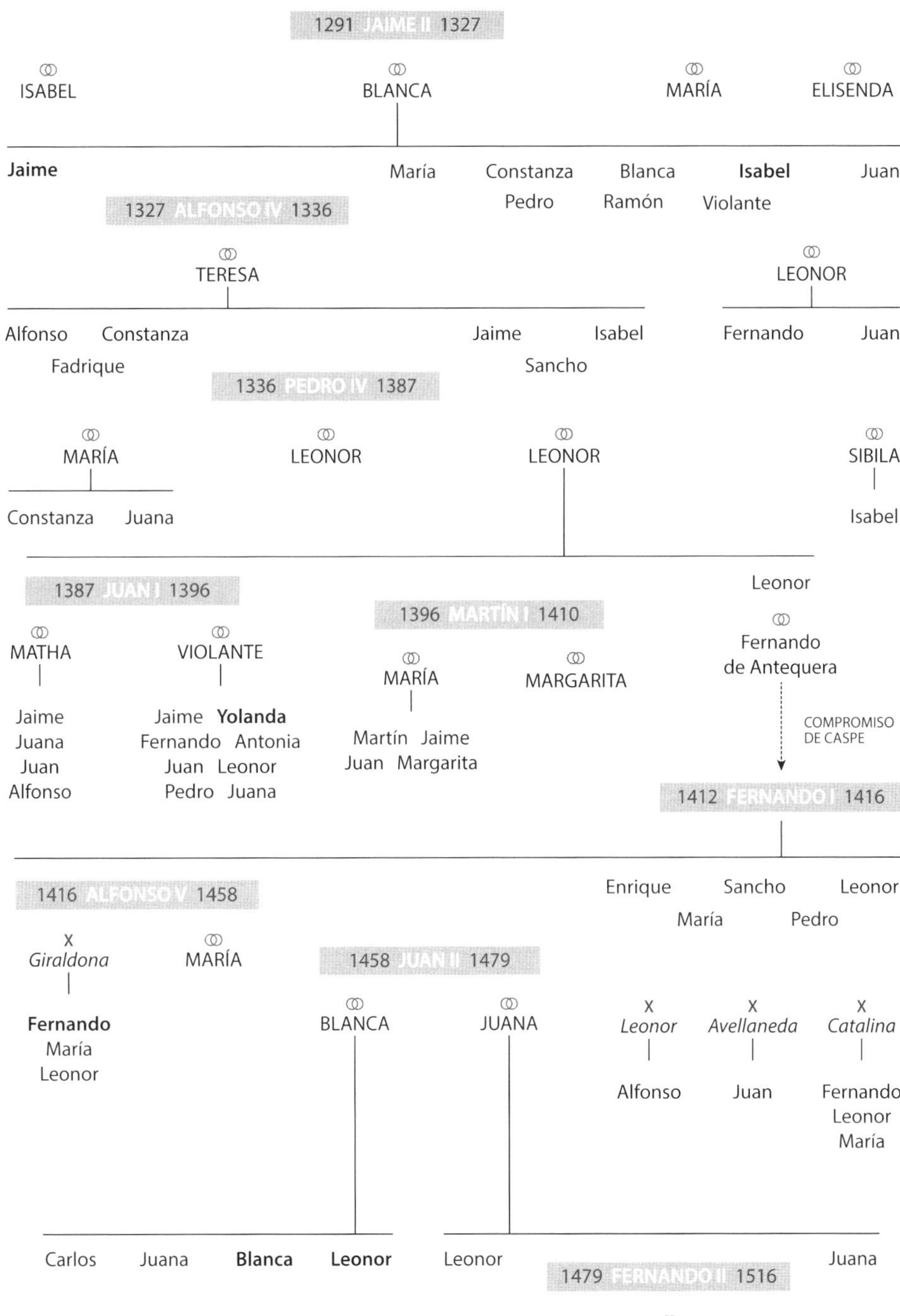
1291 JAIME II 1327
ISABEL
BLANCA
MARÍA
ELISENDA
Jaime
María
Constanza
Blanca
Isabel
Juan
Pedro
Ramón
Violante
1327 ALFONSO IV 1336
TERESA
LEONOR
Alfonso
Constanza
Fadrique
Jaime
Isabel
Sancho
Fernando
Juan
1336 PEDRO IV 1387
MARÍA
LEONOR
LEONOR
SIBILA
Constanza
Juana
Isabel
Leonor
1387 JUAN I 1396
MATHA
VIOLANTE
Jaime
Juana
Juan
Alfonso
Jaime
Yolanda
Fernando
Antonia
Juan
Leonor
Pedro
Juana
1396 MARTÍN I 1410
MARÍA
MARGARITA
Martín
Jaime
Juan
Margarita
Fernando
de Antequera
COMPROMISO
DE CASPE
1412 FERNANDO I 1416
Enrique
Sancho
Leonor
María
Pedro
1416 ALFONSO V 1458
X
Giraldona
MARÍA
Fernando
María
Leonor
1458 JUAN II 1479
BLANCA
JUANA
X
Leonor
X
Avellaneda
X
Catalina
Alfonso
Juan
Fernando
Leonor
María
Carlos
Juana
Blanca
Leonor
Leonor
Juana
1479 FERNANDO II 1516
ISABEL

Algunos antecedentes…

Tras la romanización y la dominación visigoda, los territorios que conformarán el reino de Aragón estuvieron sometidos al poder musulmán, aunque la incapacidad e insolvencia de algunos califas y las luchas civiles entre ellos desembocan en la formación de un mosaico de reinos sarracenos independientes –cuyas fronteras dictaron, en buena parte, los condicionantes geográficos– que conocemos con el nombre de taifas. Al gobierno del inteligente, sensible y devoto Al-Hakam II le siguió la minoría de edad de su hijo Abu l-Walid Hisham Ibn Al-Hakam, que propició el ascenso al poder del temible Al-Mansur [976-1002] quien mediante aterradoras razias había conquistado o saqueado importantes núcleos cristianos como Barcelona, Burgos, León, Zamora o Santiago de Compostela. Con la ayuda de Al-Wadih, Hisham II pudo recuperar el trono, aunque sin lograr resolver los conflictos entre árabes y bereberes.

Las debilidades en la articulación política del califato, problema recurrente en Al-Ándalus, iniciaron un periodo de decadencia que los cristianos supieron aprovechar de forma magistral. Porque esta inestabilidad política facilitó lo que historiográficamente se ha denominado «Reconquista», en realidad un convencionalismo equívoco que ha suscitado un sinfín de debates y que alude al largo proceso de lucha de los cristianos para expulsar a los musulmanes de suelo peninsular.

Sangre hispanovisigoda

La pretendida continuidad respecto a la legitimidad visigoda constituyó el argumento nuclear de los reyes, a quienes el designio divino avalaba como rectores de la sociedad cristiana.

La idea venía favorecida también por la labor intelectual de los «scriptoria» monásticos, los cuales difundían una historia propicia a las dinastías gobernantes. Para ello, no dudaron en entroncar las sagas reinantes con aquel glorioso pasado. Así se materializó tempranamente –en el caso de los soberanos asturleoneses– en San Millán de la Cogolla y, aunque en distinto modo, en San Martín de Albelda para los monarcas pamploneses. En el caso navarro, este ilustre precedente se visibiliza de forma plástica en el *Códice vigilano*, uno de cuyos folios iluminados presenta a la familia reinante junto a los reyes visigodos, allí recordados por su papel en las tareas legisladoras. Como tantas veces ha sido repetido, este códice junto con el rotense emparentaba la nueva dinastía Jimena –en 905 había alcanzado el poder en Pamplona– con la monarquía asturiana,

Primeras expediciones musulmanas sobre la Iberia visigoda

justificando así su relación con el anhelado linaje godo. Igualmente, las biografías de los miembros de las ilustres sagas, reyes y príncipes se convirtieron en motivo de alabanza y en modelos a seguir, dando lugar al florecimiento de una literatura escrita en soportes y géneros diversos, cuyos renglones son de belleza exquisita.

Pompaleo

En el caso de Pamplona, a la preeminencia del soberano –basada en su riqueza patrimonial al erigirse como la principal fortuna del reino– se le unió la proyección social que le convertía en garante de la justicia y protector del reino y sus gentes. Subrayando su prestigio en las intensas acometidas militares, pudo lograr distinguirse como «optime imperator»; así se intituló el primero de la dinastía Jimena en ser reconocido como rey: Sancho Garcés I [905-925]. Su llegada al trono conllevó la articulación definitiva de Pamplona como reino que superaba la etapa de caudillaje político-militar de la dinastía precedente, la Íñiga, cuyo último integrante, el octogenario Fortún Garcés [882-905], había sido forzado por la nobleza a abandonar el liderazgo y recluirse en el monasterio de Leyre.

La posición estratégica del reino facilitó su enriquecimiento: su ubicación entre Al-Ándalus y los Pirineos, que se abrían al continente europeo, potenció el comercio y –desde el inicio de las conquistas a los musulmanes– la migración de grupos cristianos de las regiones controladas por el islam a las dominadas por sus correligionarios de fe. Este movimiento poblacional fue instado muchas veces por la propia monarquía conforme avanzaban las fronteras en territorio andalusí. Los nobles actuaron de forma parecida: mostrando aptitud, eficacia y magisterio para engrandecer su capacidad socioeconómica, y también para consolidar sus patrimonios, lo que fomentaría una serie de singularizaciones territoriales que dificultaron la gestión conjunta del reino. De igual manera la entorpecerían desestabilizando los dominios regios, agudizando las divergencias entre los miembros de la familia gobernante, así como intrigando durante las minorías de los herederos a la corona. A la muerte de Sancho Garcés I y a pesar de que había dispuesto que debía sucederle en el trono su hijo García Sánchez I [925-970], como menor de edad, surgieron tiranteces entre los posibles regentes, esto es, entre el hermano, Jimeno Garcés, y la esposa del difunto, Toda Aznárez. Aunque el primero asumió el título real en primera instancia, la reina viuda Toda tomaría en 931 las riendas del gobierno en nombre de su vástago.

Por otra parte, la colaboración –cuando no injerencia– del reino de Pamplona con el de León se materializó a través de diversos y variados mecanismos, entre ellos, las políticas matrimoniales: Alfonso III, Ordoño II, Fruela II, Alfonso IV y

Los emergentes reinos cristianos frente al emirato de Córdoba.

Ramiro II escogieron esposa entre las princesas de la casa real pamplonesa. Asimismo, en las acciones militares para atacar las fronteras musulmanas, hubo participación solidaria de ambos reinos. Aunque, hay que decirlo, esos empeños fracasarán no pocas veces… Sirvan de ejemplo la campaña de 963, cuando una coalición septentrional integrada por los reyes de León y de Pamplona, y los condes de Castilla y de Barcelona queda frustrada ante la arremetida de Al-Hakam II; o las más tardías refriegas de 975 y 981, tampoco afortunadas.

En cuanto a la preeminencia de Pamplona sobre el condado de Aragón, esta se remonta a mediados del siglo IX, si bien se consolida tras la boda, hacia el año 938, de la condesa Andregoto Galíndez con García Sánchez I de Pamplona, lo que amalgamaba la corona condal con la casa real. Aunque la condesa fue repudiada por su esposo antes de 943, del matrimonio derivaría la posterior unión de Aragón y Pamplona, personificada por el primero de sus hijos: Sancho Garcés II [970-994]. Este monarca elegiría Nájera como la verdadera y única capital del reino.

No obstante, las presiones de Teresa Ramírez –quizá hija de Ramiro II de León y segunda esposa de García Sánchez I– sentaron a su hijo Ramiro Garcés en el trono de Viguera (un reino «ad hoc» que coincide, más o menos, con la Rioja Media de hoy), aunque como «subregulus» y vasallo de su hermanastro Sancho Garcés II Abarca.

Se conocen tres monarcas del reino de Viguera: el mencionado Ramiro Garcés [970-981] y sus hijos Sancho [981-1002] y García [1002-1030], quienes durante la minoría de su pariente Sancho Garcés III –nieto de Abarca e hijo de García el Tembón [994-1000]– llegaron a actuar en el reino de Nájera-Pamplona. A la muerte sin descendencia de García Ramírez el de Viguera, el territorio regresó a la corona navarra, donde gobernaba ya con mano maestra Sancho III, apodado «el Mayor» y con quien se inicia el repertorio de «soberanos aragoneses» que describe el volumen que el lector tiene en sus manos.

II Albores del reino de Aragón

Durante las primeras décadas del siglo XI, los reyes cristianos se esforzaron por consolidar su poder en el seno de sus propias fronteras. En este sentido, resulta llamativo hasta qué punto Sancho Garcés III [1004-1035], tan perspicaz como longevo, logró, aunque solo circunstancialmente, la hegemonía del reino de Pamplona en relación con los territorios vecinos. Bajo su cetro orbitaron los diminutos condados de las estribaciones pirenaicas, como Aragón, Sobrarbe y Ribagorza, finalmente integrados en sus dominios a raíz de fructíferas alianzas matrimoniales. A su muerte, sus posesiones fueron repartidas entre sus hijos: el mayor, García Sánchez III [1035-1054], hereda Pamplona y los territorios de Álava y la Bureba; Gonzalo recibe Sobrarbe y Ribagorza; y el menor, Fernando, obtiene el condado de Castilla. Resulta que para otro hijo, Ramiro –según algunas fuentes, ilegítimo– reservó el condado de Aragón. (No hay que olvidar, para contemplar el tapiz completo, que el Mayor tenía una hija casada con el joven Bermudo III, rey de León).

Ramiro I [1035-1064] no solo hizo caso omiso a García Sánchez III, que pretendía subordinarlo, sino que tuvo la osadía de autoproclamarse rey. Desaparecido Gonzalo de forma enigmática [1045], Ramiro pretendió los dos condados que habían quedado huérfanos (Sobrarbe y Ribagorza). En su ayuda vino el conflicto abierto entre sus dos hermanastros: García y Fernando. El pamplonica fallece en la batalla de Atapuerca y su heredero, un adolescente Sancho Garcés IV [1054-1076], no estaba para reclamaciones. De este modo se inauguraban las andaduras de un minúsculo reino, Aragón, cuyas tierras laborables alcanzarían, como mucho 1500 km^2. Ramiro encontró la muerte en la batalla de Graus [1063], librada contra el hábil Al-Muqtadir [1046-1081], rey de la taifa de Zaragoza, que pretendía recuperar el territorio de su padre. Parece ser que el zaragozano recibió la ayuda de Fernando I, hermanastro de Ramiro y por entonces ya rey de León [1037-1065].

El primogénito, Sancho Ramírez I [1063-1094], aunque no consiguiera victorias importantes contra el enemigo musulmán, supo explorar significativas alianzas más allá de los Pirineos que, aun a costa de encomendar el reino a la sede pontificia en 1068, darían sus frutos en tiempos de sus tres vástagos –Pedro, Alfonso y Ramiro–, con quienes terminaría de consolidarse el joven reino.

Sancho Garcés III 1004-1035

[¿992? / 1035]. -**Sancha de Aibar**: Ramiro. **Muniadona** [Sancho García, conde de Castilla]: García, Fernando, Jimena, Gonzalo, Mayor. + Monasterio de San Salvador de Oña > San Isidoro de León.

Todavía hoy es muy confusa la historia del reino de Pamplona entre las postrimerías del siglo X y los albores del XI. Fue Sancho Garcés II –conocido con el sobrenombre de Abarca– quien asumiera por primera vez el título de conde de Aragón, además del de rey de Pamplona. Y así lo recibirá su heredero García Sánchez II el Temblón para legárselo luego a su hijo Sancho Garcés III, un muchacho de unos doce años cuando sube al trono.

Resulta difícil juzgar la figura de Sancho Garcés III, apodado como «Maior», puesto que la historiografía no solo no coincide en sus valoraciones, sino que, a menudo, resulta contradictoria. Por una parte, se ha afirmado que nos hallamos ante uno de los personajes más trascendentales del cambio de milenio al constituirse como uno de los promotores de renovación más relevantes del momento; mientras que, por otro lado, hay quien minimiza su dimensión histórica como consecuencia de la carencia de documentación prístina. No obstante, la escasa documentación pone de relieve su influencia en los territorios cristianos peninsulares o el alto aprecio que le profesaron algunos distinguidos personajes de la época como Oliva, abad de Ripoll y luego obispo de Vic. Su intitulación como «Ego Rex, Imperator in Castella et in Pampilona et in Aragone et in Superarbi et in Ripacurcia» –podría haber añadido las ciudades de Astorga, Zamora, Palencia y lo que hoy es Tierra de Campos– pone de relieve su esplendor y justifica que le fuera concedido el sobrenombre de Mayor. Ilustrativa es, en este sentido, la *Crónica del príncipe de Viana*, cuyas líneas –redactadas por el príncipe don Carlos hacia 1454, es decir, cuatro siglos después de que sucedieran los hechos– recordaban que don Sancho:

> … no solamente senyoreó Navarra, Castilla e Aragón, mas sennoreó el ducado de Cantabria, e todas las tierras de su agüelo el rey don Sancho Abarqua; e por su proheza et virtud Gascunna se sozmetió a su imperio, e sojuzgó al conde de Sobrarbe, e fue su vassallo reconociéndole por sennor, e por la inmensidat de tierras que posseya e senoriaba, fízose intitular emperador.

Interregno

Se ha considerado que los inicios del reinado de Sancho III el Mayor vinieron precedidos por un período de «interregno» de unos cuatro años (entre 1000 y 1004) y que supondría el dominio de Sancho Ramírez, tío del joven rey –el pariente más próximo por vía paterna– y emparentado con los reyes de Viguera. Las razones de este período transicional hay que encontrarlas en la escasa edad del futuro rey y, de hecho, en los documentos posteriores a 1004, cuando se considera que comienza su reinado efectivo. Los registros textuales confirman un ambiente familiar y clerical que forja, sin lugar a dudas, el carácter del monarca y orienta su política tanto en Navarra como en el resto de la Península. En este sentido conviene recordar que, en su primera juventud, estuvo aconsejado por su madre, doña Jimena –hija del leonés Fernando Vermúdez– y también por su abuela doña Urraca –hija del conde de Castilla Fernán González–, quienes, con toda probabilidad, le introdujeron en los intereses y dificultades de la política del reino de León y del condado de Castilla. Pero, además, fue asesorado y tutelado por los obispos García de Nájera, Belasco de Aragón y Jimeno de Pamplona, junto con otros notables que, asumiendo cargos como el de mayordomo o el de botellario –de acuerdo con la documentación– conformarían el embrión de la corte o curia que acompañaba al soberano durante los primeros años de su reinado.

Con el tiempo, estos miembros se integrarían en el «aula palatina» o disfrutarían en honor algunos de los distritos o tenencias del reino. Esta organización ha sido percibida también como una clarividente vía de control directo por parte de la monarquía sobre el círculo nobiliario. La incipiente corte –integrada por la «familia regis» y un ingente grupo de magnates laicos y eclesiásticos muy próximo al rey– habría florecido por necesidad, dada la minoría de edad del futuro monarca, y su consejo se extendería más allá de 1011, cuando Sancho III aparece, ya como adulto, casado con Munia, Muniadona o Mumadonna.

Nuevo marco feudal

Como consecuencia del despegue económico que se había producido en el último tercio del siglo X, se genera una revolución social –primeros años del XI– que arranca en Cataluña, pero pronto irradia hacia tierras de Aragón y Navarra. La transformación se habría visto favorecida por la disponibilidad de nuevas tierras, que provocaron la desaparición de viejas formas de servidumbre. No obstante, aunque al principio los campesinos habrían sabido aprovecharse de la primera colonización, pronto van a ser acosados por aristócratas y eclesiásticos con ansias de monopolizar el territorio, lo que culmina –en las décadas de los veinte y treinta– con el surgimiento y consolidación del homenaje y el feudo. Eran las bases para la implantación del feudalismo a través del cual los señores se benefician económicamente y controlan los resortes del poder. Es cierto que Sancho III el Mayor se configuró como el primer receptor de parias de la Península, por lo que la economía de Navarra y de Aragón pudo sanearse gracias a la moneda de oro musulmana, pero el soberano también distribuyó las ganancias entre nobleza y clero, quienes continuaron acaparando todas las posibilidades de riqueza.

Demográficamente, existen suficientes datos como para confirmar que hasta los albores del año 1000 se mantuvo en las tierras de Navarra un auge demográfico elevado, especialmente en la que ha sido denominada Navarra nuclear. En este territorio, comprendido entre los valles nororientales, la cuenca de Pamplona y Deyo, las «villae», «villulae», «vici» o «loci» sufrieron un crecimiento vegetativo aún mayor con la llegada de los francos en el siglo XI. Pero también la Rioja asumirá un nuevo papel, con Nájera como urbe pujante, convertida en el epicentro de la geografía del poder pamplonés por predilección del monarca que la convierte en residencia principal: Sancho Abarca. Mientras, en el condado de Aragón la mayor densidad poblacional se encontraba en torno al valle del Aragón y el cauce perpendicular del Ansó, donde existían unas veinte tenencias.

La sociedad de estos tres núcleos geográficos fundamentales del dominio de la dinastía pamplonesa (reino de Pamplona o Navarra nuclear, la «terra Nagerense» y el condado de Aragón) se sustentaba en la agricultura extensiva y la ganadería trashumante; y así pudo mantenerse diferenciada en cuanto a la organización política del espacio y en lo referido a la estructuración social. No obstante, el eje vertebrador de toda ella era la encomendación personal o «fidelitas», que relacionaba al rey con los barones y a estos, a su vez, con los caballeros o «milites», a través de los honores, beneficios o prestimonios.

Coordenadas políticas

La actividad política de Sancho Garcés III ha sido sintetizada en tres grandes puntos. En primer lugar, la «perseverancia pacis», que implicaba la preservación o perseveración de la paz, de la armonía en el seno de cada uno de los reinos cristianos y de la concordia entre todos ellos. En segundo lugar, la «delectio paganorum», es decir, la destrucción de los infieles, en especial los sarracenos que todavía permanecían en territorio peninsular y que acosaban con sus razias los territorios cristianos (no olvidemos, en este punto, que durante su niñez Sancho pudo contemplar el horror de Al-Mansur y que, poco después de alcanzar el gobierno, Abd-Al-Malik asoló [1006] las tierras ribagorzanas y sus gentes). Por último, y también con el fin de evitar los ataques musulmanes que se presuponían a consecuencia del mal comportamiento o de la impiedad de los cristianos, la «Ecclesiarum ad legem Dei», o sea: el necesario cuidado de la vida colectiva e individual conforme a las normas establecidas por Dios.

La *Crónica legionense* (antes llamada silense), redactada por un anónimo monje en el año 976, pone por escrito precisamente parte de este ideario:

> Fue hombre de inquebrantable veneración a la fe de Cristo, piadoso con todos los fieles y misericorde con los católicos oprimidos. ¿A qué decir mucho? En todas sus acciones se mostró magnífico guerrero contra las gentes ismaelitas; causó múltiples desastres a los sarracenos.

En realidad –como ha sido señalado en alguna ocasión– estos principios básicos en los que se sustentaban las actuaciones del rey no suponen en sí mismos una originalidad, si bien el modo en el que las llevó a cabo sí constituyen un cambio con respecto a las políticas anteriores. Sin duda, su proyección, no solo hispánica, sino también ultrapirenaica, a través de sus relaciones internacionales –incluía embajadas y recepciones en las más importantes cortes europeas, estrechas amistades con influyentes y renovadores monásticos y una decidida aproximación a Roma–, favoreció un gobierno extraordinario y sin parangón que tuvo una repercusión posterior mucho mayor de la que se pudiera intuir por entonces.

Potestas regia

Durante el reinado de Sancho el Mayor la Península estaba constituida por un mosaico de núcleos políticos cristianos, dejando al margen, claro está, los dominios de Al-Ándalus. Al oeste del reino de Pamplona, estaba el de León, que, heredero directo del Astur, ya se superponía al territorio que antaño había constituido la Gallaecia. Al este se había configurado el condado aragonés, y más hacia un oriente que desemboca en el Mediterráneo se hallaba la –mal llamada para algunos– «marca hispánica», compuesta por diversos condados otrora vinculados al reino franco y de los que destacaba, como cardinal o principal, el de Barcelona.

A pesar de su diversidad y autonomía, en todos estos ámbitos de la Hispania cristiana de la Alta Edad Media permanecía el recuerdo de un pasado compartido y, por tanto, la conciencia de un vínculo que los cohesionaba. Por ello, se ha afirmado que ya entonces subyacía la idea de España como añoranza histórica, corroborada en expresiones como «las Españas medievales», empleadas ante todo por escritores eclesiásticos de la época; pero también como perspectiva de futuro que explica muy bien la demostración de «fraternitas» entre los reinos cristianos del norte de la Hispania perdida a manos del islam.

Como se sabe, en 1004, Sancho III recibía Pamplona como reino originario de la dinastía; la Rioja, tras la anexión repobladora del siglo X, y Aragón como herencia incorporada por pleno derecho. Y es que esta última demarcación había llegado a Sancho Garcés II Abarca a través de su madre, Andregoto, condesa de Aragón; esta es la herencia que recibe ahora el rey y donde ejercerá su «potestas regia», es decir, su autoridad sin discusión. Con posterioridad, Sancho III extendería el dominio con injerencias en Castilla o en León, en Ribagorza o Gascuña, lo que favorece la aparición esporádica del título «imperator» o de calificativos específicos como «Sancius rex ibericus» que le brinda su amigo Oliva, o «rey de los reyes de España» que le dedica el obispo Bernardo de Palencia…; expresiones que le hacen aparecer ante sus coetáneos como representante de la cristiandad hispánica.

Aunque es cierto que hay que ser cautelosos a la hora de valorar estas consideraciones, la historiografía no ha puesto en duda que su trascendencia fue en aumento conforme pasaba el tiempo. A todo ello hay que añadir la circunstancia nada banal de que muchos de los reyes hispánicos fueran descendientes suyos por línea directa, repercutiendo notablemente en el devenir político y dinástico de los diferentes territorios peninsulares.

Un monarca piadoso

Son diversos los acontecimientos que permanecen en la memoria escrita sin otro fin que el de reivindicar el lado piadoso del rey. De todos ellos, quizá el más conocido –por ser el más reiterativo entre las crónicas medievales– sea el de su curación milagrosa acaecida en un accidentado día de caza: halló el rey «un altar viejo scripto que era de Sant Antolín» ante el que oró malherido. De la inmediata sanación deriva la puebla de Palencia y la erección de un oratorio dedicado a san Antolín, sobre el que se levantará, andando el tiempo, la catedral.

Fue primero el arzobispo Rodrigo Jiménez de Rada y después el agustino García de Eugui quienes más incidieron en este hecho, que no hacía sino mostrar el lado más humano y devoto de un rey agradecido con la ayuda divina que había recibido por mediación de un santo mártir antiguo. En realidad, la restauración de la sede palentina, que se ubicó en el mismo lugar que ocupaban unas ruinas visigóticas de mediados del siglo VII, se aderezaba con un hecho milagroso en el propósito de dotar de prestigio a una antigua diócesis ahora rehabilitada. Y, con ella, el monarca restauraba una sede episcopal que ayuntaba las disputadas tierras entre el Cea y el Pisuerga y contribuía a mejorar las relaciones entre el reino de León y el cada vez más poderoso condado de Castilla.

Consta que acudió a las festividades celebradas en Saint-Jean d'Angely con motivo del milagroso descubrimiento de la cabeza de san Juan Bautista, lo que constituía el primer viaje de un monarca hispano al extranjero.

Europeizar

Se ha considerado que Sancho III el Mayor fue quien estableció las primeras relaciones con la Iglesia occidental, que en este momento representaba la apertura a Europa. La *Crónica legionense* le atribuiría el mérito de haber facilitado la circulación de peregrinos, protegiendo el establecimiento del camino hacia Santiago de Composela. Se empeñó en consolidar definitivamente el «itinerario francés» (Sancho Garcés I ya se había preocupado de organizar el Camino), que penetraba en tierras navarras por Roncesvalles y pasaba por Pamplona y Estella; favoreció el desarrollo político, militar y económico de la ruta, y promovió la construcción y mantenimiento de puentes, albergues y hospitales para acoger a los romeros «non solum Hispaniae, sed etiam Italie, Francie et Alemanie». Esta protección incrementaba notablemente la concurrencia de peregrinos y abría la España medieval a Europa de forma eficaz, con consecuencias desde el punto de vista espiritual, económico, comercial, artístico y cultural. En este sentido, son elocuentes los términos de la *Crónica del príncipe de Viana*, que señalaba:

> E fizo el camino de Santiago, el quoal por miedo de los alarabes, passaba por Alaba e por Asturias, e fízole passar por Nágera, por Birbisca e por Mayonan.

Por otra parte, esta apertura al continente implicaba la importación de una serie de principios culturales que, en su mayoría, vendrían vehiculados por la reforma monástica cluniacense que el rey quiso favorecer. Primero la impuso sobre los cenobios de dominio real que habían sido sustraídos al patronato señorial, entre otros: Leyre, Irache, Albelda, San Millán de la Cogolla, Cardeña u Oña (donde la tradición sostiene que reposa el pamplonés, aunque también se diga que Fernando I hizo transferir el cadáver de su padre al «regum cimiterio» que acababa de renovar en San Isidoro de León). A partir de este momento los capítulos tuvieron completa independencia para la elección de los abades correspondientes.

La introducción de la norma benedictina en todos los monasterios de sus dominios fue el inicio de un intento de ruptura con respecto a la dispersión monástica precedente y marcó el punto de partida de una sucesión de reformas que afectaban a la espiritualidad y a las costumbres. Y todo ello a raíz de los contactos personales con el abad de Cluny, Odilón, facilitados a su vez por el abad de San Juan de la Peña, Paterno, y el abad de Ripoll, Oliva. Este último, consejero del rey en asuntos dinásticos y familiares, ya como obispo de Vic le dedicaba un testimonio de aprecio al tiempo que solicitaba su protección:

> Al magnífico favorecedor de la fe ortodoxa don Sancho, rey gloriosísimo, digno de ser ensalzado con todas las alabanzas, Oliva, prelado de la Santa Iglesia de Ausona [...] le desea toda clase de prosperidades y alegrías eternamente prolongadas en el cielo.

El papel que jugó la renovación monástica en la transformación de los reinos hispanos del siglo XI es incontestable y, dentro de ella –a pesar de la intervención de otros agentes religiosos y laicos–, el protagonismo y la actuación tanto de Cluny como del rey fueron indiscutibles.

La documentación, incluso de cancillerías de más allá de los Pirineos, confirma las relaciones del rey con otros soberanos e ilustres eclesiásticos, convirtiendo a Sancho III en un digno y representativo dirigente europeo del año 1000. No obstante, conviene moderar su relevancia en este sentido: la reforma monástica se limitó a la «benedictinización» frente al hispanismo mozárabe de los cenobios pirenaicos, porque la introducción definitiva de la liturgia romana vendría más tarde y, con ella, la auténtica apertura y europeización.

San Juan de la Peña

Dentro de la expansión demográfica y social que se observa en los territorios sobre los que Sancho III el Mayor ejerce su dominio, es posible advertir la preponderancia económica y social de algunos monasterios que van a disponer de tierras suficientes no solo para mantenerse, sino también para entregar a los pobladores de sus proximidades, con lo que se convertirán en verdaderos centros administrativos del espacio circundante.

De hecho, se ha constatado a partir del año 1000 una intensa labor acaparadora por parte de grandes monasterios a través de compras, enajenaciones y donaciones; no pocas veces fruto de arbitrariedades, falsedades o engaños. Por su parte, el soberano también promocionó el desarrollo de los pequeños cenobios al vincularlos a las grandes abadías y someterlos bajo su mandato.

En el programa renovador de Sancho III el Mayor que a tantos ámbitos afecta, sin duda, el monasterio regio de San Juan de la Peña juega un papel esencial. Fue precisamente en este cenobio donde se asentó la reforma a partir de 1025: una reconversión espiritual a través de la introducción de la regla benedictina. Patrón que –como se ha apuntado– luego seguirían otros tantos centros religiosos.

Así quedó todo anotado en la *Crónica del príncipe de Viana*:

> ... por la devoción que avía en Sant Iohan de la Pena, hordenó que assí como el dicho monesterio hera de clérigos seculares, que fuesse d'aquí en adelante ennoblescido de monges negros, e mudolos del monsterio de Cluni de la horden de Sant Benedicto, el quoal las horas pululaba e florescía en toda la christiandat.

Además de ser el lugar iniciático de la gran reforma de la Iglesia, fue escogido como archivo real, es decir, como centro de memoria.

Introducción del románico

Nuevos rasgos en relación con la europeización –término que debemos entender como el deseo de participar del mismo mundo de las ideas y de las formas que el resto de los pueblos ultrapirenaicos– pueden encontrarse en las producciones artísticas que se desarrollaron entonces, cuando se apostaba por un arte cristiano internacional con influencias occidentales y orientales.

Dejando a un lado el rosario de iglesias y monasterios con los que repobló la orilla del río Gállego, los primeros vestigios del románico cabe encontrarlos en la espectacular cripta del monasterio de San Salvador de Leyre, que debió de iniciarse por los años de su reinado, dado que se consagra en 1057. Parece ser que este monasterio fue especialmente protegido por el rey, acaso por haber vivido allí los primeros años de su infancia y ser los monjes responsables de su educación. Puede verificarse esta predilección cuando se comprueba que sus propiedades empiezan a crecer coincidiendo con el proceso de formación del gran dominio del rey, y con el significativo hecho de que algunos de los abades compaginaran dicha dignidad con la episcopal de Pamplona. Es cierto que Leyre no llegaría a tener la influencia de otros monasterios, pero su fábrica sirvió para experimentar nuevos logros en la arquitectura del momento, configurándose como el edificio más destacado de la época y, para muchos, de todo el siglo XI.

Por otra parte, a la ya comentada restauración de la sede de Palencia, se ha de añadir la erección de la parte más antigua del actual monasterio viejo de San Juan de la Peña y el impulso de las campañas constructivas de Loarre y Siresa. También se tiene a este rey por el fundador y restaurador de un buen número de fortalezas, lo que se inscribe en la consolidación territorial puesta en marcha por el soberano tras las incursiones de Al-Mansur y de Abd Al-Maliq en los primeros años del siglo XI. Así lo recoge un documento procedente de Sant Cugat del Vallès:

> Así dio Dios tranquilidad a los cristianos, y pudieron salir y recorrer las citadas marcas en todas direcciones, y construir muchas fortificaciones y castillos que habían sido destruidos en otro tiempo por la citada potencia de los paganos.

Legado

No es fácil desbrozar el perfil humano de Sancho III el Mayor entre los escasos datos facilitados por las crónicas medievales. Pero algunos textos islámicos nos regalan interesantes comentarios al respecto, como la descripción que realiza Ibn Darray, donde, al compararle con el conde de Castilla, Sancho, detalla la gravedad de aspecto, valentía, claridad de mente, sabiduría y elocuencia del rey. Este texto pone de manifiesto también las buenas relaciones entre los príncipes cristianos y musulmanes. No es detalle menor que fuera redactado a propósito del matrimonio acordado entre los herederos del conde Sancho de Castilla y de Ramón Borrell de Barcelona, y celebrado en Saraqusta (Zaragoza), capital de la taifa de este mismo nombre en la Marca Superior de Al-Ándalus. Las noticias árabes, al igual que las de más allá de los Pirineos, ahondan en su vertiente militar, como evidencian los fragmentos de Raúl Glaber, o también los de Ademar de Chabannes:

> Rei quoque Navarrae Sancius, adhibitis secum vasconibus, super sarracenos exercitum duxit, et devastata Hispania, cum multis spoliis et magno triumpho remeavit.

En cambio, las cristianas ofrecen mayores datos concernientes a la dedicación familiar y piadosa. En líneas generales, se aprecia a partir de todas ellas que quiso dejarse para la posteridad el talante de un rey que era estratega, diplomático, guerrero y, también, buen cristiano.

La herencia y división de los territorios entre sus hijos [1035] ha supuesto un ingente cúmulo de estudios que han querido analizar la maniobra del soberano. Y no sin razón: el reparto del patrimonio entre su prole supuso, en realidad, el nacimiento del reino de Aragón de inmediato y el de Castilla una generación después.

Un documento de 1011, justo cuando se sostiene que termina su minoría de edad, es ilustrativo en cuanto al concepto que tiene el rey de la «familia regis» y su alcance o trascendencia en el contexto peninsular. Precisamente en este documento Sancho III aparece por vez primera esposado con doña Munia (o Mumadonna) y se alude a los predecesores: su padre García y su abuelo Sancho, el rey Ordoño de León y el conde Fernando de Castilla. Esto ha sido entendido como una afirmación de

El reino de Pamplona y los territorios legados por Sancho el Mayor.

sus raíces que entroncaban no solo con el primitivo reino de Pamplona, sino también con el de León y con el condado de Castilla por descendencia femenina. Además y sustancial al objetivo de este volumen: este mismo documento explicita a Ramiro –hijo que, cuando el rey debía de tener menos de diecinueve años, había engendrado con Sancha de Aibar– como «regulo», y su nombre figura como confirmante justo después de la propia reina. Lo cierto es que Sancho el Mayor trató a su hijo Ramiro como infante desde bien pronto, aunque en la mayor parte de las ocasiones siempre apareció detrás de García, el heredero del reino de Navarra y de la potestad real de su padre. Igualmente, que siempre se titulase gobernador de Aragón «quasi pro rege», subraya la sumisión de Ramiro ante su hermano, García III de Navarra.

Ramiro I 1035-1064

[Aibar, ¿1020? / Graus, 1063]. -**Armuña de Barbenuta**: Sancho. 1ª **Ermesinda** [Bernardo Roger, conde de Foix]: Sancho, Sancha, García, Urraca, Teresa. 2ª **Inés** [Guillermo V, duque de Aquitania]. + San Juan de la Peña.

Precedido por quienes supieron forjar las bases sobre las que se asentaría el reino de Aragón en un territorio conformado por Cerretania –luego denominada Sobrarbe–, el condado de Aragón y la Ribagorza, Sancho III el Mayor, tras una larga política expansionista y de consolidación, instituía (hacia 1030 o 1035) como heredero del condado de Aragón a su hijo Ramiro. El pergamino que da cuenta del hecho se conserva todavía hoy en el Archivo Histórico Nacional de Madrid [Sección Clero, San Juan de la Peña, c. 697, nº 2]; para algunos historiadores puede considerarse como el documento de «fundación» del reino de Aragón.

Leyenda y realidad

Conforme a la *Crónica legionense* (antes llamada silense por suponerse confeccionada en el «scriptorium» de Silos), escrita hacia 1120 por un monje probablemente de Sahagún (León), y la

Crónica najerense, redactada hacia 1164 en la Rioja, Ramiro I fue hijo natural del rey navarro Sancho el Mayor y de la concubina Sancha, una bella señora de Aibar. De acuerdo con estos textos, con el fin de no alegar derecho alguno ante sus hermanastros y tras haber salido en defensa de la reina Munia cuando sus propios hijos la acusaron de adúltera, le fue asignada la posesión de una pequeña parte de los dominios paternos, Aragón:

> Donó a Ramiro, al que engendró de una concubina, una partecilla de su reino de Aragón, con el fin de que no apareciera ante sus hermanos como heredero del reino, ya que por parte de madre era irregular.

No obstante, en la documentación auténtica de la época, ningún testimonio puede hallarse de la ilegitimidad de Ramiro I. Más bien lo ubican en idéntico nivel, a pie de igualdad, con sus otros tres hermanos: García de Pamplona, Fernando de Castilla y Gonzalo de Sobrarbe y Ribagorza. En esta línea, en un documento original de Sancho III el Mayor, firmado el 14 de abril de 1035, aparecen como confirmantes los cuatro hijos del rey, siguiendo un orden que, no obstante, no señala la relación de mayor a menor entre ellos:

> Ramiro, hijo del rey, confirmo; García, hermano suyo, confirmo; Gonzalo, hermano suyo, confirmo; Fernando, hermano suyo, confirmo.

El autor de los renglones de la *Crónica najerense*, mucho más detallado en su narración que su homólogo de Sahagún, dota al joven Ramiro de un halo de grandeza en su noble gesto que, muy pronto, el mismo cronista disipa al afirmar que esta fue la única buena acción que se le reconoce, puesto que, una vez analizado su reinado a través de los documentos de los que dispone, se constata que «no acertó a dar una a derechas».

Parece ser que su peculiar temperamento y perverso talante lo demuestra muy tempranamente, cuando riñe con su hermanastro García de Pamplona a quien –tras confabular con los reyes musulmanes de Zaragoza, Huesca y Tudela– desafía cerca de Tafalla. Viéndose Ramiro clamorosamente humillado en la batalla, huye descalzo, desarmado y montando un caballo sin freno. Las fuentes afirman que la propia soberbia acabó dándole una lección de ignominia.

Conforme a algunos textos, tuvo encontronazos con otro de sus hermanastros, Fernando, quien tras ejercer como conde de Castilla por deseo paterno, había subido al trono leonés al esposar con Sancha, hija de Alfonso V y, por lo tanto, legítima heredera. Dificultades internas de su reinado, junto con las disputas con su otro medio hermano, el rey García Sánchez III de Pamplona, hicieron que Ramiro I aprovechara los momentos difíciles y confusos para apoderarse del extremo occidental del valle del río Aragón, el del Esca y la Valdonsella. Su hermanastro Gonzalo de Sobrarbe y Ribagorza, con el que mantuvo fuertes diferencias, fue asesinado en un contexto no demasiado claro. Acumuló también desencuentros con otros parientes: su yerno Ermengol III de Urgel o Ramón Berenguer I de Barcelona.

Sin embargo, otras fuentes como *De rebus Hispaniae* («Historia gótica» o «Crónica del toledano», escrita en 1243 por el arzobispo de Toledo Rodrigo Jiménez de Rada) lo califican como rey bien parecido y valiente; algo sorprendente para un Ramiro I motejado como «el Curvo», sugiriendo con ello algún tipo de afección vertebral acompañada por una deformidad física (lo que comúnmente se conoce como joroba). La historiografía más reciente intenta recolocar al rey, incluso rehabilitarlo, en el lugar que objetivamente se merece.

De hijo del rey a rey

Desde hace algún tiempo existe un debate que intenta dirimir si Ramiro I debe ser considerado rey; porque, de acuerdo con algunos autores, Sancho III el Mayor repartió sus territorios entre sus hijos, otorgando solamente a su primogénito García de Pamplona la «potestas regia». De hecho, Ramiro I en ningún pergamino original se proclamó «Dei gratia rex», tan habitual por otra parte en las cancillerías cortesanas de aquel momento. Esta omisión ha sido explicada por el hecho de que no era el hijo primogénito de Sancho III, es decir: su calidad real no le venía dada por Dios a través del derecho de la primogenitura, sino que la recibía a instancias de su propio padre, quien, por razón jurídica, había dividido su territorio entre sus hijos. Por ello aparece en la documentación como «Yo Ramiro, hijo del rey Sancho». No obstante, hay quien tiene en cuenta otros documentos –que no son originales– en los que el soberano es calificado como rey, como se observa en una confirmación de un privilegio concedido a Atón Galíndez y que fecha el 13 de febrero de 1043:

> Y yo Ramiro rey, que mandé se hiciera esta carta y la escuché de quien la leía, la confirmé con mi mano.

Esta intitulación regia por parte de Ramiro I se atestigua en documentos diversos que no solo son de índole jurídica: su hermano García III, en 1045, lo calificaba como «mi hermano, Ramiro rey»; o incluso sus súbditos, quienes, conforme a algunos autores, no dudaron en calificar a sus soberanos como rey y reina.

Consolidación y expansión

Es probable, como supone gran parte de la historiografía, que la bastardía de este primer rey de Aragón, que no puede aceptarse ni rechazarse fehacientemente a nivel documental, responda a un largo proceso de rivalidades y fricciones entre los reinos de Aragón y León. Sea como fuere, cuando Ramiro I se puso al frente del antiguo condado de Aragón, lo hizo con la ayuda del «aitán» o «eitán» (término que remite a la voz vasca «aita»: padre o tutor) Jimeno Garcés, señor de Sos, Boltaña, Uncastillo y Atarés y acaso emparentado con la casa real de Pamplona.

Hacia el año 1030, siendo Ramiro I todavía un niño que contaría con unos nueve o diez años de edad, asumía el gobierno de un territorio compuesto por el antiguo condado de Aragón, ampliado con las conquistas a los musulmanes durante los siglos X y XI, más la región del Serrablo; es decir: el espacio comprendido entre Martes –villa al este de Mianos– y Bagüés y Matidero –donde nace el río que nombra al valle del Guarga–, además de los castillos de Cacabiello, Agüero, Murillo y Loarre. Casi una década después de haber heredado este espacio geográfico, Ramiro I incrementaría de manera sensible y sustancial sus dominios tras la incorporación de Sobrarbe y Ribagorza, la parte que había correspondido a su hermano Gonzalo en el reparto paterno y que quedó en sus manos con arreglo a las normas jurídicas de la época. De acuerdo con los estudios de Ramos Loscertales, la transmisión de la herencia de Gonzalo se realiza de acuerdo con el derecho vigente, puesto

Incorporación de Sobrarbe y Ribagorza al naciente reino de Aragón.

que García Sánchez III de Pamplona había recuperado el control directo de Sobrarbe y Ribagorza como heredero de su hermano menor, pero poco tiempo después y mediante un pacto feudal, cedería este territorio a su hermano Ramiro I.

A la consolidación del reino, le siguió una intensa actividad expansiva que los investigadores han dividido en tres fases: la percepción de parias procedentes de Barbastro, engrosando notablemente el patrimonio real y favoreciendo el debilitamiento de esta zona andalusí; la creación de una imponente infraestructura poliorcética con la intensa y potente construcción de fortificaciones en la frontera meridional para afrontar con garantías la ampliación del reino a costa de los territorios musulmanes (labor iniciada hacia el año 1049 y que proseguiría su hijo Sancho Ramírez); y la continuación de ambas políticas, junto al inicio de las primeras campañas bélicas con la taifa de Zaragoza. Toda esta estrategia favoreció la existencia de un conjunto importante de nuevos asentamientos y la consolidación de los previos ante la mayor seguridad, lo que ha sido corroborado por los documentos y la arqueología.

Reparto de honores

Al suceder a su padre en el territorio de Aragón bajo la soberanía de su hermano García, Ramiro I comenzó a repartir tenencias entre los más relevantes séniores (miembros de la alta jerarquía que ostentaban un cargo político-militar de nombramiento real) para mantener la fidelidad que estos habían prestado anteriormente a Sancho III; repartos que también hizo en los territorios que acabaron confluyendo bajo su gobierno, esto es: Sobrarbe y Ribagorza. Con ello, a cambio de recibir el disfrute de un honor, los séniores se comprometían a prestar al rey determinados servicios, como el de la fidelidad, el «auxilium» (ayuda en los conflictos bélicos) o el consejo. De este modo, los acuerdos feudales fueron fundamentales para la conformación de una fuerza militar de huestes y mesnadas con la que asentar el gobierno y afrontar la expansión del reino. Todo mediante el establecimiento y afianzamiento de población civil en las zonas fronterizas con los territorios islámicos. Ramiro I era consciente de la imperiosa necesidad de organizar una población estable en áreas desde las que lanzar con garantías las expediciones militares necesarias para su estrategia expansiva. En ello resultó fundamental el establecimiento de las torres que, dado el papel que ejercieron en la organización del poblamiento, no pueden ser tratadas únicamente desde una perspectiva castellológica.

Las fortalezas aragonesas del primer románico que se edificaron entre los años 1049 (con Ramiro I) y 1070 (ya en tiempos de su hijo Sancho Ramírez) desempeñaron un rol defensivo, pero también propiciaron el establecimiento del sistema feudal en apoyo de los intereses señoriales, además de atraer a pobladores que permitirían consolidar el territorio controlado; es decir, asumieron funciones políticas, sociales y territoriales.

A pesar de la derrota de Tafalla (acontecimiento fechado en 1043, aunque algunos lo adelanten hasta 1035), los años centrales del gobierno de Ramiro I se presentan como un período de paz con su hermano García Sánchez III de Pamplona y con sus vecinos meridionales; al tiempo que manifiesta las buenas relaciones con las cortes e instituciones ultrapirenaicas, especialmente con Cluny y con el condado de Bigorre, de donde procedía su primera esposa, Ermesinda.

Durante este período de cierta tranquilidad, el rey aragonés buscó soluciones para las dificultades internas, organizando el reino alrededor de los centros monásticos (atribuyéndoles una función socioeconómica, como ya había hecho su padre) y de los castillos y séniores (para los que no reservaba solo una función estrictamente militar, como se acaba de señalar).

La muerte de su hermano García III y la sucesión de su hijo Sancho Garcés IV provocaría un pacto en virtud del cual su sobrino navarro le concedía el castillo de Sangüesa con su término jurisdiccional y la villa de Undués de Lerda, pero obligaba a Ramiro I a prestarle amistad, fidelidad, ayuda y consejo. Una afectuosa relación que se constata a nivel documental y que le comportó –conforme a diversos autores– la enemistad del rey de León; lo que traerá graves consecuencias, como más adelante veremos.

Fortalecimiento

Ya hace algún tiempo que Laliena demostró que Ramiro I

> … había conseguido en una fase temprana de su gobierno dominar los resortes del poder y convertirse en un dirigente indiscutido.

La historiografía posterior, exhumando la documentación precisa, confirma que, en efecto, el rey aragonés gozó de una fortaleza tal que no solo le permitió organizar y regular su sucesión en el poder, dictar e impartir justicia y establecer tasas comerciales en su territorio, sino que logró exigir impuestos a los musulmanes, lo que redundó en la mejora de la economía del reino. Apoyado por los nobles, laicos (convertidos en séniores a través del reparto de los honores que suponía la entrega de tierras y las rentas que estas producían) y la jerarquía eclesiástica (concediendo numerosos cenobios a los principales monasterios del reino en una política de centralización de la vida religiosa), Ramiro I pudo afianzar y reafirmar su preeminente posición en la sociedad del momento. Por otra parte, supo aprovechar el linaje y las estructuras de poder a nivel estratégico, culminando sus esfuerzos en la constatación del prestigio social de su estirpe y en la regulación de su sucesión con la asociación al poder (o corregencia) de su hijo Sancho Ramírez. Los últimos estudios han puesto de manifiesto que el rey acertó en las alianzas matrimoniales, puesto que con ellas aseguró su descendencia y obtuvo importantes réditos políticos; su matrimonio con Ermesinda consolidó la frontera norte del reino, mientras que su enlace con Inés fue consecuencia de la alianza con Aquitania, que le comportó beneficios provechosos dentro y fuera del reino.

Conviene recordar asimismo el incremento del patrimonio regio a través de dos vías: las parias ingresadas por las comunidades musulmanas del distrito de Barbastro y los gravámenes recaudatorios sobre el flujo comercial en Jaca, cuyo núcleo urbano era atravesado por la ruta jacobea. Entre los recursos que se documentan sobresalen los metales preciosos, esto es, oro y plata, procedentes de las comunidades rurales más septentrionales de la circunscripción de Barbastro.

En el fortalecimiento de la monarquía debió de tener especial relevancia la administración eclesiástica, de la que tenemos escasos datos, puesto que los documentos conservados no proporcionan suficientes detalles. Sí se constatan los derechos de los obispos a la percepción de la cuarta parte de los diezmos en todas las iglesias parroquiales por la consagración de nuevas iglesias, la ordenación de clérigos y la distribución anual del crisma. Sin embargo, la iniciativa de fundaciones, restauraciones y reformas monacales siempre correspondió al conde o al rey, sin la intervención del obispo, salvo en casos excepcionales, como ilustra el de Fuenfría, en cuya fundación participó el prelado de Pamplona.

Consolidación de formas románicas

Con respecto al ámbito palatino, aunque hay documentos que aluden a «el palacio del rey», no hay constancia fehaciente de que Ramiro I tuviese una residencia habitual en un lugar determinado: la corte era itinerante y se establecía en abadías, castillos o en residencias de villas conforme a las necesidades de gobierno en cada momento. En cualquier caso, y a pesar de su movilidad, existen noticias de algunos cargos como el de mayordomo, el «kaballeriço» (conde de los establos), el «taliatore» (cortador de viandas ante el rey), el «votiller» (bodeguero) o el «skançano» (copero) –se deja al margen el ya mencionado de «aitán» o «eitán»: tutor de los hijos del rey o quizá solo del primogénito–.

Aun sin tener allí un palacio fijo, Ramiro I estableció su incipiente capital en Jaca, urbe que se convertiría en baluarte de poder en la España cristiana de la segunda mitad del siglo XI, en tiempos de su hijo Sancho Ramírez, y desde donde trabajaría para la consolidación del reino.

Durante su gobierno, el arte románico se asienta en Aragón a través de lo que ha sido considerado como la depuración del llamado «arte lombardo» –de elevada calidad estética–, junto con la recepción de otras corrientes artísticas procedentes del reino de Pamplona, los territorios catalanes y la Italia septentrional.

La herencia artística consistió en la permanencia de un tipo de Iglesia de tradición hispánica (erigida con piedra poco trabajada, de una o varias naves de planta rectangular, cabecera cuadrada y techumbre a doble vertiente), como evidencian San Juan de la Peña o San Pedro de Siresa. Era un arte parco en escultura, si bien se ha conservado el relieve real de Luesia que supone, para nosotros y por su excepcionalidad, el punto de arranque de la escultura monumental. A este arte tradicional se le añadió el refinado tratamiento de la piedra y las formas decorativas de pilastras o lesenas con arquillos ciegos que los canteros habían asimilado de los lombardos: San Andrés de Asieso o San Juan de Pano son muestras ilustrativas. Finalmente, la recepción de nuevas corrientes artísticas –acaso bajo el influjo del monasterio navarro de San Salvador de Leyre, que ya disponía de ábside semicircular– se concreta en edificios como la catedral de Jaca, cuyo primer proyecto hay que atribuirlo a Ramiro I. Pero también con la erección de una larga serie de iglesias con el fin de llevar a cabo una importante empresa pastoral que seguramente el soberano encomendó a su amigo y colaborador Banzo, el abad del monasterio de San Andrés de Fanlo. Este cenobio, el más importante del valle del Gállego, quedaría convertido en el organismo promotor de la campaña de cristianización en las antiguas tierras de Cerretania.

El beato que el rey encarga al miniaturista Sancius para el mentado abad –y que sin duda fascinaría a los monjes del monasterio que preparaban la campaña edilicia hacia 1050– supone, para algunos historiadores, la inspiración de ese rosario de iglesias. Así, los canteros que dotaban a la comarca de la adecuada infraestructura parroquial, estaban en realidad plasmando en piedra el singular lenguaje arquitectónico de las miniaturas que decoran el bello códice: Obarra, Iguácel o San Julián de Asperella son los ejemplos más originales de todos los que han llegado hasta hoy.

Final del reinado

Los últimos años de Ramiro I al frente del reino de Aragón están marcados –descartada la expansión sobre la zona cristiana, y siempre desde una perspectiva política y territorial– por el intento de ampliar los dominios a costa de la taifa de Zaragoza.

Una de las cuestiones controvertidas de dirimir es si estas empresas bélicas fueron consecuencia de una cruzada organizada y promovida por la Santa Sede o si fueron resultado único de la voluntad del rey. Las interpretaciones siguen muy polarizadas, si bien los documentos parecen corroborar que el papa Alejandro II [1061-1073] apoyó y alentó la guerra contra los musulmanes, al punto de que ofreció la remisión de los pecados para todos aquellos que participasen activamente en ella.

En una escaramuza en la Ribagorza, pierde la vida Ramiro I, cuya última mención documental corresponde al mes de marzo de 1064, si bien su muerte debió de producirse el 8 de mayo de ese año en el marco de su lucha contra los musulmanes cuando asediaba la localidad de Graus. Conforme al *Chronicon rotense Primum*, la *Crónica de Alaón renovada* y la *Lámpara de los príncipes* de Al-Turtusí, nos hacemos idea de en qué circunstancias murió:

> Muqtadir llamó entonces a un musulmán que sobrepasaba a la sazón a todos los otros guerreros de la frontera en conocimientos militares y que se llamaba Sadada.

> —¿Qué piensas de esta jornada? –le preguntó.
> —Ha sido muy desdichada, respondió, pero queda un recurso. Y dicho esto se fue. Iba vestido como los cristianos, y como vivía en sus vecindades y tenía mucho trato con ellos, hablaba muy bien su lengua. Pudo, pues, penetrar en el ejército de los infieles y aproximarse a Ramiro, que armado de pies a cabeza tenía la visera bajada, de suerte que solo dejaba ver sus ojos. Sadada esperó la ocasión de golpearle. Cuando la encontró se precipitó sobre él y le hirió en un ojo, de una lanzada. Ramiro cayó de bruces a tierra; Sadada se puso a gritar en romano:
> —¡El rey está muerto!».
> El rumor de la muerte de Ramiro se difundió entre sus soldados y estos se dieron a la fuga y se dispersaron. Y tal fue, por disposición del Todopoderoso, la causa de la victoria que obtuvieron los musulmanes en esta ocasión.

Conviene añadir que hay crónicas castellanas y aragonesas que coinciden en atribuir a Sancho de Castilla –hijo de Fernando I y sobrino de Ramiro I– la muerte del rey. El castellano habría acudido en ayuda de Muqtadir de Zaragoza: de sus relaciones da cuenta el pago de parias por parte del musulmán, lo que aparejaba en contraprestación la ayuda bélica. Al morir Ramiro I en la batalla, su poder y autoridad pasaron a manos de su hijo legítimo Sancho Ramírez, con quien compartía las tareas gubernativas desde el mes de marzo del año 1061, lo que corrobora la efectividad de la política del rey al perpetuar –enclavar en realidad– su estirpe en el poder en un período cronológico que, aunque breve, dotaría de gran estabilidad a la institución monárquica y, por ende, al reino.

Si la política expansiva de Ramiro I no dio frutos, no es menos cierto que pudo asentar las bases sobre las que se desarrollaría la ampliación del reino por parte de sus sucesores. Entre otras medidas, planteó en su testamento un interesante cuerpo legal para ordenar la sucesión en el trono: por vez primera exigía que el sucesor fuera de sangre real y de su familia, y reglamentaba claramente la condición de las mujeres en la sucesión.

Sancho Ramírez 1064-1094

[1043 / Huesca, 1094]. 1ª **Isabel** [Armengol III, conde de Urgel]: Pedro. 2ª **Felicia de Roucy** [Hilduino IV, conde de Montdidier]: Fernando, Alfonso, Ramiro. + Montearagón > San Juan de la Peña.

De acuerdo con la antigua costumbre navarra, Ramiro I había confiado, en 1061, el gobierno de Aragón a su hijo Sancho Ramírez, quien asume el cargo de vicario del gobierno y, de este modo, se aseguraría el trono sin fricción alguna, una vez falleciera su padre. Las fuentes, muy parcas, cuando no dudosas, aluden a un soberano que –merecidamente, a tenor de las conclusiones de la mayor parte de historiadores– tiene que estar entre las figuras más prominentes de la dinastía de los reyes de Aragón. No en vano, la *Crónica pinatense* lo califica como de «muy esforzado y de gran valor», así como una *Noticia histórica de los reyes de Aragón*, cuyas líneas lo definen como

> ... buen caballero, y venció a los moros muchas veces y levantó los castillos siguientes...

Dando a entender su faceta de rey constructor. No menos elocuente se muestra Jerónimo Zurita y Castro, quien describe:

> Fue un príncipe de grande ánimo y esfuerzo, y el que más continuó la conquista de todos los príncipes pasados [...]. Fue el rey don Sancho muy excelente y victorioso príncipe y tan guerrero que jamás cesó de proseguir la conquista contra los infieles.

Esta percepción, como ya ha sido apuntado, la recogen también las fuentes musulmanas: los textos de Kitab Al-Iktifa se constituyen como unos de los más ilustrativos.

Infancia y formación

En un lugar imposible de determinar, y tras siete años de esterilidad de la pareja regia, nació en 1043 Sancho Ramírez. Pasó los primeros años de infancia entre Bailo, Astorito y Jaca. Esta última villa ya fue favorecida por su padre, pero bajo el reinado de Sancho adquiriría el rango de ciudad. El conjunto territorial de la herencia que recibió estaba formado por Aragón y Serrablo, y Sobrarbe y Ribagorza, tierras que pasaron a sus manos en aplicación del principio de indivisión.

La educación del infante corrió a cargo de tres maestros: el obispo Sancho de Aragón, Galindo –de avanzada edad y que ya había sido maestro de su padre– y finalmente don Miro; dejando al margen al «gramático» Eraldus. Si durante la minoría de edad del padre su «eitan» fue el poderosísimo Jimeno Garcés, de la formación militar de Sancho se encargará como tutor el conde Sancho Galíndez, originario de Garcipollera, sucesor de Jimeno en los seniorados de Sos, Boltaña y Atarés, y fundador de la iglesia de Santa María de Iguácel.

Militar y religioso

La guerra y la práctica religiosa son las grandes coordenadas que definen la dimensión humana y las claves de su singular personalidad. En cuanto a su perfil guerrero, apuntaremos en primer lugar que Sancho Ramírez se identificó con las empresas militares de su padre. De hecho, asumió la dirección de las tropas aragonesas –ya como rey– tras la penosa batalla de Graus, y logró entrar en Barbastro a los seis meses de la muerte de su progenitor. Conquista que sin embargo sería efímera, en poco más de nueve meses fue retomada por Al-Muqtadir ibn Hud de Zaragoza. Entre sus hitos más notables cabe destacar la captura de Alquézar, que supuso el establecimiento de un punto clave en la línea de defensa que se extendía entre el Cinca y el Alcanadre. Ganó Huesca tras un lento pero inexorable avance de las tropas cristianas en el que participa también el futuro Pedro I, quien sería nombrado [1085] rey de Sobrarbe y Ribagorza, de acuerdo con la vieja costumbre pamplonesa de que el heredero debía gobernar parte del reino que heredaría a la muerte del padre. Estos nuevos territorios –ganados «contra los moros de España», a tenor del ambicioso proyecto de cruzada de Alejandro II– engrandecieron el reino en su vertiente hacia el Ebro.

El soberano debió ordenar y estructurar convenientemente las tierras conquistadas, ampliando campos antiguos e implantando nuevas poblaciones. Los pioneros que los labraron y habitaron responden a la propaganda real o nobiliaria y se afanan en tareas agrícolas y ganaderas, sosteniendo una actividad basada en los cereales y otros productos vitales como la leche, el queso, la carne o la lana. La economía se completaba con mercancías procedentes del comercio que llegaba por las vías principales de los cauces del Gállego y el Aragón, junto con el Camino de Santiago.

Profundamente religioso, la documentación refiere una peregrinación a Roma en febrero de 1068, cuando el rey contaba con veinticinco años de edad. Allí conoció personalmente a Alejandro II, quien en aquellos momentos se encontraba en plena reforma eclesiástica al querer implantar el nuevo rito romano y terminar con la simonía, la clerogamia y la tan habitual intromisión de los laicos en los asuntos eclesiásticos. Convencido y persuadido por el pontífice, se hizo feudatario de San Pedro, comenzando a pagar el censo anual de 500 mancusos de oro en 1089.

Siguiendo los postulados papales, Sancho organizó y estructuró el conjunto de monasterios altoaragoneses, bajo cuya protección se asume la liturgia romana en detrimento del rito mozárabe o hispanovisigodo. Esta reforma eclesiástica se acepta no sin ciertos recelos, sobre todo por parte de la sección más tradicional que encabeza su hermano, el obispo-infante García, que se aliaría con el emperador de León, defensor de los valores hispanos.

Las relaciones con Roma, no obstante, nunca estuvieron por encima de sus intereses políticos. En 1080, ante la entrada de una expedición militar –acaudillada por Guillermo VIII, duque de Aquitania– que tenía como objetivo combatir a los musulmanes a instancias de la Santa Sede, da muestra de su talante y carácter, obligando a los expedicionarios a volver a sus patrias respectivas, lo que le valió una dura sentencia de excomunión que, dicho sea de paso, poco afectó al rey.

En el trono de Pamplona

Un día de verano de 1076, el rey Sancho Garcés IV de Pamplona, quien había perdido el apoyo de la nobleza por su forma autoritaria de reinar, acudió a una cacería en compañía de sus hermanos Ramón y Ermesenda. Cuenta la leyenda que en Peñalén –espolón rocoso-arcilloso que origina un precipicio de unos cien metros de altura en el término de Funes– fue despeñado por su propio hermano, que guardaba la intención de proclamarse soberano de Pamplona; aunque acabaría huyendo a Zaragoza, donde el rey musulmán le entrega algunas casas y heredades.

La península Ibérica a finales del reinado de Sancho Ramírez.

Ante el vacío de poder, Alfonso VI de León, primo de la víctima, atravesó la Rioja con sus tropas y llegó a Calahorra, consiguiendo apropiarse los señoríos de varias plazas riojanas. Por su parte, Sancho Ramírez, también con sus huestes, entró por el norte y fue proclamado rey de Pamplona en Ujué, asumiendo desde entonces el título de «rey por la gracia de Dios de aragoneses y pamploneses». Con ello no solo aumentó de forma considerable las fuerzas del reino, sino que privó al enemigo del apoyo de los navarros, ahora sometidos a la nueva «potestas regia». Pamplona participaría activamente en las empresas de conquista del rey aragonés, quien pudo organizar estratégicamente la frontera en la zona de las Bardenas y las Cinco Villas, y también la del valle de Funes, es decir: las tierras más conflictivas que se extendían entre la confluencia de los ríos Arga y Aragón.

En 1087 se firmaba un tratado entre los reyes de Aragón y León –ambos descendientes de Sancho III el Mayor– que supuso el reparto definitivo de las tierras del reino y la creación del condado de Navarra.

Voluntad de modernizar

Durante el reinado de Sancho Ramírez, el reino de Aragón se abrió a la influencia del sur de Francia mediante inteligentes políticas matrimoniales; incluyendo su segundo matrimonio con Felicia de Roucy, hermana del conde Eblo II. Asimismo, el rey establecería estrechas relaciones con la Santa Sede, para lo que viajó a Roma en peregrinación y quizá acompañado por el cardenal Hugo Cándido (designado legado pontificio para la Península).

No obstante, no son pocos los autores que también ponen de relieve –en esta política extranjerizante del reino– el protagonismo de la hermana del rey, Sancha Ramírez, en lo que tuvo como aliados a Frotardo –había sido abad de Saint Pons de Thomières y entonces uno de los legados pontificios con más poder y prestigio en tierras de Bearne y Cataluña–, a Ramón

Dalmacio de Roda y al señor de Alquézar, llamado Pepino. La condesa doña Sancha no solo dirigió el monasterio de Siresa, sino que llegó a regir el obispado de Pamplona, desempeñando una intensísima actividad al servicio de su hermano.

La vocación de abrirse a Europa conllevó una división en las entrañas del reino: por un lado iban los partidarios de la europeización –encabezados por la condesa Sancha, infanta de Aragón– que defendían la importación de formas de vida y de pensamiento procedentes del ámbito ultrapirenaico; y por el otro, los indigenistas reacios al cambio, liderados por el obispo-infante García, también hermano del rey.

Reformas cluniacense y gregoriana

La reforma cluniacense inspirada por el monasterio benedictino de Cluny (Borgoña) promovía la reestructuración de los cenobios, y a ella se sometió el monasterio de San Julián y Santa Basilisa de Navasal que, fundado en torno al año 922 sobre un eremitorio más antiguo, recibió el nombre de San Juan de la Peña y acogió al monje Aquilino como nuevo abad. También se adscribió a la reforma el sobrarbiense de San Victorián, al que, como el pinatense, se les vincularían gran parte de los monasterios del reino en condición de prioratos.

Por su parte, la reforma gregoriana que entonces acaudillaba Hildebrando (el futuro Gregorio VII) formulaba un movimiento reformador que intentaba aproximar el clero a la vida monacal mediante, entre otros recursos, la implantación de la vida en común de los clérigos y el voto de pobreza, evitando así que los monjes poseyeran o dispusieran de bien alguno. San Andrés de Fanlo, junto con la recién instituida canónica de Loarre –vinculada desde hacía tiempo a la monarquía– fue el centro monástico que designaría Sancho Ramírez para iniciar la reforma gregoriana en el reino. No obstante, su abad Banzo, que había sido amigo y colaborador de Ramiro I, terminó siendo desterrado a San Martín de Cercito y sustituido en el cargo por

Jimeno Vita, probablemente por aferrarse al viejo rito mozárabe y desaprobar la reforma gregoriana que Sancho Ramírez pretendía implantar. El abad de Fanlo no estaba solo: su férrea oposición estaba apoyada y asistida por los obispos Sancho de Aragón y Salomón de Roda.

Como indicara en su día Enrique Flórez, por los *Anales primeros toledanos*, sabemos que el oficio romano se introdujo en la Península a través de Aragón, siendo el primer centro en acogerlo el monasterio de San Juan de la Peña, concretamente el 9 de marzo de 1071, el Miércoles de Ceniza, cuando:

> La hora de tercia fue toledana y la de sexta romana, en el año de Nuestro Señor de 1071. Y desde entonces, se guardó la ley romana.

La reforma de la Iglesia en Aragón supuso tres dimisiones o renuncias importantes: la del abad Banzo de Fanlo, exiliado a Cercito, como queda dicho; la del obispo Salomón de Roda, que fue depuesto y enviado a Ripoll, y la del obispo Sancho de Aragón, quien –enfermo, anciano y a pesar de haber ido a Roma para presentar su renuncia– debió de esperar algún tiempo hasta que fue definitivamente separado de su diócesis y retirado a algún monasterio benedictino que desconocemos. Su sucesor, García –proclamado en 1096 obispo de Jaca y Huesca tras la conquista de esta última ciudad–, sería quien acometería allí la reforma, imponiendo la regla de san Agustín a los clérigos jacetanos y expulsando de la Iglesia a aquellos que vivían según

> … las costumbres de los seculares atendiendo a que el orden eclesiástico ha sido apartado casi del todo del estado de rectitud y de la norma apostólica, a causa de la negligencia de los obispos que se han cuidado de lo suyo, pero no de lo de Cristo.

Igualmente, este obispo creó y dotó generosamente la Casa de la Limosna de Jaca, destinada a la acogida y asistencia de los pobres, y modelo para otros centros similares en otras ciudades del reino, como la Casa de l'Almosna de Huesca, fundada por el obispo Esteban entre 1106 y 1107.

Jaca: capital del reino

En 1077, Sancho Ramírez, monarca con gran vocación europeísta, reconocía la importancia de una capital en la que ubicar su corte y el obispado del reino:

> Sepan todos los hombres que están hasta Oriente, Occidente, Septentrión y Meridional, que yo quiero construir una ciudad en mi villa que es llamada Jaca.

La pequeña villa había sido revitalizada en tiempos de Ramiro I por deseo de su padre Sancho III el Mayor de Navarra. En su elección convergieron razones diversas, entre otras, su estratégica ubicación en las rutas comerciales del momento y hallarse entre su patrimonio personal, también. Su fundación exige la concesión de un fuero que reglamente a la población: un conjunto de derechos cuya intención era –ante todo– atraer para la nueva urbe a comerciantes, en su mayoría oriundos de territorio franco, fundamentalmente tolosanos y gascones. Este fuero se constituiría en modelo para otras ciudades medievales y en germen del derecho aragonés; y fue copiado y transcrito en el latín del siglo XIII en un volumen que se conoce como el *Libro de la Cadena de Jaca*, hoy conservado en el ayuntamiento de la ciudad.

Algunos autores ponen de relieve que Sancho Ramírez edificó la nueva capital inspirándose en lo que había visto en Roma, lo que explicaría la distribución de su urbanismo entretejido a partir de dos vías principales que se cruzan en ángulo recto siguiendo los puntos cardinales (evocación del «cardus» y «decumanus») y circundada por un potente recinto amurallado, cuyo lienzo debían cerrar –construir en realidad– los propietarios de las casas cuyos huertos lindaban con el perímetro defensivo. En su interior se erigiría el palacio y la nueva sede episcopal, y se empezaron las obras de su espléndida catedral.

A finales del reinado de Sancho Ramírez se estima que la población jacetana alcanzó los 1000 habitantes y, conforme a diversos autores, la mayoría de ellos –hacia un setenta por ciento– ultrapirenaicos.

Un rey constructor

Antes de analizar el perfil constructor de Sancho Ramírez, conviene aludir, aunque sea muy brevemente, a la política propagandística que inició a través de la acuñación de moneda en un momento en que la reanimación demográfica y la expansión económica obligaban a una mejor adecuación de los instrumentos de cambio. De ella sobresalen los problemáticos mancusos y las emisiones de vellón cuyas imágenes (busto del rey en los anversos y cruz en los reversos), rodeadas por la leyenda SANCIVS REX, constituyeron una evidente manifestación regia. Conforme a lo dicho por Moralejo, algunos de sus cuños habrían sido cincelados por el llamado «maestro de Jaca».

Como se ha comentado, la ciudad había adquirido un nuevo rango político, económico y religioso, convirtiéndose en un lugar privilegiado donde pudieron desempeñar su actividad artistas de gran calidad y en construcciones de envergadura que se estaban edificando en su núcleo urbano; entre otras, la catedral de San Pedro.

La catedral de Jaca sustituyó a un templo anterior, cuyos vestigios pueden verse al oeste del actual pórtico. La cronología del edificio románico sigue siendo objeto de debate. La hipótesis tradicional que defiende su inicio y progresión en tiempos de Ramiro I todavía cuenta con defensores. Sin embargo, buena parte de los estudiosos consideran que el proyecto se materializó bajo los auspicios de Sancho Ramírez, quien habría alentado la reforma del cabildo emprendida por su hermano el obispo García. La empresa arquitectónica, magnífica e innovadora, y su complemento figurativo conforman uno de los conjuntos más tempranos y significativos del románico pleno europeo, probablemente resuelto en los últimos años del siglo XI, durante la prelatura del obispo Pedro I. El famoso crismón de su portada occidental ha sido analizado en relación con el acercamiento de Sancho Ramírez al papado. El pórtico occidental fue añadido en tiempos de sus sucesores.

La primera gran obra arquitectónica del reino a manos de este monarca es, sin embargo, el conjunto de Loarre, fortaleza iniciada en tiempos de Sancho III el Mayor y ampliada en tiempos de Sancho Ramírez hacia el este del recinto del castillo, con el fin de adaptarlo a las necesidades de una comunidad monástica reformada. Alzado a 1071 metros de altura para dominar la llanura de los Somontanos, este conjunto religioso-militar fue tomado bajo la protección del sumo pontífice el 18 de octubre de 1071 mediante una bula cuyas líneas señalan al rey para llevar a cabo su construcción con la mediación de Hugo Cándido y el abad de San Juan de la Peña. De la ampliación sobresale la espectacular iglesia dedicada a san Pedro, notable obra de arquitectura que constituye, con la salvedad de la catedral de Jaca, el templo de mayor tamaño edificado en esta época.

En la entrada a la cripta hay un crismón grabado que desarrolla el epígrafe DOMINUS NOSTER IHE SU XPISTUS A [ET] Ω REX REGNANTIUM [Nuestro Señor Jesucristo, alfa y omega, rey de los que reinan]; fórmula que sugiere no solo la utilización por parte del epigrafista de una moneda bizantina como modelo, sino también la voluntad –acaso del promotor Sancho Ramírez que había colocado su reino bajo la dependencia de la Santa Sede– de evidenciar que los monarcas terrenales cumplían una función delegada de Dios.

Loarre constituiría la base del ataque a Huesca junto con la fortificación de «Montis Aragonum» (Montearagón), sobre la hoya oscense, donde este rey funda [1086] un monasterio de canónigos regulares reformados e inicia en 1093 las obras de su iglesia; si bien será consagrada [1099] en tiempos de Pedro I.

Al igual que había ocurrido con Loarre, el 1 de julio de 1089 el santo padre –como respuesta al sometimiento y cuantioso tributo del rey– enviaba un privilegio a través del cual colocaba bajo la protección de la Santa Sede el monasterio –constaba de capilla, torres y recinto amurallado–, así como también el reino, Sancho Ramírez y sus sucesores. En la bula, el pontífice exhortaba a los canónigos a rogar por el monarca y curiosamente también por doña Sancha. Resulta significativo que en la designación de la fortaleza parece emplearse el nombre del reino como signo de identidad colectiva.

Este rey constructor también promovió la edificación del castillo de Alquézar («la fortaleza» en árabe), que constaba, como sus homólogos de Loarre y Montearagón, de una imponente estructura defensiva y conventual, y era habitado por monjes y soldados. Sancho Ramírez también instó y ayudó a los nobles para que erigieran sus alcazabas y torres.

Saeta asesina

Al atardecer del 4 de junio de 1094, durante el asedio a Huesca –«la ciudad de las noventa torres», conforme a los renglones del *Liber peregrinationis* de Aymeric Picaud [h. 1130]– y mientras el rey reconocía las murallas, recibió un flechazo en su costado a resultas del cual moría. A lo largo de su reinado había ido apropiándose de las tierras de la ciudad hasta lograr ahogarla entre sus propios muros. A los cincuenta y un años, dejaba a su hijo Pedro I como tercer rey de la dinastía Ramírez en la casa de Aragón; soberano que en poco lograría conquistar Huesca.

+HACINSCVLPTVRALECTORSIGNOSCERECVRA PATER A GENITVSDVPLEXESTSPS ALMVS HII TRESIVREQVIDEM DOMINVSSVNT VNVSETIDEM

III Consolidación del reino

El afianzamiento del reino de Aragón se inicia con Pedro I [1094-1104], cuyo nombre, extraño a la tradición familiar, ilustra la relación de vasallaje que su padre Sancho Ramírez [1064-1094] había constituido con el papa Alejandro II. Hay quien ha querido establecer una relación entre esta encomienda y el señal del rey de Aragón –el insigne palado de gules y oro–, en base al color de los hilos que conformaban el lemnisco del que pendían los sellos en las bulas papales. Fiel reflejo de la trayectoria paterna y envuelto en los ideales de cruzada, el rey Pedro I acosó y venció a los musulmanes en importantes plazas y, aunque no llegó a culminar el proyecto, procuró su participación en la expedición a Jerusalén.

Por otra parte, las ciudades ocupadas, dotadas del necesario potencial económico y sobre las que se fomentó el poblamiento, se convirtieron en un instrumento de afirmación frente al islam, ahora encarnado en los almorávides, quienes habían arrebatado [1110] a los hudíes sus últimos dominios.

Su reinado supuso la expansión hacia tierras más fértiles desde los confinados valles pirenaicos. Aunque algunas de las nuevas conquistas, como las conseguidas en la actual provincia de Castellón, fueron efímeras al ser recuperadas muy pronto por el elemento ismaelita. A pesar de haber tenido descendencia, sus hijos murieron antes que él, por lo que fue sucedido por su hermanastro Alfonso.

Su sucesor y hermanastro Alfonso I [1104-1134] –fracasado el intento de extender sus tentáculos de poder en León y Castilla– reanudó con éxito sus arremetidas contra los almorávides, lo que le otorgaría merecidamente el sobrenombre del Batallador: sus campañas no solo tuvieron eco en los renglones de diversas crónicas, a efectos prácticos duplicaron la extensión de los reinos que había heredado –Aragón y Pamplona–, sobre todo tras la conquista clave de Zaragoza.

Su muerte acontecía sin sucesor y en el marco de su vocación de cruzada, por lo que sus dominios debían ser entregados, por dotación testamentaria, a las órdenes del Santo Sepulcro, del Hospital y del Temple. Esta y otras cláusulas insertas en el documento notarial iban en contra de las tradiciones jurídicas del reino, del honor de la nobleza y, también, de los intereses de la incipiente burguesía.

El incumplimiento de las últimas voluntades del Batallador, instado y secundado por los nobles del reino, provocó, entre otras relevantes consecuencias, la adjudicación de la corona a su hermano Ramiro, abad del monasterio benedictino de Sahagún (León) y obispo de Roda-Barbastro, y la tan imprevisible como irreversible independencia de Navarra, que aprovechó la coyuntura escogiendo como soberano al señor de Monzón y de Logroño, García Ramírez [1134-1150], vástago del infante Ramiro Sánchez y Cristina Rodríguez, hija del célebre Rodrigo Díaz de Vivar, el Cid.

Ramiro II [1134-1137], asumiendo sus deberes como rey –tras la muerte de su hermano sin descendencia–, casó con la fértil viuda Agnes de Poitiers para proporcionar una heredera al reino, Petronila. A pesar de su exigua experiencia política, el sobrevenido rey logró sofocar con éxito diversas revueltas, una de las cuales, la que originaría la sanguinaria leyenda de 'La campana de Huesca', estuvo a punto de hacerle perder el trono. A pesar de que el reino de León presionó para casar a la pequeña Petronila [1137-1164] con Alfonso VII [1126-1157] o su hijo Sancho III [1157-1558], el apodado como el Monje decidió desposarla con el conde de Barcelona Ramón Berenguer IV [1131-1162]. Este va a asumir la «potestas» y ejercer el «principatum» –caudillaje militar y de gobierno–, pero nunca ostentará el título real, que pertenece en exclusiva a su esposa. La dignidad que recibe es la de «princep aragonensis» y de «regni dominator aragonensis», aunque siempre después de la intitulación como «comes barchinonensis». El matrimonio da como resultado un potente vínculo político entre ambos territorios que culmina en la eclosión de lo que conocemos, historiográfica y convencionalmente, como corona de Aragón.

Pedro I 1094-1104

[Valle de Hecho, 1068 / Valle de Arán, 1104] .1ª **Inés** [Guillermo VIII, duque de Aquitania]: Pedro, Inés. 2ª **Berta** [Pedro de Aosta ?] + San Juan de la Peña.

Primogénito de Sancho Ramírez, recibió el nombre del apóstol y primer papa en honor a las relaciones de su padre con Roma, lo que explica esta elección tan ajena a las tradiciones familiares. Excelente y temperamental militar, fue designado sucesor en el reino de Aragón-Pamplona a la muerte de Sancho Ramírez, si bien su actividad gubernativa se había iniciado algo antes, cuando colaboraba con su padre, sobre todo en la administración de las conflictivas tierras ribagorzanas. Al morir Sancho Ramírez en el sitio de Huesca, Pedro no solo se hizo cargo de la sucesión, sino que continuó con idéntica intensidad las empresas militares. Su gestión basada en la defensa del patrimonio, en el enaltecimiento del linaje, en la consolidación de las alianzas y en la guerra sin descanso, es reflejo fiel de la trayectoria paterna y, pese a dilatarse durante solo una década, se desvela como fundamental para la historia del joven reino de Aragón.

Patronímico exótico

Como ha sido afirmado en ocasiones diversas, en las familias aristocráticas del siglo XI el acto del bautismo tenía una importancia extrema pues, además de la recepción del sacramento, el nombre que se otorgaba era a la vez una reivindicación del linaje y un programa para el futuro de quien lo recibía; como una suerte de implicación augurativa. La repetición de un nombre generación tras generación tenía la función social de preservar la identidad colectiva, al tiempo que utilizar los mismos nombres en una misma saga tuvo también una manifiesta finalidad política: la de evidenciar la antigüedad de las raíces de su poder. La casa de Navarra y Aragón siguió esta costumbre con cierta rigidez.

No obstante, Sancho Ramírez, convertido en «miles Sancti Petri» tras su viaje a Roma en 1068, rompió con la continuidad onomástica al sellar la alianza con el papa a través de la imposición al heredero de un nombre casi sagrado, el del más importante discípulo de Cristo y piedra angular de la Iglesia: Pedro. Esta ruptura –más profunda de lo que puede parecer a primera vista, porque lleva implícito el olvido del pasado del linaje– fue explicada por el profesor Laliena como el deseo de una refundación de la dinastía por parte de Sancho Ramírez. Sea como fuere, el infante, luego devenido rey, tuvo que ser consciente del vínculo específico que llevaba impreso su nombre con respecto a la Iglesia de Roma, por lo que, para muchos historiadores, no es posible entender su reinado si no se tiene en cuenta este hecho que marcó su vida, sin duda, para siempre.

Coraje y prudencia

Con estos términos describe el anónimo redactor de los *Anales compostelanos* al rey Pedro I, a quien le atribuye las cualidades esenciales del valor físico y la sabiduría, como corresponde a un gran señor que, no obstante, había crecido sin la dilección, el amparo y la querencia de su madre.

Probablemente se formara en las letras y el arte de la gramática, como afirmó haber hecho su hermano Alfonso (quien le sucedería en el trono), si bien desconocemos casi totalmente la educación del infante durante la puericia o niñez. El hecho de que utilizase palabras en árabe –correctamente escritas– como signo en los documentos reales indica que aprendió aquella lengua, costumbre peculiar y aislada que quizá pudiera relacionarse con el prestigio del aparato de poder que, para Pedro I, ostentaban y visibilizaban los soberanos taifas. Igualmente y a tenor de su biografía, se formó en los asuntos militares –a nivel teórico– con el «eitan» y –a nivel práctico– desde los catorce años, cuando comenzó a participar activamente en las campañas bélicas, lo que le permitiría más tarde comportarse como un activo, hábil y efectivo jefe y estratega en las guerras contra el islam.

No debió de ser menor su aprendizaje en el ámbito religioso, a través del cual la figura soberana adquiría un carácter sacro que, aunque aquí no es posible precisar, supieron rentabilizar en momentos litúrgicos de especial relevancia.

La asociación al poder de Pedro I antes de asumir el reino –siguiendo una maniobra de consolidación monárquica emprendida por sus predecesores, entre otros su padre Sancho Ramírez– le permitió una larga experiencia en la administración, que tendría importantes consecuencias en los años iniciales de gobierno. Pedro I supo aprovechar y evidenciar rápidamente su liderazgo a propios y extraños mediante, entre otras estrategias, la exhibición de su fuerza militar.

Como queda dicho en capítulos precedentes, la organización del reino se basaba en un conglomerado de áreas dirigidas por grandes barones –los séniores– que se agrupaban en torno a quien habían jurado fidelidad a cambio de ciertas contraprestaciones: el rey.

El soberano era también dueño de un enorme conjunto de posesiones repartidas por todo el reino y llamadas «dominicaturas» o «laborancias regales» (tierras del señor, o tierras del rey) que, mediante la instalación de campesinos –entre otros procedimientos–, contribuían a la economía de la corona. Igualmente, en el ejercicio de la supremacía sobre sus barones, Pedro I tuvo que administrar muy bien sus prerrogativas, asimismo utilizó vínculos matrimoniales o alianzas de estirpe, tan complicados como perspicaces, para elevar la dignidad de su linaje. Siguiendo con la política conyugal iniciada por su predecesor, casó en 1086 con Inés, hija del conde de Poitiers y duque de Aquitania Guy-Geoffroi, miembro de una de las más relevantes casas principescas de Francia, comparable a la de los Capetos. Y una vez fallecida la reina, volvió a contraer nupcias con Berta, supuestamente perteneciente a la familia de los marqueses de Italia, si bien de ella es muy poco lo que se puede precisar. Ninguno de los hijos habidos en el primer matrimonio sobrevivieron al rey.

Deus lo vult

Acaso consciente del simbolismo que conllevaba su nombre, Pedro dedicó hasta veinte años a la expansión de la cristiandad y a la promoción de las iglesias de su reino. Su actividad militar comenzó muy pronto: todavía infante, se incorpora al séquito de Sancho Ramírez, logrando conquistar, en la primavera de 1083, las plazas estratégicas de Graus y Ayerbe. Poco después caerían otras, si bien tanto el rey como el infante conocieron derrotas importantes, como la acaecida en Morella, donde los aragoneses perdieron numerosas armas, caballos y cientos de hombres.

A finales de la década, Pedro habría adquirido un considerable protagonismo en la estructura de poder del reino, seguramente como consecuencia de la temprana asociación del infante en el protocolo de gobierno y a la buena relación que, entre padre e hijo, los hechos y las fuentes parecen corroborar.

La conquista de Monzón, en 1089, marcó un hito en la evolución del reino: adscrita a la potestad del todavía infante Pedro, no solo le supuso una mayor libertad en la gestión de un amplio y rico territorio, sino la conciencia de la adquisición de una gran masa agrícola, de una ciudad importante y de castillos cardinales que le darían las fuerzas necesarias para proseguir con la lucha a ultranza contra los infieles musulmanes. Y todo ello en el marco de unas convicciones religiosas que estaban alentadas por el papado romano que, desde la década de los setenta, se inmiscuía cada vez más en los asuntos hispanos.

Poco después de la muerte de Sancho Ramírez, el 18 de noviembre de 1096, el nuevo rey venció al rey taifa de Huesca en la famosa batalla del llano de Alcoraz, con la que completaba la empresa en la que su padre había perdido la vida. Entre los seis o siete mil hombres que se aprestaron para la lucha, destacaría como guerrero legendario su hermano el infante Alfonso, futuro Alfonso I el Batallador, de quien diversos autores han destacado su inextinguible ansia por la violencia física.

El árabe Al-Turtusí describía así la mítica batalla conforme a un testigo presencial:

> Trabóse una lucha enconada, ofreciendo ambas partes tenaz resistencia, sin volver la espalda ninguna de ellas ni abandonar sus posiciones, hasta que murió la mayor parte de ambos ejércitos, sin que nadie hubiera huido [...]. Se quedaron un rato observándonos, y después dieron una carga contra nosotros, metiéndose por en medio de nuestras filas y dejándonos divididos en dos grupos [...]. Al cabo de un rato [...] ya nos hallábamos mucho más quebrantados que los cristianos. Los jefes de cuerpo aconsejaron al sultán que pusiera en salvo su persona, y el ejército musulmán quedó destrozado y disperso totalmente, pasando la ciudad de Huesca a poder del enemigo.

Con la conquista de Huesca, lograda «con el auxilio de Dios» a tenor de un documento firmado por el rey en 1097 y los renglones de anales como el *Fragmento histórico de Alaón*, los cristianos tomaban la ciudad que constituía el núcleo de control más importante del valle del Ebro y les abría el camino para la toma de Zaragoza. Justo después, Pedro I va a colaborar con Rodrigo Díaz de Vivar –conocido como el Cid Campeador– con quien –tras prácticamente todo un lustro de férreas enemistades– mantendría luego una estrecha amistad que culminó con el enlace matrimonial de sus hijos respectivos. Sus buenas relaciones desembocarían en una alianza –a la que se sumó el rey leonés Alfonso VI– que concluiría en 1097 con la victoria de la batalla de Bairén, en Gandía. Con la muerte de Rodrigo Díaz, el Cid –quiere la tradición que en Valencia, repeliendo un ataque de los almorávides en 1099–, Pedro I perdía a uno de sus más excepcionales aliados.

En 1100 decidió reducir Barbastro siguiendo el mismo sistema táctico planteado para tomar Huesca: el de construir dos fortificaciones a corta distancia de la ciudad para depredar sistemáticamente las zonas rurales, favoreciendo «por la gracia de Dios» una victoria relativamente rápida. A resultas de la nueva conquista, el ambiente de exaltación ideológico-religiosa volvía a despuntar en el reino de Aragón de inicios del siglo XII que, otra vez, había vuelto a expulsar «el malvado pueblo de los sarracenos y a los enemigos de Dios».

Pedro I debió ejercer su mandato en plena expansión almorávide

Nuevas fronteras

Los diez años de reinado de Pedro I significaron el ensanchamiento del territorio aragonés y el afianzamiento militar de las tropas cristianas sobre las musulmanas. La frontera se adelantó en sus tramos central y oriental, llegando hasta la sierra de Alcubierre y los Monegros, incluyendo centros urbanos tan notables como Huesca, Barbastro y Sariñena, e intentando la toma de Zaragoza para la cual fortificó una posición en sus cercanías (Juslibol) a la que denominó «Deus lo vult» [Dios lo quiere], que era el característico grito de guerra que identificaba a los guerreros aragoneses con los cruzados.

En el marco de la lucha contra el infiel, un documento de 1101 refiere que Pedro I había tomado la cruz para ir a Jerusalén –conquistada el 15 de julio de 1099–; noticia que no se conocería en los reinos cristianos peninsulares hasta muy entrado el año 1100. Es cierto que muchos caballeros hispanos habían decidido ir a Tierra Santa, si bien el sumo pontífice había prohibido la iniciativa –en una carta del 14 de octubre de 1100 dirigida a Alfonso VI de León–, recordándoles que su deber era el de combatir férreamente contra los almorávides en España. En el caso del rey aragonés es muy posible que fueran los legados papales, que se encontraban en Huesca y Barbastro solucionando unos problemas eclesiásticos, quienes le advirtieran de esa prohibición; no obstante y conforme a los documentos, parece que no la tuvo muy en cuenta.

Diplomacia

Pedro I personificó, por sus alianzas matrimoniales y políticas, una red de relaciones en la que se entretejieron de forma tupida el parentesco, la costumbre, la dignidad, la rentabilidad de la llamada «querella de las investiduras» (que enfrentó a papas y emperadores del Sacro Imperio Romano Germánico entre 1075 y 1124) y las expectativas respecto a la conquista peninsular. El soberano supo utilizar la organización del reino en beneficio de su propia autoridad al reconvertir su principal preocupación, la de asegurar la lealtad inestable o vacilante de los nobles (que se movían entre la fidelidad y la felonía), en un asunto de reciprocidad a partir de su generosidad. Porque, como se sabe, sus concesiones –no pocas veces en forma de los aludidos honores que distribuía entre los magnates– tienen que ser entendidas como dones que, a su vez, generaban obligaciones fortalecedoras de los vínculos entre el rey y sus vasallos. La expresión que reitera en sus donaciones así parece corroborarlo: «por los servicios que me has hecho y que me haces cotidianamente».

Igualmente, supo valerse del poblamiento como instrumento de afirmación frente al islam: la concesión de privilegios mediante la oportuna entrega de cartas de franquicia –imprescindibles para fomentar la población y la actividad en las ciudades– se convirtió en la fórmula más habitual y rentable en los núcleos ocupados, tanto en los del interior como también en los de frontera; son ejemplos Caparroso o Santacara. Para esta consolidación territorial fue importante la entrega de numerosas iglesias a instituciones como Santa Fe o Montearagón, como queda dicho, fundada poco antes por Sancho Ramírez muy cerca de Huesca.

Dejando al margen otras iniciativas de carácter religioso que se han ido señalando o que más adelante se anotarán, Pedro I hizo también cuantiosas y abundantes donaciones a la gran abadía de Cluny, como se sabe advocada a san Pedro. Por entonces se había iniciado [1080], bajo el abadiato de Hugo de Semur, la ambiciosa reedificación conocida como Cluny III, una verdadera sangría a nivel económico que consumía los frecuentes y copiosos donativos.

De regia potestate

Tal y como han indicado diversos historiadores –conforme a una tradición basada en Gregorio Magno, Isidoro de Sevilla y, más tardíamente, Hugo de Fleury, quien entre 1100 y 1104 escribió un famoso y conocido tratado sobre el ejercicio de la monarquía– el soberano debía desempeñar el poder siendo clemente con sus súbditos y asegurándoles protección impartiendo adecuadamente la ley. Hugo de Fleury, que dedicó su *Tractatus de regia potestate et sacerdotali dignitate* a Enrique I de Inglaterra, mantiene en su texto que los poderes temporal y espiritual debían unirse para el gobierno del mundo, trabajando juntos de forma pacífica; y para ello, el rey debía

> … apreciar al máximo cuatro virtudes principales, es decir, la sobriedad, la justicia, la prudencia y la templanza: la sobriedad defiende de la desidia y la torpeza de la mente; la justicia es aceptable a la vez para Dios y los hombres sensatos; con la prudencia discierne y separa lo justo de lo injusto; y la templanza evita todos los excesos.

A grandes rasgos, Pedro I, con el fin de llevar a cabo su «potestas regia» de forma adecuada y justa, empleó recursos diversos…

En primer lugar: las asambleas. Conformadas mayoritariamente por su séquito –obispos del reino y un escogido grupo de magnates–, bajo un marcado carácter feudovasallático, resolvía sobre concesiones, debatía con respecto a proyectos bélicos y decidía sobre otros asuntos de gobierno en un momento en el que las instancias administrativas eran muy escasas.

En segundo lugar: los arbitrajes para la resolución de conflictos. Enfrentamientos de diversa índole fueron utilizados por el soberano para reforzar su propio poder: se visibilizaba así su función mediadora entre los litigantes y se facilitaba la percepción del poder del Estado encarnado en su persona, lo que era transmitido oportunamente al resto de la sociedad. Para ello aplicó un conjunto de reglas que mezclaban el derecho consuetudinario y feudal, entre las cuales cabe contar la *Lex Visigothorum* o el recientemente instaurado Fuero de Jaca, que más adelante se convertirá en el núcleo de la posterior legislación foral aragonesa.

Y en tercer y último lugar: la consagración de iglesias. Eran unas elocuentes y complejas ceremonias que contribuían, temporalmente, a la creación de consensos entre las clases dominantes –civiles y eclesiásticas– y, por lo tanto, a la conciliación de sus disputas. En el marco de estos rituales, jugaba especial papel no solo la promoción del rey, sino la tan ansiada adquisición de reliquias, en la cual, no pocas veces había intervenido la monarquía.

Empresas artísticas

La conexión de la realeza con lo sagrado se manifestaba, fundamentalmente y como se acaba de advertir, en la promoción y dotación de iglesias. Pedro I estuvo en las consagraciones de Montearagón [1093], San Juan de la Peña [1094], Loarre [h. 1096], San Salvador de Leyre [1098] y San Adrián de Sasave [h. 1104].

Apoyó y contribuyó a la construcción de las catedrales de Jaca y Pamplona, de los monasterios de Santa Cruz de la Serós o Santa María de Alaón y de iglesias locales como Luna o Murillo, lo que corrobora su papel como rey promotor. Con ello evidenciaba su activo compromiso en el movimiento de renovación eclesiástica que, a la postre, exaltaba su poder y figura soberanos. De hecho, ya ha sido puesta de manifiesto por diversos autores, entre otros Laliena, la asociación en algunos de estos edificios entre los símbolos de Cristo, el león, el rey y la cruz como representación gráfica de una suerte de teología del poder.

El rey era consciente de la rentabilidad de estas acciones, tanto por la aprobación del sumo pontífice como por el beneplácito divino. Conviene recordar, por ejemplo, que en 1099 declaraba su intención de pagar a Roma el censo correspondiente a los dos últimos años, a través de la legación de Frotardo, el abad de Saint-Pons de Thomières,

> … para que Dios, por el mérito de sus santos apóstoles Pedro y Pablo se digne a velar por mí y auxiliarme en todos mis asuntos.

No menor fue su interés por el monasterio pinatense, ligado a la dinastía desde la época de Ramiro I y a donde los reyes acudían periódicamente para realizar estancias de duración diversa, sobre todo durante el tiempo litúrgico de la Pascua. Además de centro monástico que celebraba solemnes ceremonias en las que los reyes participaban personalmente, San Juan de la Peña se convirtió en lugar de perpetuo recuerdo de los monarcas, motivo por el cual Pedro I confirmó sus privilegios y decidió enterrarse entre sus muros con estos elocuentes términos rubricados en una carta fechada en 1095:

> Mi padre, el rey Sancho, descansa en este monasterio, con mi abuelo y muchos miembros de nuestro linaje, y yo mismo he dispuesto mi sepultura en este sitio junto con mis ancestros.

Por otra parte, al margen del soporte de la numismática, y tal y como sucede también con sus predecesores, no es fácil descubrir testimonios iconográficos de la Edad Media que representen a Pedro I. No obstante, de las referencias que se han encontrado, dejando a un lado otros instrumentos de donación, hay una que destaca por desconcertante al efigiar al rey sin insignias y con un aspecto que recuerda al apóstol del mismo nombre (cabellos y barba de pelo rizado y corto): se trata de la miniatura del Tumbo A de la catedral de Santiago de Compostela, fechada en el siglo XII y que ilustra las concesiones de «Petrus Rex» al obispo exiliado de esta sede, Diego Peláez, quien, precisamente, se había refugiado [1094] en Aragón.

Postrimerías del reinado

Sus dos últimos años de gobierno están jalonados de consagraciones de iglesias y de resoluciones de conflictos entre la clerecía aragonesa, lo que desvela su activo papel como mediador.

En octubre de 1103 cayó enfermo, a tenor de los documentos de donación a instituciones religiosas de este período que no pocas veces aluden a su salud. En escasas semanas de diferencia moría su hija Isabel y su heredero, el infante Pedro, quien desde hacía años luchaba contra alguna dolencia. En el Valle de Arán, en el transcurso de una expedición militar, el rey hallaba la muerte en circunstancias no muy claras, acaso camino de Bearne para reunirse con Gastón. Era septiembre de 1104, tenía treinta y seis años y, como queda dicho, moría sin heredero. Su puesto en la línea dinástica sería ocupado por su hermanastro, Alfonso Sánchez, miembro del séquito real desde 1096 y quien había demostrado cualidades excepcionales como guerrero.

Alfonso I 1104-1134

[¿Jaca?, ¿1073 ? / Poleñino, 1134]. **Urraca I** [Alfonso VI de León] + Montearagón.

A la muerte de Pedro I sin heredero, y conforme a las normas de linaje establecidas medio siglo antes por Ramiro I, le sucedería su hermanastro y tercero en la línea sucesoria, Alfonso Sánchez, hijo de Sancho Ramírez y su segunda esposa Felicia de Roucy. Quien pasaría a la historia con el sobrenombre del Batallador, destacó como joven guerrero legendario en la batalla de Alcoraz, victoria que permitió a los cristianos la toma de Huesca. Su firma en los escatocolos (parte final de los documentos que contiene las fórmulas necesarias para su autentificación y datación) durante el gobierno de su hermano confirma que era considerado como sucesor de forma semioficial, dada la frágil salud del infante heredero. Su lealtad hacia Pedro I –sin fisuras, de acuerdo con los historiadores que han analizado su personalidad– se confirma no solo por su propia biografía, que acredita su presencia constante al lado del rey, sino también por la política que llevó a cabo durante su reinado, en indudable continuismo con respecto a su predecesor.

Infancia monacal

Son muy pocos los documentos textuales y materiales que se han conservado alusivos a los primeros años de vida del futuro Alfonso I. Al no ser hijo primogénito y no preverse su llegada al trono, fue educado en diferentes cenobios sin generar demasiadas referencias documentales. Sabemos con precisión que pasó algunos años de su infancia en el monasterio San Salvador del Pueyo, donde aprendió gramática con Galindo de Arbós. También pasó largas temporadas en San Pedro de Siresa, en el valle de Hecho, majestuoso monasterio entre cuyos imponentes muros sería instruido por diversos maestros, entre otros Esteban (el futuro obispo de Huesca y quien llegaría a ser uno de sus mejores amigos y colaboradores), al tiempo que su ayo o «aitano» Lope Garcés le iniciaría en las artes militares, que tanto le identificarían luego.

Muy pronto comenzó a participar en la vida pública, incluso durante el reinado de su padre Sancho Ramírez, con quien ya asumió misiones militares de cierta relevancia, así como también a lo largo de todo el reinado de su hermano Pedro I. En el asedio de Huesca comandó la vanguardia de las tropas aragonesas en la batalla de Alcoraz [1096] y participó también al año siguiente en la batalla de Bairén, junto a su hermano Pedro I y el Cid. Su formación se dilataría más allá del ejercicio militar: pudo demostrar sus competencias en las tareas de gobierno tras ser nombrado señor en Ardenes, Bailo y en las plazas fronterizas de Biel y Luna.

A la muerte de su hermano, Alfonso heredaba un amplio territorio, al que en 1076 se le habían incorporado tierras navarras. A los cuatro años [1108] recibió los dominios, por parte de Bertrán de Toulouse, de las ciudades de Narbona, Béziers, Agde y Rodez, y Toulouse (junto con su condado en caso de recuperarla definitivamente), si bien no llegó a ejercer el dominio efectivo sobre ellos, puesto que fueron administrados por Alfonso Jordán, hermano de Bertrán.

El reino heredado estaba sometido a una guerra continua, con la taifa de Zaragoza de los hudíes o Banu Hud, pero también con otros territorios cristianos por ambición de conquista. El soberano, afanoso y ansioso por la toma de Lérida y –en un futuro que vislumbraba más cercano que lejano– Valencia, alcanzaba grandes logros en las contiendas; aunque sufría, intermitentemente, las arremetidas y embestidas de los musulmanes (por ejemplo, en 1110 pierde las plazas de Zaidín, Ontiñena y Sariñena).

Batallar

Probablemente imbuido por el espíritu de cruzada que tanto había encauzado la política expansiva de sus predecesores, Alfonso I supo dar un nuevo impulso contra los almorávides, representantes de un mayor rigor de la doctrina musulmana y del concepto de guerra santa contra el infiel.

Con la ayuda de aliados diversos, como el regente de Urgel Pedro Ansúrez, el rey de León, o el conde de Barcelona, acometió las tomas de Balaguer, Ejea de los Caballeros –donde conforme algunas fuentes casi perdió la vida en una temeraria entrada en el campo enemigo–, Tamarite, San Esteban de Litera y tantas otras plazas, al tiempo que consolidaba sus posiciones en El Castellar y Juslibol. Su objetivo real, más allá de la quimérica conquista de Jerusalén, era, bajo la óptica de guerra santa, adueñarse el sector oriental del reino.

Es verdad que ya antes se habían librado acometidas con el beneplácito de la Santa Sede y la consiguiente concesión de indulgencias, y que los textos refieren asedios previos bajo el amparo de la bandera de Cristo («cum Christi vexillo»), pero –como han puesto de manifiesto algunos historiadores– la equiparación de la conquista aragonesa con las cruzadas en oriente fue resultado y obra, ante todo, de Alfonso I.

La guerra de los aragoneses contra los «murabitun», a instancias del soberano y de varios obispos franceses de ambos lados del Pirineo (Pamplona, Arlés, Auch, Lescar, Bayona y Barbastro), fue proclamada y aplaudida a comienzos de 1118 en el concilio presidido en Toulouse por el papa Gelasio II [1118-1119]. Aunque el rol exacto de este concilio resulta difícil de determinar, lo cierto es que tras siete meses de asedio y ocho días después de que el sumo pontífice concediera las indulgencias pertinentes, un feliz 18 de diciembre capitularía Madina Al-Bayda, «la Blanca», sobrenombre que los musulmanes daban a Sarakusta. Zaragoza era una plaza clave del reino de Aragón y se había constituido en el objetivo principal del monarca; a esta conquista se sumaría la toma de Tudela, Tarazona, Borja, Daroca, Calatayud, y las tierras del Jalón y del Jiloca, entre otras.

Las crónicas refieren la valentía de Alfonso, incluso antes de alcanzar el gobierno del reino. Dejando a un lado los textos franceses que en una apreciación deliberadamente encomiástica lo llegaron a parangonar con Julio César y Carlomagno, la conocida como *Crónica de San Juan de la Peña* (de la segunda

El Batallador da un decidido impulso a la expansión del reino.

mitad del siglo XIV y elaborada a instancias de Pedro IV) explica en su versión aragonesa:

> Clamábanlo don Alfonso batallador porque en Espanya no ovo tan buen caballero que veynte nueve batallas vençió.

Ninguna crónica, fuese leonesa, castellana o aragonesa, puso en duda las virtudes castrenses del Batallador, aunque no pocas veces le calificaron de bárbaro cruel, como en la *Crónica anónima de Sahagún*, cuyas líneas definen también a los miembros de sus huestes como «barbaros de coraçon e de lengua». No obstante, y como elocuente antítesis, las crónicas musulmanas, sobre todo la de Ibn Al-Kardabus, señalan su ejemplaridad en cuanto a su magnanimidad y tolerancia con respecto a los vencidos.

Algunos hechos biográficos han estimulado su percepción como misógino e incluso maltratador, a cuenta del violento encuentro que protagonizara con su esposa Urraca en la fortaleza de El Castellar.

Conforme al relato del cronista Ibn Al-Athir, rehusó de la compañía de concubinas musulmanas alegando que «un verdadero soldado debe vivir con hombres y no con mujeres», lo que para algunos autores es ejemplo de la necesaria concentración y reflexión de un buen militar.

La inmersión del monarca en los asuntos leoneses ralentizó su hercúleo empeño contra los musulmanes, aunque, tras la anulación del problemático y fracasado matrimonio con la hija del rey Alfonso VI, volvería a arremeter con ímpetu y tenacidad contra ellos, amparado por los profundos ideales de cruzado. Y para ello se valió de un multitudinario ejército, compuesto por huestes peninsulares pero también ultrapirenaicas, y asistido por ingenios bélicos, como altas torres de madera sobre ruedas, máquinas tonantes y almajaneques que algunos de los integrantes de sus heterogéneas mesnadas habían conocido y utilizado en la ocupación de Jerusalén, como es el caso de su pariente francés Gastón de Bearne.

Su recia complexión física le permitió soportar las durísimas jornadas que exigían los itinerarios que han quedado descritos en la documentación.

No resulta extraño que varios señores de más allá de los Pirineos se reconociesen vasallos del aragonés y reclamasen su protección.

Maldita copula e ayuntamiento

Las nupcias de Alfonso I con doña Urraca, hija y heredera de Alfonso VI de León, sombríamente definidas con los términos de «malditas e descomulgadas» en los renglones de la *Primera crónica anónima de Sahagún*, redactada a manos de animadversarios del aragonés, pretendía ser el lacre que sellaba el entendimiento entre ambas monarquías para constituir un frente común y un firme liderazgo frente a los almorávides.

La boda tuvo lugar en 1109 en el castillo de Muñó, en las cercanías de Burgos, y ya en aquella misma celebración se pudo presagiar el fatal destino del matrimonio cuando, siempre de acuerdo con la crónica facundina:

> En aquella noche [...] tan gran helada cayo, que la gran abastança de vino que ya parescia, boluiose en mui gran mengua, e aún aquello poco que quedo del vino, tornoso en no se que tal açedo sabor, el qual bevuido rretorçia las entranas e purgaualas, no sin gran daño de la salud, asi como si mas claramente nuestro señor por gran señal quisiese demostrar aquel ayuntamiento ser fecho para danno e destruiçion de Espanna, non para conserbaçion della.

Como se auguraba, la unión no fue fácil, puesto que muy pronto despuntaron los problemas entre los esposos, los graves levantamientos y pugnas de amplios sectores de la nobleza, y las desafiantes intrigas de importantes miembros de la corte, entre otros los defensores del heredero de Urraca: Alfonso Raimúndez, el hijo que la reina había engendrado durante su primer matrimonio con Raimundo de Borgoña y que se convertiría en

Alfonso VII tras la muerte de su madre. Y es que conforme a los términos del contrato matrimonial, el hijo habido entre los esposos –si lo había– debería heredar las coronas de Aragón, Navarra y León, con lo que se haría efectiva la unión de la España cristiana.

No hubo infante alguno, pero esta cuestión sucesoria rápidamente se convirtió en un motivo de discordia que dividió a los súbditos en banderías y en partidos antitéticos que defendían, bien a los aragoneses, bien a los leoneses abanderados por el pequeño Alfonso Raimúndez, cuyos derechos habían sido preteridos. Pero dentro del grupo antiaragonesista hubo también división en facciones: en Galicia se desataron graves desencuentros entre quienes querían coronar al joven heredero y los que deseaban seguir siendo fieles a la reina Urraca. En las intrigas tuvo un papel preponderante y activo el arzobispo de Compostela Diego Gelmírez, quien, dicho sea de paso, en unos años pasó de apoyar a la reina a sumirla en una situación humillante.

A lo largo de los cinco años en los que el tormentoso matrimonio fue efectivo, hubo momentos de avenencias y discordancias, pactos y desacuerdos, hostilidades y reconciliaciones. Lo que hace sospechar que por encima de sus desavenencias y desencuentros algún afecto debía de unirles. Nulo rastro han dejado los textos a este respecto, más bien lo contrario: las crónicas de Aragón –proclives al rey– señalan que en diversas ocasiones el soberano «ovo mala sospeyta de su muller»; mientras que las crónicas facundinas (*Primera crónica anónima de Sahagún* y *Segunda crónica anónima de Sahagún*), no menos ilustrativas, ponen en boca de Urraca, cuando hablaba al conde don Fernando, los siguientes términos:

> En esta conformidad vino a suceder que habiendo muerto mi piadoso padre, me vi forzada a seguir la disposición y arbitrio de los grandes, casándome con el cruento, fantástico y tirano rey de Aragón, juntándome con él para mi desgracia por medio

> de un matrimonio nefando y execrable. Y no solo eso, sino que me ha maltratado varias veces, poniéndome las manos en el rostro, y los pies en el cuerpo.

La definitiva separación de los cónyuges, facilitada por los lazos de consanguinidad, se produjo en el año 1114, lo que permitió a Alfonso centrarse en los asuntos propios del reino de Aragón, iniciando a partir de entonces el despliegue conquistador sobre el valle del Ebro.

Tras la disolución de su desventurado matrimonio seguiría controlando numerosas plazas leonesas, principalmente en la zona oriental del reino (Castilla), como ratifica su intitulación de «Ego Adefonsus tocius Ispanie imperator», en 1110, de «Imperator de Leon» en 1114 o «totius in Hispania imperator», en 1125. Es cierto que renunciaría al empleo del título imperial en 1124 (so conflicto con Alfonso VII), pero entre 1126 y 1134 volvería a utilizarlo en diversas ocasiones.

Tareas de gobierno

Alfonso I concentró todos sus esfuerzos en la consecución de tres grandes empresas: la delimitación y fijación de las fronteras con el reino de León, la repoblación de los extensos territorios conquistados a los musulmanes, y en conseguir para Aragón una salida directa al mar.

La primera preocupación fue relativamente fácil de resolver: poco después de que Alfonso VII alcanzase el trono leonés, ambos reyes firmaban el Pacto de Támara, conocido también como las Paces de Támara, rubricadas en Támara de Campos (territorio limítrofe entre los reinos de Aragón y León) en junio de 1127, que supusieron el fin de la rivalidad con su hijastro, tal y como indica la versión aragonesa de la *Crónica de San Juan de la Peña*:

> Et por tal que disensión alguna non se siguiesse entre los regnos, reconocieron la tierra que yera de Navarra, yes assaber, d'Ebro entro tierra Burgos, la qual por fuerça avía tirada el rey

> don Sancho de Castiella a su cormano el rey don Sancho de Navarra, fillo del rey don García Remirez. Et fizieron cartas entramos los reyes et los regnos de Castiella et de Navarra, et cada uno prendie sus cartas muyt bien firmadas et seguradas. Et toda la otra tierra de Castiella mandóla render sueltament a don Alfonso. Aqueste don Alfonso de aquí adelant non se quiere clamar emperador, sino rey de Aragón, de Pamplona et de Navarra.

La segunda empresa estaba destinada a asegurar el control político, jurídico y económico de los nuevos territorios. Con la ayuda de un equipo de fieles colaboradores –entre los que se encontraban parientes, compañeros de juventud y cortesanos a los que había premiado por sus servicios– logró consolidar el asentamiento en tierras fronterizas de colonos cristianos, quienes, con capacidad defensiva, se veían fuertemente atraídos por las cartas de población y franquicia, que denotaban influencias de la foralidad leonesa.

Una de sus últimas labores de repoblación sería la de la villa de Cella, cerca de Teruel, plaza que había sido ganada en 1120 tras la batalla de Cutanda y de la que no constan tareas de repoblación hasta ocho años después. El dominio cristiano sobre el lugar no sería indiscutible y meridiano hasta el reinado de Alfonso II, aunque muy pronto este territorio se convierte en uno de los bastiones que, en el límite sur del reino, en la llamada extremadura aragonesa, controlaban la ruta entre Valencia y Zaragoza.

No menor fue la restauración eclesiástica que logró recuperando sedes episcopales de época romana y visigótica o a través del asentamiento de otras nuevas, lo que llevó a cabo con la asistencia de los prelados del reino, entre otros su gran amigo el obispo Esteban. Entendiendo de forma perspicaz y clarividente que las diócesis eran claves para garantizar la repoblación y justificar el control del territorio, las dotó con amplias rentas y patrocinios, así como también a los diversos centros monásticos que se fueron asentando, algunos nutridos por miembros de comunidades extranjeras, como en el caso de La Gran Selva.

Finalmente, sus ansias por llegar al Mediterráneo le llevaron a proyectar la conquista de las poblaciones del curso inferior del Ebro. Tras la toma de Mequinenza y de otras plazas más cercanas a Lérida, como Escarpe, en el verano de 1134, el Batallador sitia Fraga con apenas quinientos caballeros.

Para entonces ya no puede contar con bearneses y gascones que regresaban a sus tierras tras la muerte de su señor Gastón, abatido en una refriega con los almorávides; sus verdugos pasearían triunfalmente la cabeza del francés por Granada. En el mismo choque fallecía también el obispo Esteban.

Estando en Fraga, un ataque inesperado –el 17 de julio– sorprendió al rey y a su hueste, que fue derrotada y obligada a huir. El veterano monarca no pudo reponerse de las heridas y el 7 de septiembre expiraba en la localidad monegrina de Poleñino –entre Sariñena y Grañén– sin dejar heredero legítimo.

La derrota del ejército, la caída de sus caudillos más importantes, y la huida del Batallador y su muerte casi dos meses después provocaron que las noticias fueran expandiéndose de forma enmarañada e imprecisa, dando pie a una serie de confusiones que originarían las tan conocidas versiones legendarias sobre el final de su vida (incluidos episodios de demencia u otros más cruentos de venganza). Y ello sin contar con el falsario que se hizo pasar por el monarca y que acabó sus días en la horca.

Insólito testamento

En octubre de 1131, estando Alfonso I en el sitio de Bayona, había redactado un testamento en el que –de forma inédita hasta entonces, y acaso como resultado de su desesperanza al ver que sus proyectos de cruzada no llegaban a buen término– dejaba el reino a las tres órdenes militares de oriente; esto es; el Temple, el Hospital y el Santo Sepulcro. La mente del vetusto monarca confiaba a los monjes-soldados la defensa del reino y la consecución de la batalla definitiva contra el islam.

Todos los caudillos de sus milicias juraron la aceptación del testamento, ratificado el 4 de septiembre de 1134, dos meses después de la tremenda derrota en Fraga, de la que se hicieron eco todas las crónicas de la época.

La muerte de Alfonso el Batallador –«llorada por toda la cristiandad hispana», en palabras de su hermano Ramiro– abría una crisis profunda ante la imposibilidad de aplicar, por sus imprevisibles consecuencias, las últimas voluntades del rey. Tras la desaparición del sexagenario Alfonso I sin hijos legítimos, la dinastía de los Ramírez –responsable de entrelazar una compleja red de relaciones entre las élites peninsulares y foráneas, y de llevar al reino de Aragón a la más alta consideración– corría peligro de extinción.

Además, en el documento testamentario (ha sido definido como un verdadero retrato moral del Batallador), el nombramiento de su hermano Ramiro Sánchez como obispo de Roda parecía suponer, en realidad, una clara suspensión de sus derechos al trono.

Sin embargo y a pesar de las cláusulas testamentarias que los magnates del reino no estaban dispuestos a asumir y menos aún a implantar, quedaba la solución de coronar al monje Ramiro –el último hijo de Sancho Ramírez, el tercero de los hermanos, el infante, el eclesiástico desde la niñez–, quien además presidiría los sufragios por el difunto Alfonso I.

Sería inmediatamente reconocido como rey por la nobleza de Aragón.

Sepulcro extraordinario para un rey legendario

La sepultura del Batallador, enterrado en Montearagón, supuso una clara novedad en lo que concierne a los enterramientos reales aragoneses. La introducción de su cuerpo en un túmulo exento conllevó un importante cambio frente al sistema de tumbas cubiertas por losas a dos vertientes utilizado para inhumar a sus predecesores –Ramiro I, Sancho Ramírez y Pedro I– en el monasterio de San Juan de la Peña.

Es posible que la ubicación de su sepulcro en el castillo-abadía montearagonense –lugar distinto al acostumbrado hasta entonces– permitiese el empleo de sarcófagos exentos proclives a lo monumental; así se dignificaba de algún modo una sepultura que, al no hallarse en el insigne panteón pinatense, perdía el ascendiente que por el regio linaje le correspondía.

Aunque labrado en el siglo XII, evoca a los romanos, lo que tiene que relacionarse con la práctica de reutilizar para los enterramientos de algunos nobles cristianos los sarcófagos antiguos; idealmente de la Roma constantiniana, convendría precisar. Esta costumbre, solo alcanzable para algunos pocos miembros de las más altas jerarquías, hacía visible y evidenciaba un pasado –legitimador y diferenciador– frente a un enemigo –invasor y expoliador– encarnado por el islam.

Como se ve, una lectura muy adecuada y conveniente para la última morada del rey que en la Edad Media luchó más encarecidamente contra los infieles, por lo que, de forma merecida conforme a los criterios de entonces, se ganó el sobrenombre de Batallador.

Ramiro II 1134-1137

[¿Jaca?, ¿1084? / Huesca, 1157]. **Inés de Poitiers** [Guillermo IX, duque de Aquitania]: Petronila. + San Pedro el Viejo de Huesca.

La curia regia, ante la muerte sin descendencia de Alfonso I y completamente dispuesta a no aplicar las últimas voluntades del Batallador, decidió exhortar al monje Ramiro –tercer hijo de Sancho Ramírez– a que colgase los hábitos, dejara a un lado la meditación y aceptara la responsabilidad de la corona. Consciente de las obligaciones de Estado y tras haber tomado el poder «por la necesidad del pueblo sin guía y por la tranquilidad de la Iglesia», el 13 de noviembre de 1135 –con cuarenta y nueve años de edad– contraía matrimonio en Jaca con una hija del duque de Poitiers. Al parecer, la muchacha traía garantizada la fertilidad y a resultas del ayunto engendró una hija y heredera: Petronila. Nacida en 1136, tan solo un año después quedaba comprometida con el conde de Barcelona Ramón Berenguer IV [1131-1162], uniéndose al tiempo el reino de Aragón con el condado de Barcelona y originando la entidad política que se conocería, a lo largo de toda la Edad Media, como «Corona de Aragón».

El monje

El último hijo del rey Sancho Ramírez y de la reina Felicia de Roucy se había consagrado a la vida religiosa, dedicación que inició tras el ingreso como monje, a la temprana edad de siete años, en Saint-Pons de Thomières (Occitania). Su abad Frotardo, como se recordará, fue uno de los más fieles aliados y consejeros de su padre, y llegó a convertirse en la principal figura eclesiástica de aquel tiempo en Aragón y Navarra.

Con estos términos, el 24 de abril de 1086 era ofrecido, junto con otras importantes dotaciones, al cenobio francés:

> Inflamado por el ardor del Espíritu Santo ofrezco para siempre una prenda muy cordial, mi amado hijo Ramiro, a Dios, a la gloriosa siempre Virgen María, al glorioso mártir San Ponce del indicado monasterio, al abad nombrado y a los monjes que en él viven, con la entrega decidida de que sea monje, según la regla de San Benito del referido monasterio, y ruegue a la bondad divina por mi, por su madre y por todos sus familiares próximos.

En aquel monasterio sería educado con esmero durante sus años de niñez y de juventud, como el propio Ramiro II manifestaría en un documento firmado en Jaca en 1137. Posiblemente permaneció en Saint-Pons de Thomières hasta la celebración del problemático, y luego anulado, matrimonio de Alfonso I con

Urraca de León, puesto que en un documento del año siguiente [1110] consta entre los miembros del séquito de la reina.

En 1111, al alcanzar los veinticinco años canónicamente requeridos, su hermano le nombra abad de Sahagún con el fin de controlar mejor el monasterio y la villa; a pesar de que la reforma del papa Gregorio VII pretendiera, entre otros objetivos, suprimir la intervención de las autoridades civiles en los nombramientos eclesiásticos.

Con la extinción del matrimonio de Alfonso y Urraca por consanguinidad, Ramiro renunció al abadiato y poco después –a instancias del Batallador, del clero y el pueblo burgalés– fue propuesto para el cargo de obispo de Burgos, dignidad que, aunque no ratificada, ostentó hasta 1116.

A partir de aquel año y hasta 1130, prácticamente nada se sabe del monje, aunque se sospecha que pudo haberse retirado a San Pedro el Viejo de Huesca, priorato sufragáneo de Thomières. Desde allí, libre de todo puesto relevante, desarrolló una importante tarea cultural, favoreciendo la construcción de varias iglesias, hasta que el 17 de julio de 1134 –poco antes de sobrevenir rey– fuera nombrado obispo electo de Roda y Barbastro. El cargo le llegaba cuando las tensiones con Roma se habían acentuado, pero no obstante apenas si lo ejerció.

Tan solo un mes después de su preconización, iniciaba el camino hacia el trono, como quedó apuntado en un cartulario barbastrense: «Ramiro [...], era rey, y tuvo que renunciar al episcopado y asumir el reino».

Imprevista corona

La inexplicable excentricidad del testamento del Batallador instó a los nobles a nombrar al último hijo de Sancho Ramírez como rey de Aragón, a pesar de su condición eclesiástica.

Ramiro aceptó con prontitud su nueva condición regia: durante el mismo mes de la muerte de Alfonso I, esto es, septiembre de 1134, constan hasta dieciséis documentos en los cuales se presenta como «Ego Ranimirus, Dei gratia rex», intitulación que, algunas veces, se acompañaba también de su nombramiento como obispo electo de Roda y de Barbastro. Esta dualidad de carácter, o doble cualidad del rey, explica muy bien su firma, o «signum regis», que presenta una cruz inserta en un círculo flanqueado por las letras alfa y omega, lo que tiene connotaciones religiosas evidentes.

El hecho de que se intitulase rey inmediatamente después de la muerte de su hermano parece indicar –siguiendo a algunos historiadores– que quiso visibilizar cuanto antes su regia dignidad al saber que no era aceptado unánimemente por todos los súbditos: los navarros eran partidarios de García Ramírez, y muchas ciudades aragonesas, como Huesca, por ejemplo, vacilaban ante la inestabilidad política que se había generado tras la muerte del Batallador. Esta circustancia explica que muy pronto empezase a recorrer el territorio del reino para «dejarse ver» y ser reconocido como soberano.

Aunque Jerónimo Zurita ofrece la noticia de que fue coronado en la catedral de Huesca, es posible que su proclamación solemne fuese verificada en la ciudad de Jaca, la primera que le respaldara como monarca. Ramiro II lo reconocería y actuaría en consecuencia confirmando sus fueros rápidamente «porque fuisteis los primeros en elegirme rey». De acuerdo con la *Cronica Adefonsi Imperatoris*, fue aclamado a su paso por Jaca, no a resultas de las Cortes, sino en una reunión popular:

> Congregáronse, pues, caballeros nobles y no nobles de toda la tierra de Aragón, así como los Obispos y los Abades, y todo el pueblo y se congregaron todos conjuntamente en Jaca, ciudad real, y eligieron por su Rey cierto monje, hermano del Rey, llamado Ramiro.

Muy relevante en sus apoyos fue el eclesiástico Dodo, acaso monje y abad de San Juan de la Peña, que alcanzó a ser nombrado para la sede de Huesca-Jaca y que acabó configurándose como una de las figuras más atrayentes en el reinado de Ramiro II. El mitrado oscense no tuvo dudas a la hora de prestarle acatamiento al candidato a rey y contribuyó muy eficazmente a su elevación al trono, interviniendo en diversas ocasiones en acontecimientos políticos y en asuntos diocesanos. A pesar de que la curia pontificia parecía inclinarse por el cumplimiento del testamento del Batallador, el obispo Dodo, perspicaz, inteligente y abierto de miras, calibró de forma excepcional hasta qué punto el reinado del Monje podría ser beneficioso para la Iglesia aragonesa.

Monje versus rey

No se ahondará más en la doble cualidad de Ramiro II, un monje voluntariamente despojado de los hábitos y que había devenido rey como él mismo diría en noviembre de 1137

> … no por ambición de honor ni por deseo de arrogancia, sino tan solo por la necesidad del pueblo sin guía y por la tranquilidad de la Iglesia.

Su doble cualidad, aunque seguramente instado también por su amigo y consejero Dodo, explica muy bien el extenso juramento ante el arzobispo Olegario en la seo de Zaragoza; compromiso que cumpliría escrupulosamente. En él proclamaba la inmunidad y libertad de la Iglesia, eximía a los eclesiásticos de cualquier obligación militar, garantizaba las elecciones de obispos y abades de forma libre y según los cánones, y renunciaba a la potestad que sus predecesores habían tenido en las iglesias, por lo que les prometía la devolución de aquellas propiedades que se les habían retenido de forma injusta.

Muy poco es lo que sabemos de la personalidad de Ramiro II, puesto que los documentos silencian detalles y, cuando los ofrecen, resultan incoherentes. Muchos historiadores contemplan la posibilidad de que si bien antes de asumir el reino aparecía ante sus contemporáneos como un verdadero monje, pudo no haberlo sido nunca en un sentido estricto y riguroso.

El carácter del rey que exhuman los instrumentos textuales conservados impide tener por cierta la llamada leyenda de 'La campana de Huesca', que puede contar con un soporte histórico en los *Anales toledanos primeros* y en la más tardía redacción de *Al-Bayan al-Mugrib* de Ibn Idari.

Parece que el rey Ramiro II, para remediar los desprecios que le mostraban algunos nobles y caballeros, las guerras que hacían entre ellos y las nefastas consecuencias que provocaban entre las gentes del reino, decidió tomar medidas drásticas. Conforme a los términos de la *Crónica de San Juan de la Peña* –elaborada casi dos siglos después de que los hechos sucedieran– así acaeció:

> Inmediatamente envió cartas a nobles, caballeros y ciudades mandándoles que fueran a Huesca un día determinado para celebrar Cortes. Indicaba que quería hacer en Huesca por unos maestros franceses una campana que se oyese en todo el reino.
>
> Cuando oyeron esto, los nobles y caballeros dijeron «Vayamos a ver qué tontería quiere hacer nuestro rey», puesto que lo apreciaban poco.
>
> Y cuando estaban en Huesca, hizo el Rey que unos secretarios suyos estuvieran armados en su cámara diciéndoles que hicieran lo que él les mandara. Y a medida que venían los nobles y caballeros, los hacía llamar el Rey uno a uno a consejo. Así como entraban en su cámara ordenaba descabezarlos. Llamaba a aquellos que habían cometido culpas contra él [...]. Muertos estos y huidos los otros, el Reino sosegó en paz y tranquilidad.

Ya Ubieto advirtió de la falsedad de la leyenda, que se basa en realidad en un cantar de gesta anterior; si bien descubría la mano férrea del rey hacia sus más peligrosos adversarios. A través del análisis de siete tenencias que inexplicablemente quedan silenciadas a nivel documental, el historiador llegaba a la conclusión de que el rompimiento de la fidelidad al soberano se pagaba con la muerte.

Algunos suponen que fue con ese mismo ánimo de calmar el reino cuando decidió contraer matrimonio.

Matrimonio con Inés de Poitiers

Ramiro II se encontraba ante la difícil disyuntiva de responder ante dos obligaciones: mantener el celibato exigido a su condición de «fratrem», o asegurar y proporcionar sucesión a su «stirps regia». Consecuente con la responsabilidad asumida al aceptar la corona y consciente de los problemas y disensiones internas que se habían sucedido en el reino tras su advenimiento, decidió priorizar la obligación dinástica. Y para ello, «no por ardor de la carne, sino por la restauración de la sangre y del linaje», el 13 de noviembre de 1135 contraía nupcias en Jaca con doña Inés (Agnès) de Poitiers, entonces viuda del vizconde de Thouars. Esta hija del duque de Aquitania –de la que tan poco se conoce– había demostrado ya su capacidad para ser madre, puesto que había traído al mundo cuatro hijos con su primer esposo, Aymeric, fallecido en 1127. Fertilidad que vuelve a quedar demostrada cuando alumbra a Petronila un feliz 29 de junio de 1136.

El último documento en el que se menciona a la fugaz reina es de octubre del mismo 1136. A partir de entonces parece que vuelve a Aquitania, y se retira a la abadía de Fontevrault (Loira), donde años antes había vivido su madre.

El efímero matrimonio nunca fue declarado nulo porque no fue hasta 1139 (tres años después de que Ramiro II e Inés se separasen) cuando en el Concilio de Letrán decidió invalidarse cualquier matrimonio de clérigos si no disponían de la correspondiente dispensa papal.

La sucesión en el trono parecía garantizada. Petronila creció sin la figura materna ni paterna a su lado. El 11 de agosto de 1137, en Barbastro, Ramiro II firmaba en su nombre un concierto matrimonial –denominado en varios textos «capítulos matrimoniales»– con el conde de Barcelona Ramón Berenguer IV, que entonces contaba con unos veintidós años de edad y que adoptaría el título de «Princeps Aragonensis». Dejando a un lado las villas y castillos que dotaba y las iglesias y monasterios que retenía para si, las líneas generales del compromiso asumido por Ramiro II, analizadas en detalle por parte de la historiografía, han sido sintetizadas de este modo:

> Yo Ramiro, hijo del rey Sancho, rey de los aragoneses, doy a ti Ramón, conde barcelonés, mi reino de Aragón, con mi hija, todo íntegramente, como lo dividió el rey Sancho el Mayor, abuelo de mi padre; y como lo dividí con el rey García Ramírez de los navarros, en Pamplona, exceptuadas las tenencias que el sobredicho rey Sancho dio al rey Ramiro, mi abuelo, en Navarra [...]. Esto te doy y concedo a los hijos de los hijos tuyos que fuesen de generación de mi hija, por los siglos de los siglos. Tú, en cambio, convienes conmigo, en palabra de verdad, y pones tus manos entre mis manos, que no enajenes, ni hagas enajenar, este reino que te doy, durante la vida de los hijos de mi hija. [...]. Y que durante toda mi vida me tengas como padre y señor. [...]. Aunque te entregue el reino, sin embargo, no renuncio a mi dignidad.

Aunque no hay unanimidad por parte de los historiadores en este punto, este convenio parece que derivaba de una vieja institución del derecho aragonés conocida como el «casamiento en casa», de la que se hablará más adelante y que, a tenor de la jurisprudencia aragonesa actual, todavía sigue vigente en el actual *Código del derecho foral de Aragón* (artículo 201 de los «Capítulos matrimoniales»).

Ministerium regis

El reinado de Ramiro II fue temporalmente muy corto –apenas tres años–, pero suficiente para demostrar su capacidad y tino para hacer frente a tres grandes decisiones que tendrían hondas consecuencias en nuestra historia.

Por un lado, ante la muerte de su hermano Alfonso I el 7 de septiembre de 1134 y la grave crisis política que se había originado por su insólito testamento, no dudó en ceder ante los ruegos de los súbditos aragoneses y proclamarse heredero, con lo que contravenía y vulneraba las últimas voluntades del

Batallador. Pronto, implacable, debió pacificar el reino, donde algunos séniores y tenentes mostraban desconsideración ante el nuevo rey.

El hecho de que fuera reconocido efectivamente en Aragón, pero no en Navarra, donde se impuso García Ramírez (descendiente ilegítimo de García Sánchez III de Pamplona), fue la espoleta para que pudiera demostrar tempranamente su calado político, y también la relevancia de los apoyos que tenía. La solución de prohijamiento, firmada en Valdoluengo [1135], convertía a Ramiro II en «pater» y a García Sánchez en «filius». El pacto se romperá cuando el navarro busque el apoyo de su suegro Alfonso VII de León, de quien se hace vasallo en ese mismo año 1135.

El rey de Aragón también tuvo algunas disensiones con Alfonso VII, que se postulaba –como heredero de Alfonso I– a la plaza de Zaragoza, de acuerdo a los pactos matrimoniales habidos entre su madre Urraca y el Batallador. Sabiamente asesorado, Ramiro entrega el reino de Zaragoza al leonés en usufructo; si bien Alfonso –imbuido de propósitos imperiales– se lo devolverá al cabo de un año.

Con esta serie de acuerdos, y con algunas treguas con los musulmanes que refieren fuentes árabes, Ramiro II lograba estabilidad en el reino y sus fronteras.

Dejando al margen las dudas sobre su grado eclesial, sobre el que la historiografía no ha llegado a un acuerdo definitivo, la necesidad por procurar un heredero al trono le llevó a tomar la trascendental decisión de contraer matrimonio, que debió consumar con cierta premura dada su edad. El nacimiento como vástago de una niña, en 1136, no supuso un problema conforme al derecho aragonés: el rey era conocedor de que la costumbre del reino posibilitaba que su hija Petronila tuviese capacidad legal para transmitir la herencia del reino de Aragón. Entre octubre de 1136 y enero de 1137, logrado su propósito de Estado, el matrimonio se separó, quedando la pequeña infanta en Huesca, a la espera de alcanzar la edad canónica requerida para contraer matrimonio, aspecto, este último, que constituye la tercera gran decisión tomada por Ramiro II.

El candidato escogido por el rey, favorable también a ojos de los nobles aragoneses, fue Ramón Berenguer IV, quien había demostrado sobradamente su capacidad de gobierno al frente del condado de Barcelona.

Tras diversas negociaciones y tratados diplomáticos, el 11 de agosto de 1137 se firmaban las ya aludidas capitulaciones matrimoniales que suponían el fin de la crisis dinástica y, al tiempo, el inicio de una nueva era: la de la entidad que todos conocemos como corona de Aragón. En las líneas del acuerdo consta que la recepción del reino por parte de Ramón Berenguer IV a través de Petronila se hacía «salvados los usos y costumbres que mi padre o mi hermano Pedro tuvieron en su reino», es decir, con pleno respeto y reconocimiento de la capacidad legislativa de los reyes anteriores.

Tras cumplir los imperiosos objetivos de engendrar un miembro sucesorio para su real casa y convenir un matrimonio que resultase adecuado para el reino y su gobierno, Ramiro II se retiró a San Pedro el Viejo de Huesca, donde permaneció hasta su muerte, acaecida el 16 de agosto de 1157, cinco meses después de que su nieto Alfonso fuese alumbrado, el 24 de marzo, en esa ciudad. Ramiro II había podido conocer a quien prolongaría la saga y quien, unos años después, encarnaría al primer rey de Aragón y conde de Barcelona.

Sepultura

Recibió sepultura en la capilla de San Bartolomé de la misma institución oscense en la que terminó sus días y que era, como se recordará, priorato de Saint-Pons de Thomières, abadía donde, siendo niño, había iniciado su andadura como monje. Su tumba, un sarcófago marmóreo romano del siglo III reutilizado en el que se muestra una «imago clipeata» reinterpretada por el cristianismo como una «elevatio animae» (o elevación del alma al Paraíso) debe leerse en idéntica clave simbólica que la de su hermano el Batallador; esto es: como muestra ostensible de la restauración del orden cristiano, por la que tanto luchó su dinastía y que tan en sintonía estaba con la historia oscense y de la propia iglesia de San Pedro.

Sirvan de ejemplo los términos de Pascual II [1099-1118], escritos en un documento fechado el 25 de mayo de 1107, donde aludía al pasado cristiano de la población antes de la penosa y dolorosa llegada del islam:

> La antigua iglesia de San Pedro con su cementerio era la única que había subsistido en la ciudad de Huesca, habiendo dispuesto de ella los cristianos durante la dominación musulmana.

Con Ramiro II culminaba la dinastía de los Ramírez, que el mismo rey monje había reivindicado cuando, en un documento de 1068, afirmaba que pertenecía «a la familia del rey Ramiro». La entrega de su hija al conde de Barcelona se hizo para asegurar la estirpe y la continuidad del reino: tal y como advertía en las capitulaciones, todo lo que entregaba al barcelonés lo hacía con el fin de que llegase a «los hijos de los hijos tuyos que fuesen de generación de mi hija, por los siglos de los siglos». De este modo, el linaje ramirense cedía paso a la llamada casa de Aragón, subrayándose una procedencia de la saga no explícita hasta entonces e iniciando la andadura de una nueva realidad y entidad: la llamada corona de Aragón.

IV Corona de Aragón

La alianza matrimonial entre la pequeña Petronila [1136-1164], princesa de Aragón, con Ramón Berenguer IV [1131-1162], conde de Barcelona, aseguró el mantenimiento del reino, porque la niña-soberana, aunque apartada del ejercicio de poder, poseía la titularidad del reino que podría transmitir a su sucesor. Pasadas unas décadas y tras la muerte del «comes Barcinonensis et princeps Aragonensis», Petronila renunciaría a segundas nupcias y haría donación del título regio en beneficio de su hijo Alfonso II [1164-1196], quien iba a aglutinar bajo el mismo cetro, por vez primera, el reino de Aragón y el condado de Barcelona.

Con el gobierno de Alfonso II se inicia un período en el que se diseña la primera ordenación institucional de la llamada «Corona de Aragón», embrionariamente una unión dinástica conformada por unos territorios que mantenían sus tradiciones y leyes propias. Con el objetivo último de armonizar el equilibrio entre sus dominios, desarrollaría una política basada en la fijación territorial y en la definición como ámbitos políticos de Aragón y Cataluña, aunque tampoco desatendió la política exterior de la corona. Este proceso de articulación de los territorios y de los órganos del poder, estructurados en materia fiscal y militar –manteniendo sus propias identidades– se vio interrumpido por la muerte temprana del soberano.

Su primogénito Pedro II [1196-1213], tras superar la minoría de edad, mantendría la política iniciada por su padre y, con el ánimo de fortalecer la corona tanto en el interior como en el exterior, acudió a Roma para ser coronado solemnemente por

Inocencio III [1198-1216], aunque convirtiéndose en vasallo de San Pedro, lo que algunos han leído como un intento de refundación de la monarquía, como antaño habían hecho Sancho Ramírez y Pedro I. Su reinado, complejo y difícil por los enfrentamientos sociales y la ruina total de las finanzas reales, se interrumpiría drásticamente en el asedio de Muret. Su muerte presagiaba un nefasto porvenir, pero la unión de los territorios que conformaban la corona, fundamentada en una monarquía compartida, ya era un referente asimilado que muy pocos deseaban fracturar.

Petronila 1137-1164

[Huesca, 1136 / Barcelona, 1173]. **Ramón Berenguer** IV [Ramón Berenguer III, conde de Barcelona]: Pedro, Alfonso (llamado Ramón), Pedro, Dulce, Sancho. + Catedral de Barcelona.

Ante la crisis abierta tras la muerte de Alfonso el Batallador, el monje Ramiro, el último de los hijos de Sancho Ramírez que todavía permanecía vivo, se vio obligado a colgar los hábitos para responder a la obligación de Estado.

Desposado con Felicia de Roucy para asegurar un heredero a la corona, tuvo una hija, Petronila, así llamada en honor al héroe de la dinastía, su tío Pedro. El hecho de que se produjera el matrimonio de un clérigo no fue algo aislado en los Estados mediterráneos del siglo XII, si bien la *Cronica Adefonsi Imperatoris* explicita que, dada su condición eclesiástica, «se reconoció pecador ante Dios e hizo penitencia». En cualquier caso, el recientemente advenido Ramiro II cumplió con su cometido durante su breve gobierno y demostró altura de miras y capacidad para tomar las difíciles decisiones que, sin duda, marcaron la evolución y trayectoria del reino de Aragón.

Una niña transmisora del regnum

Fruto de un matrimonio ilícito pero válido, el 29 de junio de 1136 nacía en Huesca Petronila, de cuya vida apenas se conoce detalle alguno y a quien las fuentes también llaman Peronella. Lo poco que se puede asegurar sobre su infancia es que fue trasladada, muy pronto, a la corte de su futura cuñada, Berenguela, esposa de Alfonso VII de León.

A Ramiro II, que había engendrado a la niña por razón de Estado, le urgía comprometerla en matrimonio para serenar la indignación de la Santa Sede; y había pensado en Sancho, –primogénito de Alfonso VII– como primer candidato.

De su edad adulta, solo se conoce un puñado de documentos destinados a trasladar, donar y disponer de sus propiedades tras su muerte, por lo que puede verificarse que apenas participó en los hechos políticos, a pesar de la trascendencia de su figura en el devenir de la historia del reino. Así las cosas, su biografía es prácticamente una incógnita y, por tanto, constituye un reto para quien quiera abordar su personalidad.

Para consolidar la continuidad dinástica, Petronila fue formalmente comprometida –el 11 de agosto de 1137 y cuando apenas contaba con un año de edad– con Ramón Berenguer IV. Pero era necesario esperar a que la niña alcanzara el límite legal –catorce años– para poder consumar el matrimonio. Como escenario de la boda [1150], se eligió la ciudad de Lérida, explotando el simbolismo de haber sido recién arrebatada a los musulmanes en un esfuerzo conjunto de aragoneses y catalanes.

Es cierto que muchas infantas eran utilizadas en el juego de alianzas de las familias prestigiosas del tablero internacional; pero también es verdad que sorprende que, en este caso, el compromiso se hiciera cuando la princesa contaba con tan poca edad, lo que vuelve a demostrar la emergencia y presión bajo las que actuó su padre Ramiro II.

De la boda no se conserva evidencia textual, si bien Ubieto consideró que un himno laudatorio hallado hace algún tiempo y escrito por un anónimo poeta de Roda pudo haber sido compuesto y cantado para los esponsales. Sus versos no aluden al enlace, ni tampoco a la contrayente, pero sorprende esta estrofa, sin duda alusiva al conde barcelonés:

> Siendo a la vez príncipe de los aragoneses,
> duque de Tortosa,
> rey de los ilerdenses,
> te sentaste en el solio regio.

De acuerdo con un primer testamento que firmó el 4 de abril de 1152, sabemos que a los veinte meses de los desposorios Petronila esperaba su primer hijo, Pedro, al que se alude como «nasciturus» (que va a nacer) y que acaso falleció poco después del alumbramiento. El documento evidencia sus temores al contemplar la posibilidad de morir «in partu laborans» [durante el parto], por lo que, siendo consciente de su papel como receptora y transmisora del «regnum», cedía la corona al hijo que iba a nacer:

> … concedo, doy y firmemente declaro al niño que desde mi útero –queriéndolo Dios– ha de seguir, todo el reino aragonés […] y con todas la cosas pertenecientes al reino.

Enunciaba también que esta cesión se hiciese tras la muerte de su esposo y especifica que, en el caso de que su hijo muriese sin hijo legítimo:

> … todo el sobredicho reino y honor, como lo hubo y tuvo el nobilísimo rey Alfonso lo concedo igualmente y doy al ya citado marido mío Ramón, conde de Barcelona, para hacer de él toda su voluntad.

Este primer documento fiduciario demuestra que Petronila no había quedado desposeída del reino de Aragón, lo que también puede observarse en el testamento que firmó al final de su vida, en 1173, donde concedía a su hijo el reino de Aragón íntegro. Sin embargo, ni era reina consorte ni podía ejercer la «potestas», circunstancia que provocó que, una vez fallecido Ramón Berenguer IV en 1162, su hijo se intitulase «rey de Aragón». De ello se infiere que Alfonso había heredado el «regnum», es decir, el poder de reinar, directamente de su padre, lo que obligó a Petronila, para evitar inconvenientes e incoherencias, a cederle el reino muy poco después, en 1164. Viuda, sin derecho a ejercer como reina y con un hijo de cinco años, se vio forzada a buscar un tutor para el niño-rey, puesto que el derecho aragonés no permitía que ella asumiese el cargo.

Petronila confirmó la exclusión de las mujeres en la sucesión y en el ejercicio del poder ya en su primer testamento de 1152, donde preveía que, en el caso de tener una hija, el reino debería pasar íntegro a su esposo, careciendo esta de todo derecho a la sucesión.

Ramón Berenguer: princeps Aragonensis

Como se sabe, Ramiro II necesitaba con urgencia encontrar al mejor candidato que pudiera asumir las tareas de gobierno. Aunque primero barajó la posibilidad de casar a su hija con Sancho, el heredero del trono castellano, concluyó que el mejor aspirante era Ramón Berenguer IV, miembro de una dinastía que había trazado una potente red de alianzas más allá de los Pirineos y que había demostrado su fortaleza y capacidad de soberanía en el cuadrante este peninsular. Ramiro II recordaba, además, el amparo que el conde le había dispensado cuando, muy poco después de asumir la corona y ante las conjuras y rebeldías nobiliarias que agitaban el reino, se había visto obligado a refugiarse en Besalú. Los renglones de la *Crónica de San Juan de la Peña* recordaban las virtudes y valentía del conde barcelonés de este modo:

> … fue muyt noble varón et de grant proheça et de grant saber et de muyt grant engenyo et de grant consello, et fue naturalment de grant corage et ardido et proz et solit el muy firme en su entendimiento et muyt savio, et había todos los feytos muit complidos et havia muyt bella persona et grant et los miembros suyos muy maravellosos et corcondantes et muy bello de personal, assí ninguna belldat ni ningún bien non le fallía, antes fue muyt noble et muy virtuoso en toda su vida.

Tras la elección de Ramón Berenguer IV fue necesario realizar las consultas pertinentes y comenzar las negociaciones entre ambas partes, poniendo sobre la mesa los intereses y pretensiones de cada uno de los implicados. Nos hallamos ante el origen del «pactismo», una teoría y una práctica políticas a través de las cuales –entre los siglos XII y XV– numerosos principados mediterráneos aceptaron de forma contractual la soberanía del conde de Barcelona, sobrevenido rey de Aragón. Es cierto que en 1149 asistimos ante un primer amago de ruptura: Ramón Berenguer IV firmaba un documento con el rey de Navarra García Ramírez en el que se comprometía a desposarse con su hija Blanca, pareciendo olvidar lo acordado con Ramiro II. Finalmente, el barcelonés descartó la vía navarra y obedeció al compromiso anterior.

El resultado fue inmejorable: con el matrimonio, Aragón se aseguraba tanto la continuidad de la dinastía como el equilibrio peninsular, logrando evitar la peligrosa hegemonía de León, cuyo rey demostraba comprobados ímpetus imperialistas. Al mismo tiempo, se unía con un condado que tenía la clave de la dominación del valle del Ebro y una efectiva salida al mar, intereses primordiales en las políticas del reino aragonés desde Sancho Ramírez, quien, como se sabe, realizó un intento fallido de tomar la plaza de Tortosa en 1093. Por su parte, sin ser rey de «iure» pero si de facto, Ramón Berenguer asumiría el gobierno y se intitularía «princeps aragonensis», aunque casi siempre por detrás de la dignidad, para él preeminente, de conde de los barceloneses, al que en tiempos de Borrell I [947-992] se había añadido el título de marqués; resultando de todo ello la fórmula: «Raimundus Dei gratia barchinonensium comes et marchio et princeps aragonensis».

Esta jerarquía se constata también en sus sellos bifaces, cuyas superficies muestran al barcelonés ecuestre como conde en los anversos y como príncipe en los reversos. Su iconografía sigilográfica constituye además, al exhibir los palos de Aragón en su escudo (barras catalanas para algunos), uno de los primeros ejemplos heráldicos peninsulares. Llamativamente, el conde también usó en la documentación términos como «regnante» o reinante y expresiones tan elocuentes como «regni Aragonenis dominator», o también «rex insuper Aragonensis».

Derecho sucesorio

La normativa sucesoria aragonesa se había definido, con términos muy claros, en tiempos del fundador de la dinastía, el rey Ramiro I, concretamente en la redacción de su primer testamento, fechado el 29 de julio de 1059. Conforme a sus disposiciones –terminarán siendo preceptivas– el reino debía transmitirse al hijo y al nieto varones y, si se agotaba la estirpe, la mujer era quien transmitía la «potestas regia» que, sin embargo, ejercía el esposo que se le eligiese. Si no existía esta opción, eran lo barones y magnates del reino quienes debían designar, entre la estirpe del rey (uno de «mea gente et radiçe» expresa en su documento testamentario), al mejor candidato.

En las indicaciones de las últimas voluntades ramirenses ya se observa el núcleo de la institución local que luego se conocería como «casamiento en casa», todavía hoy existente en el derecho aragonés, mediante el cual el marido quedaba adscrito al grupo familiar de la esposa y, por lo tanto, sometido al padre de su esposa. Para algunos esta institución consuetudinaria es mucho más tardía, acaso del siglo XV o incluso posterior, y, por tanto, no puede ser trasladable al acto que tuvo lugar en Barbastro el 11 de agosto de 1137, cuando Ramiro II y Ramón Berenguer firmaron el trascendental convenio matrimonial (para algunos autores «Capítulos matrimoniales»).

Sea como fuere, el rey de Aragón, consciente de las trabas que podía suponer la condición femenina de su hija, pensó en la tradición del reino y utilizó un sistema a través del cual podía conceder a su yerno el poder con carácter usufructuario al tiempo que conservaba su dignidad regia, que sería transmitida al sucesor de su estirpe vía materna. En este sentido son muy elocuentes los términos de Desclot en su crónica cuando describe el momento en el que el senescal de Aragón, Guillermo Ramón de Montcada, acudía a Lérida para proponer al conde barcelonés este ventajoso matrimonio:

> Y os presentan la regencia de Aragón, y que tomes a la doncella por esposa, de quien es la regencia; y todos os ruegan que seas su señor y su ley.

Así las cosas, Petronila solo ostentaría el título de reina, si bien no podía ejercer ningún poder al quedar relegada a un mero instrumento de transmisión, al tiempo que de legitimación. De hecho, es justamente así tal y como se la representa en las diversas efigies medievales que de ella conservamos, mayoritariamente del género de la miniatura: algunos de los pergaminos del conocido *Liber Feudorum Maior* o de genealogías tan célebres como el famoso *Rotlle genealògic* de Poblet constituyen los ejemplos más ilustrativos.

Estos son –conforme a Ubieto– los puntos esenciales del contrato matrimonial rubricado en 1137: Ramiro II entregaba a su hija como esposa al conde Ramón Berenguer IV; la dote aportada por Petronila, aunque no detallada en el texto, se entregaba en total integridad; se solicitaba a los súbditos que guardasen fidelidad al nuevo dueño de la casa o reino; se contemplaba la posibilidad de que, si fallecía Petronila sin descendencia una vez muerto su padre, el conde pasara a ser el dueño total de la propiedad dotal de su esposa; y, finalmente, Ramiro II se reservaba el derecho de aumentar las dotaciones de su yerno y la capacidad de ser rey, dueño y padre mientras viviese en su reino y en los territorios del barcelonés.

He aquí, textualmente, algunos de los términos del convenio:

> Esto te doy y concedo a los hijos de los hijos tuyos que fuesen de generación de mi hija, por los siglos de los siglos. Tú, en cambio, convienes conmigo, en palabra de verdad, y pones tus manos entre mis manos, que no enajenes, ni hagas enajenar,

> este reino que te doy, durante la vida de los hijos de mi hija [...]. Y que durante toda mi vida me tengas como padre y señor [...]. Aunque te entregue el reino, sin embargo, no renuncio a mi dignidad.
>
> Y te encomiendo todos los hombres de dicho reino bajo homenaje y juramento, para que te sean fieles de tu vida y de tu cuerpo [...], sin ningún fraude ni engaño, y para que te sean fieles de todo el reino citado y de todas la cosas a dicho reino perteneciente, salvada la fidelidad a mi y a mi hija.
>
> Todo esto yo el rey Ramiro de tal manera te lo hago a ti Ramón [...] que si mi citada hija muriese, sobreviviéndole tú, la donación de dicho reino libre e inmutable tengas, sin ningún impedimento, después de mi muerte [...]. Y yo Ramiro sea rey, señor y padre en el citado reino y en todos tu condados, mientras me plazca.

Una vez firmados estos acuerdos y convertido Ramón Berenguer IV en príncipe de los aragoneses, comenzaron los juramentos de fidelidad, que se sucedieron por todo el reino, de los que solo se conserva el realizado el 24 de agosto en Huesca y las listas de los juradores en algunas poblaciones del Alto Aragón.

Tejer fidelidades...

El beneficio de los acuerdos barbastrenses (11 de agosto de 1137) y del matrimonio entre Petronila y Ramón Berenguer IV fue mutuo para las dos entidades políticas que representaban ambos cónyuges. Aragón, además de sortear los problemas con la Santa Sede por no obedecer las últimas voluntades del Batallador, ampliaba su fuerza militar y política y conseguía la ansiada salida al mar.

Por su parte, el conde de Barcelona asumía las tareas de gobierno propias de un rey en un amplio territorio que favorecía, además, sus incursiones expansivas hacia Lérida y la desembocadura del Ebro, cumpliendo con creces las expectativas políticas y territoriales anheladas por sus predecesores.

Para acallar las protestas de las órdenes militares que se sentían perjudicadas por el incumplimiento del testamento de Alfonso I el Batallador (tío de Petronila), se acordó una oferta compensatoria basada en numerosas propiedades y cuantiosos diezmos eclesiásticos.

Con empeño, Ramón Berenguer desafió el dominio sarraceno, conquistando primero la codiciada ciudad de Tortosa (cayó el 30 de diciembre de 1148) y tomando poco después (24 de octubre de 1149) Lérida y, tras ella, otros territorios circundantes como Miravet o Siurana de Prades.

Su política exterior no fue menos intensa.

En el ámbito peninsular estableció contactos con el rey de León Alfonso VII, al que, en Carrión de los Condes [1140], se sometió a vasallaje. Por otra parte, más allá de los Pirineos destaca su estrecha relación con Enrique II de Inglaterra, a su vez duque de Aquitania, con quien mantuvo estrechos vínculos políticos en los territorios del sur de Francia.

El conde murió repentinamente –el 6 de agosto de 1162– de camino a Turín, en Borgo San Dalmazzo (Piermonte, Italia). Dos días antes había hecho declaración verbal de sus últimas voluntades a Guillermo de Castellvell, Alberto Castellvell y el maestro Guillermo, quienes posteriormente la transmitieron y redactaron en presencia de su viuda Petronila y varios magnates –tanto eclesiásticos como seglares– aragoneses y catalanes.

Como cabía esperar, según se había comprometido el 11 de agosto de 1137, designaba heredero –mediante el término «honor» con el que parecía reconocerse como príncipe consorte– a su hijo primogénito Alfonso (nombre de bautismo de Ramón):

> Mientras todavía estaba en su plena memoria y palabra ordenó su última voluntad solamente en sus palabras [...]. Y dejó a su hijo Ramón todo su honor de Aragón y Barcelona, y todo otro su honor dondequiera que fuese, a excepción del condado de Cerdeña, que dejó a su otro hijo Pedro.

Panteón condal

Ramón Berenguer fue enterrado en Ripoll, panteón de los condes de Barcelona desde el mítico Wifredo I el Velloso [840-897], a su vez fundador del ilustre cenobio rivipullense.

El 18 de junio de 1164, Petronila hacía donación a su primogénito, que ya hacía un tiempo que se intitulaba «rex», de todo aquello que el testamento de su marido le había otorgado. Entre los pergaminos del *Liber Feudorum Maior* existe una interesantísima miniatura, de hacia 1200, que ilustra este momento protocolario durante el cual la reina renunciaba, en favor de su hijo, a todos sus derechos sobre Aragón.

Salvo por el último testamento que redactó poco antes de morir, nada más sabemos de la reina. Algunos consideraron que fue enterrada en Lérida, donde no queda rastro alguno ni de sus restos mortales ni de su sepulcro. Otros consideran que se enterró, cumpliendo con sus últimas voluntades, en la catedral de Barcelona, siendo depositada en el interior de un sepulcro de mármol romano reutilizado y hoy localizado que, al igual que el de su padre, presenta una escena labrada en el siglo III fácilmente reinterpretable a ojos cristianos. Su frente muestra una «venatio» –la cacería del león– que, en líneas generales, transmitiría la idea de la victoria sobre la muerte terrenal. Sin embargo, es la representación de la «virtus», protagonista indiscutible del relieve, lo que permite argumentar, conforme a algunos historiadores, que la destinataria del sarcófago fuese Petronila: porque ella personificó también la «virtus» romana en la tarea pública que ejerció en vida.

Una nueva entidad política

El reinado de Petronila, desempeñado en realidad y por derecho por su esposo el conde de Barcelona Ramón Berenguer IV, supuso un complejo período en el que debió llevarse a cabo la difícil tarea de gobernar sobre dos territorios de naturaleza diversa, con lenguas, derechos, estructuras sociales y pasados diferentes. A pesar de los escollos y dificultades, ambos soberanos (ella de «iure» y él de facto) supieron calibrar las ventajas que había ofrecido la unión y, con gran tino y esfuerzo, lograron la estabilidad de una nueva realidad, la llamada –aunque precipitadamente todavía– corona de Aragón.

Esta nueva entidad será asumida –en tiempos de Alfonso II, el primer hijo varón de Petronila que aseguraba la sucesión de la vieja estirpe pirenaica– bajo una sola corona, siempre respetando las particularidades en leyes, costumbres y lenguas. A partir de entonces se inicia un largo período de plenitud política, social y económica bajo una nueva saga dinástica que durará hasta los albores del siglo XV.

Alfonso II 1164-1196

[¿Huesca?, 1157 / Perpiñan, 1196]. **Sancha** [Alfonso VII de León]: Pedro, Constanza, Alfonso, Leonor, Sancha, Sancho, Ramón, Fernando, Dulce. + Santa María de Poblet.

El 6 de agosto de 1162 moría, en territorio italiano, Ramón Berenguer IV, conde de Barcelona y príncipe de Aragón, quien ejerciera de facto el gobierno del reino tras el convenio matrimonial firmado con Ramiro II el 11 de agosto de 1137.

A partir de 1164, mediante la donación de «iure» del reino por parte de Petronila a su primer vástago, tuvo lugar un fenómeno de gran trascendencia para el reino de Aragón y el condado de Barcelona: por vez primera ambas entidades políticas se unieron, en un sistema confederado, bajo el dominio de un mismo soberano, Alfonso II, apodado el Casto o, con mayor justicia por su predilección a las letras, el Trovador.

Los vectores de su política apuntarán hacia dos grandes ámbitos... En primer lugar, la consolidación de su poder, tanto en el entorno peninsular como en el de más allá de los Pirineos. En segundo lugar, la «reconquista» y la repoblación de los nuevos territorios adquiridos a los musulmanes. Las fuentes documentales lo desvelan ponderado y meticuloso. Consciente de la nueva realidad que aglutinaba bajo su cetro, hizo compilar [1192] el famoso *Liber Feudorum Maior*, hermoso cartulario que recoge los dominios de la casa condal de Barcelona y que contiene alianzas, ventas, testamentos, sacramentos de homenaje… Todavía hoy constituye el mejor instrumento –textual y también visual, por la cantidad de miniaturas que contiene– para conocer el contexto político, social y económico del momento.

Una larga minoridad

Un documento fechado en 1152 y analizado en profundidad por Ubieto ha llevado a afirmar que Petronila alumbró a Alfonso en Huesca. El texto, que hace referencia a unas heredades en Velilla, explicita, en el lugar donde debiera aparecer la datación, que fue escrito

> … quando dompna Regina peperit filium suum Adefonsum in Civitate Oscha.

Sin embargo, Ventura, entre otros estudiosos, observó la existencia de un espacio entre «Adefonsum» e «in», de manera que la referencia locativa formaría parte de otra frase, lo que a su vez le llevó a afirmar, teniendo en cuenta los itinerarios de Petronila durante el mes del parto, que este debió de tener lugar en el palacio que tenían los condes de Barcelona en Vilamajor del Vallès. No existe unanimidad en la historiografía al respecto. Hay quien afirma que el recién nacido fue bautizado con el nombre de su padre, esto es, Ramón Berenguer, y que una vez fallecido su progenitor, Petronila se lo cambió por el de Alfonso. Así parece inferirse de la cesión definitiva de Petronila:

> Alfonso, rey de Aragón y conde de Barcelona, que en su testamento mi esposo llamó Ramón.

La cesión, no obstante, permite suponer que, en realidad, el niño fue llamado de las dos maneras desde el instante de su nacimiento, acaso Alfonso Ramón o Alfonso Raimúndez, en recuerdo del mítico Batallador y, claro está, aludiendo en su segundo nombre a su figura paterna, como era habitual en la época.

Por vez primera, el conde era rey al mismo tiempo, combinación legal extraña y confusa que se resolvió dando la preeminencia al título regio, lo que a su vez debió de motivar la elección definitiva del primer nombre para ser proclamado rey. De hecho, Alfonso II fue muy consciente de la relevancia y significación de su persona como último eslabón de la saga regia; no en vano, su familia pasó a conocerse con el apellido de Aragón.

Con la intención de visibilizar la continuidad de la «regia stirps» que él mismo representaba, recuperó no solo el nombre, sino también, muy elocuentemente, el «signum regis» utilizado por Pedro I y Alfonso I, el último y legendario rey de facto: una rúbrica dibujada a trazo seguido, consistente en un cuadrilátero con círculos externos en cuyo campo se exhibía una cruz. Los vínculos de sangre con la dinastía de Aragón quedaban remachados, de este modo, mediante la adopción del nombre del proverbial Batallador y su «signum».

El 24 de febrero de 1163, Alfonso II fue jurado como conde de Barcelona, y el 11 de noviembre de 1164 como rey de Aragón, en Zaragoza. Con él, lo que hasta entonces había sido una unión matrimonial entre Aragón y Barcelona se convertiría en una unión personal, con lo que se iniciaba la ilustre saga de reyes de Aragón y condes de Barcelona, que anacrónica y erróneamente han sido llamados «comtes-reis»; nomenclatura que, a pesar de la insistencia de algunos textos historiográficos contemporáneos, nunca emplearon.

Tenía poco más de cinco años cuando sucedió a su padre, quien, en su testamento oral dictado precipitadamente en tierras italianas, había dispuesto que Enrique II de Inglaterra fuera su tutor, dado que a Petronila, por ley, no le era permitido ejercer como tal. Parece que el título fue honorífico y que la tutela real la ejerció –hasta que le sobrevino la muerte [1166] en Niza– el conde de Provenza –llamado también Ramón Berenguer–

asistido por una curia o corte de barones catalanes y aragoneses. Los documentos exhuman que también asesoraban al niño el rey Fernando II de León y Guillermo VII de Montpellier, uno de los pocos amigos del papa Alejandro III [1159-1181], razón por la cual, ya desde los inicios de su reinado y conforme a la bula del 25 de julio de 1163, quedó bajo la protección de la Santa Sede. Ninguno aparece mencionado en los textos como regente o tutor; en todo caso, figuran testimonios que debieron de actuar como una suerte de consejo de regencia, entre los que destacan asimismo el arzobispo de Tarragona Guillermo de Torroja y el senescal Guillermo Ramón de Montcada. Pronto le acompañaron las figuras del mayordomo, personificada en el joven Blasco de Romeu, y del alférez Raimundo Mello.

Aunque la minoridad no estuvo exenta de dificultades en sus dominios occitanos y peninsulares, Alfonso II fue consolidando su entorno más cercano para, bien asesorado, asegurarse la buena marcha del reino.

Elegir esposa

Tras una minoría de once años, el joven rey alcanza su mayoría de edad; y así, a los dieciséis años, protagoniza dos ceremonias: la de su investidura como caballero y su matrimonio, cuestión de primer orden para los intereses de la dinastía. Aunque inicialmente, cuando contaba con tres o cuatro años de edad, Ramón Berenguer IV se había comprometido a casarlo con la infanta de Portugal Mafalda, poco después de la muerte del conde (verano de 1162), Fernando II de León convencía a la reina viuda Petronila para anular el compromiso y acordar un nuevo matrimonio con la infanta Sancha –hermana y tía de los reyes de León y Castilla, respectivamente–, boda que se celebraría en Zaragoza el 18 de enero de 1174. Para ello, fue necesario rechazar, en el último momento, otro compromiso previo establecido con la princesa Eudoxia Comneno, que había iniciado ya su viaje al reino aragonés para contraer las nupcias acordadas y que, entonces, se encontraba ya en la villa de Montpellier. El trovador Pèire Vidal sintetizaría este asunto afirmando que Alfonso II había preferido a una pobre castellana en vez del «camello dorado» enviado por el emperador Manuel I Comneno de Trebisonda. Sea como fuere, el papel de la noble bizantina no quedó totalmente desligado de la historia del reino de Aragón: casada finalmente con Guillermo VIII de Montpellier (quien llegaría a repudiarla por no darle un hijo varón), engendraría, hacia 1181 o 1182, una niña, María, quien será la madre de Jaime I el Conquistador.

Trovadores

Pronto los mejores trovadores occitanos y sus homólogos catalanes –impregnados de retórica feudal aliñada con amores imposibles– rodearon la vida de la corte, donde fueron acogidos sin dilación y con magnificencia. Muchos de ellos, como en su día puso de manifiesto De Riquer, influyeron notablemente en la formación del joven rey, quien, de forma magistral, aprendió el arte de la poesía trovadoresca que supo utilizar más allá de los fines amatorios.

Los fragmentos de canciones y poesías que se han conservado –redactadas tanto por partidarios como oponentes del rey– nos lo presentan como un hombre cuyo comportamiento no le hace merecedor del sobrenombre de «Casto», acaso impuesto por no conocérsele hijos bastardos. Sirvan de ejemplo estos versos de su enemigo Guirault del Luc –quien tildó a Alfonso II de «Reis apostitz» [rey apóstata]– alusivos a unos hechos acaecidos en Vallbona:

> Las tres monjas que preñó en Vallbona,
> cuando hubieron dicho completa y hora nona.
> Rey, sí, si alguna vez fuisteis liberal y de donaire generoso,
> y codicioso de las mujeres de otro,
> arrepentíos de ello, como hombre pecador.

Estas composiciones no solo sirven para conocer algunos rasgos físicos de un rey al que describen como alto y delgado, también esbozan su carácter: si sus adversarios le tildan de perezoso, cobarde, descortés y desleal; sus partidarios lo retratan como cortés, noble, benigno, liberal o fiel.

Las acusaciones sobre sus amoríos con nobles damas fueron numerosas y, acaso, bien fundadas. De hecho, no solo puso en práctica su destreza amatoria, sino que la reflejó en notas manuscritas que acusan su estilo sencillo y claro, libre de sutilezas; es decir: una manera ligera (propia del «trobar leu»), contrapuesta a la más ostentosa y compleja (representativa del «trobar ric»).

Hábil, enérgico y oportunista

Con el paso de los siglos, los historiadores que han analizado su gobierno –a través de fuentes directas e indirectas– destacan que fue, ante todo, un rey hábil, enérgico y oportunista. Es decir, poseía las cualidades imprescindibles para un soberano que quería estabilizar y engrandecer su autoridad mediante el fortalecimiento de las bases sobre las cuales se sustenta.

Y la expansión de sus fronteras formaba parte de esos propósitos.

La política interior de Alfonso II, que ocupó una posición secundaria frente a Occitania, vino caracterizada por la voluntad de aparecer como un rey libre de cualquier otra soberanía, por lo que destinó sus primeros esfuerzos a eliminar las ataduras que limitaban su independencia; entre otras, el vasallaje que Aragón había establecido con León por la posesión del reino de Zaragoza en tiempos de Ramiro II. Para ello, firmó con aquel reino diversos pactos, entre otros uno destinado a atacar Navarra y recuperar los territorios riojanos que su difunto suegro –el emperador Alfonso– había reclamado como propios. De estas alianzas surgiría precisamente el compromiso con su prima Sancha.

También auxilió con sus huestes a Alfonso VIII de Castilla en el asedio y conquista de Cuenca en 1177, ayuda que pudo rentabilizar doblemente al suponer también la confirmación de otros compromisos entre ambos monarcas.

Caso distinto fue su relación con Navarra –separada de Aragón desde la muerte de Alfonso I–, con la que mantuvo graves hostilidades y guerra abierta por las fronteras. Eran endémicos ya entonces los problemas del deslinde entre ambos reinos y el desacuerdo en el reparto de las zonas de influencia en los territorios a reconquistar. No en vano, Sancho VI empezó a emplear el título de «rex Navarrae» en detrimento de «Pampilonensium rex».

El panorama peninsular, lleno de disensiones, llevó al papa Celestino III [1191-1198] a instarle a procurar una alianza entre todos los reyes cristianos con el fin de acometer la definitiva contienda contra los almohades. La rivipullense *Gesta Comitum Barchinonensium* –cuya parte dedicada a Alfonso II debió de redactarse entre 1200 y 1208– señalan que a finales de 1195 el monarca aragonés iniciaba una peregrinación a Santiago de Compostela para entrevistarse allí con sus pares y lograr ese frente común. Conforme a algunos autores, esta reunión habría sido el germen de una serie de iniciativas contra los musulmanes que culminaría en la afamada batalla de Las Navas de Tolosa [1212].

Organizar el territorio

Al consejo de regencia –en el que primero alternaron algunos obispos y nobles– se le añadió el estamento ciudadano, la burguesía, que asumió una serie de competencias en la administración de ciudades y villas y comenzó a participar tanto en la vida pública del Estado como en los órganos de decisión más importantes. De hecho, las primeras Cortes –reunidas en Zaragoza el 11 de noviembre de 1164– se documentan precisamente bajo su reinado. En ellas, y con el consejo y consentimiento del arzobispo de Tarragona y demás obispos de la corona, de los barones del reino y de los representantes de las ciudades de Zaragoza, Daroca, Calatayud, Jaca y Huesca, se establecían las paces y las treguas, lo que suponía un freno al fácil recurso a la violencia por parte de la clase nobiliaria. Los nobles, además, vieron una nueva injerencia con la emergencia de las órdenes militares que, beneficiarias de amplios dominios territoriales, se convirtieron en fieles y poderosas colaboradoras del rey. Su papel en la línea de frontera resultó fundamental, pues con su participación y con la colaboración del obispo de Zaragoza fue posible establecer una suerte de cinturón de seguridad sobre las líneas más avanzadas del frente para asegurar la contención del islam. Con la estabilización del territorio, Alfonso II pudo acometer la ocupación y repoblación de la extremadura ibérica del reino a través de la fundación de nuevas villas; es el caso de Montblanc, en realidad una población

Alfonso II gobernó sobre el reino de Aragón y el condado de Barcelona.

trasladada que constituye la primera de las otras muchas que fundará el rey. Dotándolas del célebre «fuero de frontera», entre otras cartas de poblamiento, se favoreció una sociedad con predominio de los caballeros villanos (de la villa) venidos del norte de Aragón, de territorios vecinos o de otros reinos. Ante el avance y asentamiento de los almohades en Valencia, Alfonso II fortifica Teruel, que más adelante repoblará y convertirá en base de operaciones de las expediciones hacia el Levante peninsular. En 1177 la dota del privilegio local conocido como Fueros de Teruel, considerados como uno de los más importantes de la historia jurídica española, cuya función era la de atraer pobladores al nuevo enclave conquistado.

Intervencionismo ultrapirenaico

En el ámbito internacional, Alfonso II concentró su esfuerzos en la Provenza y en el Mediterráneo, donde negoció con el rey de Sicilia, aunque sin éxito, la organización de una expedición contra Mayurqa (el reino musulmán de Mallorca) y ayudó a la casa de Baux para adquirir en Cerdeña el dominio de Arborea.

La mayor parte de su reinado estuvo, no obstante, centrado en las luchas hegemónicas generadas al otro lado de los Pirineos. Una vez fallecido su tutor, el conde de Provenza, y de acuerdo con lo previamente establecido, los derechos sobre las tierras occitanas –ligadas a la casa de Barcelona desde 1112, cuando Ramón Berenguer III contrae nupcias con Dulce de Provenza– se restituían a manos catalanas. De este modo, Alfonso II se veía obligado a defender los intereses tradicionales de las dos familias a las que representaba: la de los reyes de Aragón y la de los condes de Barcelona.

Contuvo las pretensiones de diversas casas y grupos nobiliarios –aliados con los monarcas franceses– que buscaban anexionarse estos territorios ultrapirenaicos. Contó, además, con el leal vasallaje de buena parte de la nobleza occitana que había abrazado la doctrina cátara, ya entonces considerada herética.

El conde Ramón V de Toulouse –aliado con su suegro Luis VII de Francia y favorecido por la posición geográfica y la unidad territorial– generó graves conflictos a Alfonso II. Los roces se hicieron además extensivos a otras casas regias, como fue el caso de la de Enrique II de Inglaterra, a su vez señor feudal de Francia por ser duque de Aquitania.

Sin embargo, la habilidad diplomática del rey de Aragón le permitió aliarse con la gran potencia naval y comercial del Mediterráneo, Génova, lo que sentó las bases de la futura dominación de Cerdeña, y ser reconocido como soberano de los estados feudales de Foix, Bearne, Bigorra, Béziers y Carcasona, entre otros. Esto explica que en alguna ocasión llegara a ser calificado como «emperador de los Pirineos». Una vez fallecido sin descendencia [1172] el conde Geraldo, Alfonso II sumó el Rosellón a su patrimonio. Y poco después, Dulce de So le entrega el condado de Pallars en circunstancias todavía por dilucidar.

Aunque las hostilidades no cesaron, en 1176 Alfonso II se entrevistaba con Ramón V y firmaba un nuevo tratado en virtud del cual el conde tolosano renunciaba a todos sus derechos sobre Arles, Provenza y los vizcondados de Millau, Gavalda y Carlades a cambio de una alta suma de dinero. Poco después pactó con Niza, con lo que sus dominios en el Laguedoc se hicieron efectivos. No obstante, las discrepancias continuaron, y tras una serie de conjuras y asesinatos –entre otros el de su hermano Ramón Berenguer IV, conde de Provenza–, en 1185 firmaba una nueva tregua con Ramón V que tampoco llegaría a buen fin.

La situación se calma cuando una parte importante de los señores feudales se unen para acudir [1190] a la gran cruzada de Tierra Santa; pero una vez finalizada regresarán los conflictos.

Aunque fracasadas, también mostró intenciones anexionistas por Urgel, territorio entonces en cierta decadencia y en manos de los vizcondes de Àger, de la ambiciosa familia Cabrera. No obstante, el rey intervino con decisión al lado de Armengol (hijo del conde Armengol VII, que pasaba la mayor parte de su tiempo en la corte de León) en las luchas civiles que por aquel entonces asolaban el condado.

En aquelh temps que'l reys morí N'Amfos...

Al regreso de la peregrinación a Santiago de Compostela, las fuentes explican que el reino se encontraba en una situación muy difícil y grave por las lluvias tormentosas y por estragos de todo tipo. La *Gesta Comitum Barchinonensium* explica que el rey, a lo largo del camino de vuelta y ante la escasez de alimentos que observaba, se vio impelido a repartir limosnas a través de las tierras de toda la corona: desde Zaragoza hasta Perpiñán, pasando por Lérida.

El 25 de abril de 1196, tras treinta y tres años de reinado y a la edad de treinta y nueve, el rey moría en Perpiñán, volviendo a demostrar su permanente interés por los territorios del sur de Francia. A lo largo de su gobierno, como era de esperar, Alfonso II había demostrado ampliamente su religiosidad, que manifestó a través de numerosas y muy diversas iniciativas. Sintetizando mucho: al impulso de las órdenes militares hay que añadir la potenciación de diversas advocaciones, como las de san Valero o san Ramón; la promoción de diversos edificios religiosos, como la imponente catedral de Tarragona y su conjunto canonical; o la institución de nuevas órdenes, como ilustra el asentamiento del Priorato de Scala Dei, el primero de este tipo establecido en la península Ibérica. Igualmente, protegió la orden reformadora del Cister hasta el punto de convertirla en casa depósito de su cuerpo y de su memoria al disponer su sepultura en el monasterio de Santa María de Poblet (donde su hijo Fernando profesaba como monje) y al que legó, entre otros bienes, su corona real. A partir de entonces se iniciaría un vínculo muy estrecho entre la institución monárquica y la cisterciense que se prolongaría durante siglos.

Alfonso II sería recordado como un rey tenaz y firme que logró consolidar la unidad del reino de Aragón y el condado de Barcelona, respetando las instituciones y leyes propias y afianzando, al mismo tiempo, su autoridad dentro y fuera de sus fronteras. Los testimonios textuales corroboran esta percepción, así como también las numerosas e interesantísimas miniaturas del *Liber Feudorum Maior* que contienen escenas que plasman diversas fórmulas de las relaciones feudovasalláticas y otras de carácter más cortesano que evocan actos y actuaciones dentro de palacio, en algunas de las cuales se exhibe el asesoramiento, o participación, de los más allegados al rey.

A pesar de sus esfuerzos por consolidar sus dominios bajo su cetro, en sus últimas voluntades decidió repartir sus territorios entre Pedro, que heredaría el reino, y Alfonso, que asumiría el condado de Provenza.

Fue llorado por sus súbditos y, también, por los poetas a los que tanto estimó y protegió, como demuestran algunos de los versos del trovador occitano Aimeric de Peguilhan, quien se lamentaba de la muerte del rey con estos sentidos términos:

> En aquel tiempo que el rey Alfonso murió…
> Entonces pensé que habían muerto mérito y dones,
> Y estuve a punto de dejar mis canciones.

Pedro II 1196-1213

[Huesca, 1178 / Muret, 1213]. **María** [Guillermo VIII, señor de Montpellier]: Jaime I, Sancha. -?: Pedro. -?: Constanza. + Casa de los Hospitalarios de Toulouse > Santa María de Sigena.

La muerte de Alfonso II coincidió con un período de hambrunas y pestilencias en las tierras de la corona de Aragón. Seguramente víctima del terror causado por este espeluznante contexto, en su último testamento dictado en Perpiñán en diciembre de 1194, el Casto establecía –por vez primera en la historia de los reinos cristianos peninsulares– que si sus hijos morían sin descendencia, fueran sus hijas, en orden de nacimiento, quienes heredasen los dominios. No fue necesario aplicar la medida anunciada «in extremis»: a su muerte, el infante Pedro heredó el reino de Aragón al tiempo que su hermano Alfonso recibía Provenza.

Pedro II pasaría a la historia con el sobrenombre de Católico, seguramente por su obstinada lucha contra los musulmanes, especialmente en la batalla de Las Navas de Tolosa, y acaso también por infeudar el reino a la Santa Sede tras su polémica coronación en Roma. A pesar de su fe y ortodoxia sin fisuras, en gran parte imbuida por su madre, y de su reputación militar impecable, moriría a manos de los cruzados franceses cuando dispensaba ayuda a sus vasallos transpirenaicos.

Influencia de Sancha

Aunque algunas fuentes afirman que Pedro, siendo todavía infante, fue armado caballero por su padre el 23 de abril de 1188, con ocasión de la consagración del monasterio de Sigena, fue el papa Inocencio III quien, durante la solemne coronación que protagonizaría en Roma, le impuso el cíngulo militar. Pedro II se convertía en rey de la corona de Aragón mientras que su hermano Alfonso quedaba como gobernante de los territorios provenzales; hubo entre ambos un clima de profundo entendimiento y afinidad política. Estas buenas relaciones se verían abruptamente truncadas cuando en Sicilia, y víctima de la peste, muere Alfonso [1209], dejando huérfano a un niño de cinco años; el rey lo trajo a Aragón y lo puso bajo su tutela, reuniendo así todo el territorio bajo un único señor.

Por otra parte, las exequias en honor de Alfonso II, celebradas el 16 de mayo de 1196, abrieron un período de complicadas relaciones entre Pedro II y su madre. La piadosa y activa Sancha –al contrario que Petronila– quiso ejercer con decisión y ahínco las tareas de gobierno durante la minoridad de su hijo. Para ello, ese mismo mes, tras confirmar los fueros, usos, costumbres y privilegios del reino de Aragón, el nuevo rey ponía sus Estados bajo el gobierno de su madre y le prometía pagar los estipendios generados por las tareas de regencia. Algunas referencias indican que en las Cortes de Daroca, celebradas en septiembre de 1196, el joven rey tomaba posesión del reino y del título real, iniciativa que enturbió las relaciones entre madre e hijo; en realidad, menos ásperas y duras de lo que ha afirmado la historiografía tradicionalmente. De hecho, se puede constatar que la influencia de doña Sancha fue intensa en muchas de las actuaciones del monarca: la que fue calificada por el rey como «madre y señora, venerable y estimada» le acompañó en numerosas ocasiones, le aconsejó en importantes decisiones relacionadas con Castilla y con la Santa Sede y, además, favoreció su fervor hacia Sigena, donde, por expreso deseo formulado al poco de asumir el reino, decidió ser sepultado.

Como se sabe, fue Sancha quien fundó el monasterio sigeniense bajo la Orden de San Juan de Jerusalén, donde además profesó como «humilis soror Hospitalis» el 23 de abril de 1197, cuando ella también elegía sepultura en el monasterio. Sin embargo, la reina no estuvo recluida en el interior de sus muros, tal y como certifican los desplazamientos que hizo con su hijo, los documentos expedidos por el monarca y otros hechos notables como las negociaciones, en 1208 (un año antes de morir), del matrimonio de su hija Constanza con Federico II de Sicilia, el futuro emperador de Alemania.Tras la muerte de la reina madre, el cenobio inicia un declive que solo se detendrá cuando Jaime I decida ampararlo bajo su protección. En ese momento, la institución se convierte en un importante depósito archivístico, con documentos de gran relevancia alusivos a la conquista de Mallorca y de Valencia, a las relaciones con los reinos de Castilla y de Navarra, y a la administración de los territorios ultrapirenaicos. En la decisión de guardar allí estos documentos tan significativos de la tarea real acaso pesara el hecho de que el cenobio ya custodiaba las insignias regias que Inocencio III había entregado al rey Pedro II durante la coronación en la ciudad de Roma [1204].

Coronación en Roma

Es posible que Pedro II se coronara en Roma por reconocimiento a quien consideraba su señor natural: en 1162 Alejandro III [1159-1181] había escrito a su padre Alfonso II recordándole que el reino de Aragón era «pertenencia bien reconocida de San Pedro». Conforme al *Ordo coronationis Petri regis Aragonum*, las ceremonias de unción y de coronación se realizaron «ad monasterium S. Pancratii martiris» –extramuros de la ciudad– por parte del obispo de Porto –sufragáneo de Roma–, quien ungió al rey, y del propio papa, quien le entregó la corona, el cetro, el pomo y la mitra, insignias que –una vez llegan al reino de Aragón– serían depositadas en el monasterio real de Sigena. Con la entrega de estos emblemas, exclusivos de los emperadores, el sumo pontífice pretendía materializar y visibilizar veladamente la disminución de las prerrogativas de los emperadores alemanes, entonces en lucha con la Santa Sede.

Ungido y coronado, el nuevo rey –acompañado por una espléndida comitiva– acudió a San Pedro, donde fue armado caballero, al tiempo que renovaba la infeudación con la Santa Sede y renunciaba a su patronato sobre las iglesias del reino. Algo después, el 16 de junio de 1205, Inocencio III otorgaba una bula en la que concedía a los reyes, previa solicitud, la posibilidad de ser coronados en Zaragoza a manos del metropolitano de Tarragona. Un mes más tarde, ratificaba el privilegio añadiendo una cláusula que facultaba al tarraconense a coronar también a las reinas de Aragón. Con ello, parecía establecerse un sistema feudal con el que se proclamaba, documentalmente, que el poder regio dependía de la Iglesia tanto en cuanto a su origen como en cuanto a su destino.

Dejando a un lado los motivos que indujeron a Pedro II y a Inocencio III a realizar este acto en Roma, a la solemnidad del llamado «Rei aragones, gegatz de Romaigna» –en términos del trovador Vianés Guilhem Magret– le siguió un continuo esfuerzo por parte de todos sus sucesores para eludir cualquier sujeción a los poderes universales con el fin de formalizar sus actos dentro de la más absoluta autonomía soberana. Por otra parte, la infeudación implicó la necesidad de imponer nuevos tributos a los súbditos con el objeto de sufragar el censo fijado con Roma. Contra el llamado monedaje, se levantaron muchas protestas, incluso se federaron los nobles y las ciudades de Aragón en el embrión de lo que sería la futura Unión Aragonesa.

Cortés y libertino

Los escasos e imparciales documentos que aluden al carácter del rey nos lo presentan como un príncipe ostentoso, galante y que encarnaba el espíritu de la caballería, lo que cultivó con tanto esmero también su padre, por lo que se convirtió en una fuente inagotable de inspiración para los trovadores que, muy pronto, cantaron sus gestas. También él, en el incomparable entorno que le dispensaba el palacio de la Aljafería en Zaragoza, se ejercitó en la trova, la música y la belleza. Dadivoso y muy generoso en el dispendio del tesoro público, fue asimismo mal pagador de sus prestamistas judíos, a quienes llamaba «mi bolsa».De este modo lo describía su hijo en su célebre *Llibre dels Feyts del rei en Jacme*:

> Nuestro padre, el rey Pedro, fue el rey más generoso que nunca hubo en España, y el más cortés, y el más afable, y hasta tal punto daba que sus rentas y las de sus tierras decrecían. Y era buen caballero de armas, como el mejor que pudo haber en el mundo.

No obstante, en numerosas ocasiones se mostró cruel en el trato familiar, sobre todo con su esposa, María de Montpellier. El 15 de junio de 1204, fruto de una clara decisión política y a fin de consolidar y ampliar sus dominios en el Mediodía francés, se firman las capitulaciones matrimoniales. Pero pronto se manifestó el distanciamiento entre los esposos, cuyos encuentros fueron escasos y espaciados; exigüidad tan agravada por el carácter seductor y libertino del rey que acabó convirtiéndose en un asunto de Estado. Conforme a las crónicas, los cónsules y prohombres de Montpellier engañaron al rey concertándole una falsa cita con una dama con la que estaba encaprichado y que, en realidad, era su propia esposa. Así lo relataba Jaime I, el hijo habido a resultas del engaño de una intriga de palacio, en su *Llibre dels Feyts del rei en Jacme*:

> Nuestro padre el rey don Pedro no quería estar con nuestra madre la reina [...] y aquella noche en que ambos pernoctaron en Miravals, quiso nuestro Señor que nos fuésemos engendrado [...], pues no se querían bien nuestro padre ni nuestra madre, y fue voluntad de Dios que naciera en este mundo.

Pedro II, que había arrebatado a la madre el infante de solo tres años para cederlo como aval o garantía a su enemigo Simón de Montfort, intentó anular el matrimonio para casarse con Maria de Montferrat, hija del rey de Jerusalén. Sin embargo, Inocencio III, consciente de los delirantes planes del aragonés de expandir sus dominios a Ultramar y advertido por la reina María, que había acudido a Roma (donde a la postre moriría) a solicitarle ayuda, se opondría a la anulación.

Contra los cátaros

Aunque los asuntos peninsulares fueron prioritarios, como cabía esperar y de acuerdo con la política de sus predecesores, las cuestiones del «Midi» de Francia constituyeron uno de los ejes de intervención más importantes de Pedro II. El entendimiento con su hermano favoreció un clima de convivencia en Provenza, pero otros territorios se manifestaron díscolos a la política del Católico, quien, como sus antecesores, quiso aprovechar las coyunturas favorables para ampliar su influencia mediante una inteligente estrategia matrimonial, unas cuidadas y estrechas relaciones feudovasalláticas y, por supuesto, también incursiones bélicas. Las dificultades vendrían de la mano de un dilema irresoluble provocado por una guerra de religión, enturbiada en realidad por los afanes de la monarquía de los Capeto que pretendía anexionarse las tierras occitanas: Pedro II debía decidir entre seguir las instrucciones del sumo pontífice y arremeter contra los cátaros, o atender como señor las obligaciones feudales para con sus vasallos.

El catarismo fue una herejía de origen oriental que se había ido extendiendo en el occidente latino y que terminó por asentarse, en el siglo XII, en el territorio de Occitania, donde se estructuró con obispados cuyo epicentro estaba en la zona de Albi (de ahí que se conozca también con el apellido de albigense). De espíritu crítico y revisionista, con influencias maniqueas, se basaba en una nueva espiritualidad fundamentada en la renuncia a los bienes materiales y en una mayor austeridad que, ciertamente, no proclamaba ni exteriorizaba la Iglesia de Roma. Que esta zona tuviese un atomizado poder político amenazaba la hegemonía de la Iglesia romana, por lo que Inocencio III declaró a esta secta cristiana dualista como herética y, en 1209, instó a su persecución para lograr la purificación y, así, restaurar la ortodoxia.

La espoleta de la encarnizada guerra, en la que destacó Simón IV de Montfort, fue el asesinato del legado pontificio Pierre de Castelnau en 1208, por el que se acusó y excomulgó a Ramón VI de Toulouse, cuñado del rey por estar casado con su hermana Leonor. Pedro II no pudo evitar entrar en el conflicto: debía ayudar al tolosano que le había solicitado socorro y, además, deseaba mantener la hegemonía política de su casa en el Languedoc, donde había aumentado su influencia tras su matrimonio con María de Montpellier.

Los esfuerzos del rey siempre fueron encaminados a buscar una solución pacífica de un conflicto que, desde los inicios, estuvo glosado de episodios espeluznantes, como el del 22 de julio de 1209 en Béziers, cuando murieron cientos de cátaros en la hoguera sin ser capaces los soldados de distinguir a los herejes de los buenos católicos. Horrorizados y atónitos, escucharon todos las órdenes del inquisidor papal Arnaldo Amalric: «¡Matadlos a todos. Dios reconocerá a los suyos!». Con el fin de evitar atrocidades similares –aunque sin éxito–, Pedro II intervino en la capitulación de diversas villas, como Carcasona, al tiempo que sus habitantes huían despavoridos a Toulouse, Aragón y otras tierras peninsulares. En febrero de 1211 se veía obligado a ceder como prenda y rehén a su único hijo –el futuro Jaime I– a Simón de Montfort, quien entonces ya había asumido el señorío de Béziers y de Carcasona.

Como destacaron muchos cronistas peninsulares de la Edad Media, Pedro II no fue demasiado comprensivo en su trato hacia los herejes: en 1198 ya había legislado duramente contra ellos, incluso advirtiendo que los que permaneciesen en su reino podrían terminar en la hoguera. Y en febrero de 1204, tras escuchar algunos debates públicos en los que participaron valdenses y otros grupos, no dudó en condenar sus creencias heréticas, condena que volvió a declarar cuando, ese mismo año y antes de ser solemnemente coronado en Roma, juraba defender la fe católica y perseguir la herejía.

Pese a todo, no supo solucionar el dilema que arrastraba desde años atrás: su señor, el santo padre, había predicado una cruzada contra sus parientes, aliados y vasallos del sur de Francia, a quienes se acusaba de complicidad con los cátaros. Así lo recoge la *Crónica de San Juan de la Peña*:

> El rey desus dito era ydo en aquellas partidas por razón de dar ayuda tan solament a sus hermanas, segunt que es de suso dito, et al conte de Tolosa, non porque dasse ayuda a ningún infiel o enemigo de la fe christiana, en la qual él muyt fiel sin toda tacha estuvo et perseveró todos tiempos enta Nuestro Sennyor Dios.

A pesar de las negociaciones y diplomacias llevadas a cabo por el rey para buscar una solución pacífica, los hechos desembocaron en la tan célebre como desdichada batalla de Muret, «castrum» cercano a Toulouse y ocupado por los cruzados.

Y contra los musulmanes

Su implicación en las posesiones ultrapirenaicas no le impediría centrarse en la política peninsular: en 1195 firmaba una alianza con Castilla para dar soporte a Alfonso VIII en sus campañas contra Navarra. A través de incursiones, pudo logar posiciones avanzadas en territorio andalusí, si bien a un ritmo inferior al protagonizado por sus predecesores.

Desempeñó un papel preponderante para una acción conjunta que frenase la fuerza del poder almohade en la Península; en mayo de 1197 sus esfuerzos culminaban con la firma –por medio del legado apostólico Gregorio– de un acuerdo de paz entre los reyes cristianos. El propósito era iniciar una nueva cruzada, para la cual Rodrigo de Toledo había conseguido del papa las letras apostólicas necesarias para ser proclamada como tal. Del acuerdo resultó la batalla de Las Navas de Tolosa, donde, el 16 de julio de 1212, a la tropa del califa almohade Muhammad Al-Nasir (conocido como Miramamolín), se enfrentan las huestes aliadas de Alfonso VIII de Castilla, Pedro II de Aragón, Sancho VII de Navarra, y voluntarios de León y de Portugal.

El Miramamolín, tras jurar sobre el Corán que llegaría hasta Roma, había salido de Marruecos con un impresionante ejército. El 20 de junio las fuerzas militares cristianas reunidas en Toledo se dirigieron hacia la frontera y, tras atravesar el abrupto y fatigoso puerto de Despeñaperros, se lanzaron al ataque. A pesar de la desventaja de fuerzas, la contienda, que gozó de gran cobertura espiritual e ideológica, se saldó con el triunfo del bando cristiano.

Las crónicas del momento consideraron la victoria como un punto de inflexión en el proceso de conquista, y entendieron que marcaba el inicio de la decadencia de la presencia musulmana en los territorios peninsulares. Victoriosos y con un inmenso botín –a tenor de esas mismas crónicas–, pero agotados y sometidos a la propagación de enfermedades, los cruzados aragoneses iniciaron el repliegue hacia el norte, constatándose su presencia en Zaragoza el 8 de septiembre, donde se celebró el gran triunfo de forma solemne.

Detenida la progresión hacia el sur, Pedro II intentó, aunque sin éxito, extender sus dominios hacia el Mediterráneo: antes de ser coronado en Roma puso en marcha una campaña militar para conquistar Mallorca, vieja aspiración de la estirpe que, no obstante, solo se culminaría en 1229, ya en tiempos de su sucesor Jaime I el Conquistador.

Muerte en Muret

Los intentos del rey por conseguir una solución diplomática en los asuntos occitanos fueron vanos, y los hechos concluyeron a los pies de la fortaleza de Muret, donde tuvo lugar el asedio del castillo y una batalla campal de la que existen lecturas diversas.

Varios contingentes catalanes y aragoneses iniciaron una travesía por pasos pirenaicos distintos, si bien el soberano aragonés transitó por el camino más corto que pasaba por el puerto de Benasque: esta sería la última vez que, en vida, atravesaría los Pirineos. El 12 de septiembre comenzó el asedio de la fortificación, aunque la fecha que permanece en el recuerdo en los almanaques de la historia es el día siguiente, cuando a Pedro II, temerario e imprudente a tenor de las fuentes, le sorprendió la muerte. Simón de Montfort había aprovechado un momento de descanso del contingente del rey de Aragón para salir sin ser visto y, poco después, sorprender a los sitiadores. Con gran maniobrabilidad, los franceses no permitieron que el enemigo se reagrupase y consiguieron avanzar hasta donde se encontraba el rey, a quien había que matar a cualquier precio.

Su hijo Jaime I explicaría las causas de la caída, sintetizadas en tres puntos fundamentales: los errores militares cometidos por las huestes de su padre, el exceso de confianza del rey y de sus hombres, y la excelente actuación de los caballeros franceses.

La derrota tuvo una trascendencia considerable –a pesar de recordarse como un episodio secundario, visión reduccionista promovida ya en el siglo XIII por los mismos perdedores aragoneses, catalanes y occitanos– porque detrás de sus protagonistas, Pedro II y Simón de Montfort, se encontraban los reyes de Inglaterra y de Francia respectivamente. Es por ello que algunos historiadores han querido ver en esta batalla y su desenlace un momento clave para el transcurso de la historia de Europa occidental. Sea como fuere, el celoso defensor de la ortodoxia, que había demostrado la defensa de la fe y su respeto a Roma a lo largo de todo su reinado, sucumbía ante los cruzados franceses como rey pérfido, falso e impío.

Pronto su hermana Constanza de Aragón, emperatriz y reina de Sicilia, dejararía por escrito el verdadero carácter del Católico al afirmar que el rey de Aragón había sido toda su vida:

> ... un caballero de la Iglesia, un guerrero por la fe y un hijo especial de su Santidad Apostólica.

Todavía infante, en diciembre de 1190, había declarado su voluntad de enterrarse en el monasterio de Poblet o, si finalmente culminaba la conquista de Valencia, en el que se construiría en el lugar de Cepolla. No obstante, el 13 de abril de 1200 emitía en Tortosa un documento a través del cual se afiliaba al Hospital y disponía que su cuerpo fuera sepultado en una casa de la orden. De este modo y siguiendo su deseo, el cuerpo del rey permaneció en la casa de los Hospitalarios de Toulouse desde septiembre de 1213 hasta 1217, cuando Honorio III, a instancias de Jaime I, concedía una bula para permitir el traslado del difunto soberano al real monasterio de Sigena. Allí sería recibido, junto a los caballeros que habían caído con él en el campo de batalla, por el rey Conquistador y por canónigos, comendadores y frailes.

V Expansión territorial

Rebasado el período de génesis de la corona de Aragón y una vez superada su infancia y adolescencia, acaecidas entre luchas contra la nobleza, el joven Jaime I [1213-1276] inició una política personal e independiente, focalizada en avanzar las fronteras a costa de los musulmanes, con lo que inauguraba una exitosa campaña de expansión que se prolongaría por algo más de una centuria. A las conquistas de Mallorca y Valencia, se sucedería, en tiempos de su hijo Pedro III [1276-1285], la no menos gloriosa toma de Sicilia, que este emprendía por el matrimonio contraído con Constanza Hohenstaufen, heredera de la isla.

Dejando de un lado los contactos diplomáticos que de ella se derivaron, la expansión hacia el Mediterráneo supuso un impulso mercantil de primer orden para la corona de Aragón, sobre todo para los territorios catalanes; no en vano, la habían instado sus comerciantes, quienes participaron de forma eficaz con la dotación de personal, naves y parte del material imprescindible para llevar a cabo las operaciones militares. La toma de Mallorca facilitaba la ruta marítima del comercio barcelonés hacia el norte de África (Ifriqiya), mientras que Sicilia resultaba indispensable para hacer las escalas ineludibles de las embarcaciones durante los largos viajes hacia ultramar: Creta, Chipre, Alejandría, Constantinopla y Romania (más o menos la Rumanía actual).

A las conquistas le sucederá una política de repoblación condicionada por altibajos económicos, ritmos sociales, complicaciones administrativas, resistencia de los territorios… Y también la disponibilidad de contingentes navarros, castellanos y ultrapirenaicos, aunque encabezados por el predominio de catalanes y aragoneses. Sin olvidar el obligado respeto a la nueva legislación, que sería exclusiva de cada uno de los territorios recién adquiridos. A pesar de los esfuerzos, hubo un descontento generalizado derivado del ejercicio del poder real y sus atribuciones, que parte de la nobleza consideraba abusivas; pero también de los graves conflictos armados con Francia. Este clima provoca el primer levantamiento de la Unión, que se verá fortalecida, en tiempos de Alfonso III [1285-1291], con quien el reino de Mallorca vuelve bajo el dominio del rey de Aragón. Es cierto que en los inicios de su gobierno, este rey no logra mantener el pulso con los elementos más radicales de los unionistas, aunque finalmente diseñe una suerte de federación de estados –imperfecta y primitiva todavía– con la que consigue fijar unas instituciones que servirán de referencia en las relaciones de la monarquía con sus territorios.

Jaime I 1213-1276

[Montpellier, 1208 / Alcira, 1276]. 1ª **Leonor** [Alfonso VIII de Castilla]: Alfonso. 2ª **Violante** [Andrés II de Hungría]: Violante, Constanza, Pedro, Jaime, Fernando, Sancha, María, Isabel, Sancho. + Santa María de Poblet.

Jaime I, engendrado por una argucia de Estado ante la ausencia de un sucesor legítimo para la corona, se convirtió en rey de Aragón a los cinco años [1213], tras morir su padre en la batalla de Muret. Ya se ha dicho que ese quebranto marcó el inicio del fin de la política de expansión en Occitania, que quedaría a partir de entonces vinculada definitivamente a Francia. Nadie habría podido sospechar que aquel niño, que tuvo que sobrellevar una larga y turbulenta minoría de edad, se convertiría en un rey legendario, incluso para sus coetáneos. De vasta cultura y clara inteligencia, impulsó durante sus sesenta y tres años de reinado la expansión catalana por el Mediterráneo –lo que le valdría el sobrenombre de Conquistador– y asentó las bases sociales, políticas y económicas que estabilizaron la corona, cuyas finanzas había dejado arruinadas su padre Pedro II.

Niño rey

El infante Jaime conoció a su padre a los dos años, cuando Pedro II firmaba un pacto matrimonial para dejarle bajo la tutela de Simón de Montfort, a fin de que contrajese nupcias con Amicia, la hija del cruzado francés. A resultas de ello, el pequeño niño sería recluido en el castillo de Carcasona hasta su mayoría de edad; propósito abruptamente alterado por la inesperada muerte del Católico en Muret. Pronto, los súbditos aragoneses solicitaron la entrega del niño-rey a la corona, petición que debieron reiterar durante más de un año y que solo se vio satisfecha por mandato de Inocencio III. Dado el deterioro de las relaciones entre este y Pedro II, resulta llamativa la protección que el papa dispensó al pequeño Jaime I. En realidad, el sumo pontífice actuaba movido por la infeudación del reino a la Santa Sede, pero también por su obligación con respecto al principio que debía a las «miserabiles personae»; esto es: su compromiso de protección a viudas y huérfanos (sobre todo si tenían responsabilidades a su cargo). Fue precisamente esta actuación de auxilio la que llevó al rey a describir a Inocencio III, en su *Llibre dels feyts del rei en Jacme*, con estos afectuosos términos:

> En más de cien años no es posible encontrar tan buen Apóstol [...]. No hubo papa mejor en la Iglesia de Roma, puesto que era buen clérigo, versado en las materias que corresponden a un papa, y estaba dotado de buen sentido, y sabía mucho sobre los saberes del mundo.

Los estrechos lazos entre el rey y la Iglesia pudieron advertirse ya en el primer episodio relevante del joven monarca: las Cortes de Lérida de 1214, convocadas a instancias del cardenal y legado papal Pedro Beneventano. El religioso exhortó a los presentes de los reinos a jurar lealtad al nuevo rey en una suerte de «acclamatio» que ha pasado prácticamente desapercibida por la historiografía. Los vínculos entre la monarquía y la Santa Sede se mantuvieron intactos durante los primeros años de gobierno; de hecho, cuando se originaron los primeros levantamientos y divisiones, Inocencio III –fundamentando su intervención en que el reino era censitario de la Iglesia romana– recordó a nobles y ciudades la fidelidad que debían al rey, instándoles a abandonar las «conjurationes contra él confabuladas». Las disensiones se producirían al consagrarse como nuevo papa Honorio III [1216-1227].

Durante su dilatada minoría, Jaime I estuvo bajo la tutela de los caballeros templarios en el castillo de Monzón, mientras su tío Sancho I de Rosellón actuaba –siguiendo las disposiciones de la reina María– como regente; eso sí: asesorado por un consejo integrado por aragoneses y catalanes de confianza.

Regente y consejo hubieron de sofocar continuas y dilatadas rebeliones de la nobleza aragonesa que llegaría al atrevimiento de hacer prisionero [1224] al adolescente rey.

Proclamación como caballero

En febrero de 1221, con trece años de edad, contrajo matrimonio con Leonor de Castilla, hermana de la reina Berenguela y tía de Fernando III [1217-1252], matrimonio que ocho años después, aunque reconocida la legitimidad del hijo habido entre ambos (Alfonso), fue anulado por razón de parentesco.

Tras los esponsales, la pareja se trasladó a la catedral de Tarazona donde el rey se armó caballero. Durante esta ceremonia, celebrada un año después de que Fernando III se impusiera a sí mismo el cíngulo militar, Jaime I reproducía semejante gesto en su propia investidura. Con ese acto se cumplía un rito generalizado en la sociedad feudal: la entrega de las armas al alcanzar la edad adecuada significaba el reconocimiento público de la capacidad del nuevo caballero para realizar los actos de gobierno. Pero, por otra parte, con el gesto de ceñirse la espada que él había tomado del altar, el rey suprimía cualquier intervención eclesiástica en el momento de entrega simbólica de armas. Y, por tanto, soslayaba el recuerdo de la investidura vasallática protagonizada por su padre, Pedro II, en Roma.

Esta etapa de juventud tampoco estuvo exenta de dificultades. Entre las diversas revueltas que tuvo que sofocar destaca la acaudillada por su tío, el infante Fernando. Sancha –madre de este Fernando y abuela de Jaime– había entregado a su hijo a la vida religiosa en el monasterio de Poblet, quien después alcanzaría la dignidad de abad en Montearagón. Basadas sus aspiraciones a la corona en la nulidad del matrimonio entre su hermano Pedro II y María de Montpellier, se secularizó –aunque reteniendo el control de la abadía montearagonesina bajo el título de «servus, minister et rectus»– para liderar la segunda rebelión nobiliaria contra Jaime I.

El triunfo definitivo sobre los levantiscos nobles aragoneses vendría de la mano de la Concordia de Alcalá, que, firmada en marzo de 1227, daría al joven rey la estabilidad política suficiente como para permitirle, entre otras iniciativas, emprender campañas militares contra el islam.

Conquista de Mallorca y Valencia

Una vez constatada la debilidad y fragmentación del poder musulmán tras la derrota de Las Navas de Tolosa [1212], Jaime I pudo priorizar la expansión hacia el Mediterráneo. Además, resultaba conveniente organizar una empresa militar que aglutinara a todos los súbditos y que permitiese reafirmar su poder, prestigio y autoridad: la percepción del monarca como impulsor y cabeza suprema de este proyecto no hacía sino consolidar su posición soberana. El perjuicio que suponía la competencia mercantil y la piratería de los sarracenos de las Baleares instó a los mercaderes catalanes a reunirse con el rey y los nobles para, con su auxilio, terminar con esta amenaza. Los comerciantes participarían con sus embarcaciones y los nobles lucharían a cambio de tierras y del botín, que resultaría muy sustancioso y daría motivos para no pocas trifulcas.

El 5 de septiembre de 1229, una importante flota compuesta por 155 naves, 1500 caballeros y hasta 15000 soldados partía desde Tarragona, Salou y Cambrils para conquistar Mallorca al almohade Abu Yahya. Tras la célebre batalla de Portopí, librada el día 13 y en la que perdió la vida el gran amigo del rey, Guillermo Ramón de Montcada, las tropas cristianas entraban, un feliz 31 de diciembre, en Madinat Mayurqa al grito de «¡Sancta Maria, Sancta Maria!». Poco después de la toma de la ciudad por las armas y sin pacto alguno, se apoderaban de toda la isla, quedando como única resistencia un reducido grupo sarraceno en la sierra de Tramontana, que sucumbiría definitivamente en 1232. A través del Tratado de Capdepera, firmado en 1231, los musulmanes menorquines aceptaban la soberanía del Conquistador. El arzobispo de Tarragona Guillermo de Montgrí y su hermano invadían las Pitiusas en 1235, para luego repartirlas entre la aristocracia catalana.

Jaime I incorporó a sus dominios la costa levantina y las Baleares.

Dominadas las Baleares, Jaime I se centró, durante los siguientes quince años, en la conquista de Valencia, esta vez más apoyado por contingentes aragoneses, dado que era la expansión natural del reino. Tras fijar en Alcañiz el plan de conquista con el noble Blasco de Alagón y Hugo de Folcalquier, maestre de la Orden Militar del Hospital, el rey acometió una campaña que –con tres embestidas sucesivas, iniciadas con la toma [1232] de Morella– culminarían en la gloriosa batalla del Puig que, librada el 15 de agosto de 1237, supuso el hito militar que le lleva a la entrada triunfal en Valencia el 9 de octubre de 1238. La capitulación de la ciudad –firmada el 28 de septiembre– establecía que la población musulmana tenía derecho a permanecer en ella: se estima que fueron unos 160000 los musulmanes y judíos que decidieron quedarse; el resto tuvo veinte días para abandonarla. Aunque el territorio se repuebla con catalanes y aragoneses, la población musulmana siguió siendo mayoritaria durante años.

Tanto Mallorca como Valencia serían convertidos en reinos independientes y autónomos, aunque integrados en la corona de Aragón, lo que desembocó en una reacción furibunda de la nobleza aragonesa que veía truncadas sus expectativas de hacer de las nuevas tierras una prolongación de sus señoríos.

Jaime I conquista Murcia en 1266, aunque la cederá a su yerno Alfonso X de Castilla y León, atendiendo al Tratado de Almizra, que –firmado previamente, en 1244– delimitaba las áreas de conquista de las dos coronas. Esta vez fueron los principales catalanes quienes se agraviaron, negándose más adelante a ayudar al rey con la nueva expedición sobre Al-Ándalus; a resultas de ello, algunos vieron confiscados sus bienes.

No ens volguem coronar...

Como queda dicho, en 1221 Jaime I se había armado caballero mediante una ceremonia que esquivaba el recuerdo de la investidura vasallática protagonizada por su padre en Roma. Que no quería mantener esta relación de sumisión con respecto a la Santa Sede se constata a lo largo de su reinado, especialmente en lo concerniente a todas las maniobras realizadas sin éxito con el fin de coronarse.

Para llevar a cabo la solemne ceremonia, el rey debía «coronam a sede apostolica requirentes», es decir, solicitar permiso previo a Roma. Pero Jaime I, a pesar de que procuró en diversas ocasiones ser coronado por el pontífice, nunca pagó el tributo ni reconoció la infeudación debida al papado. El último de sus intentos y el más conocido también tuvo lugar entre el 1 y el 10 de mayo de 1274, aprovechando que Gregorio X [1272-1276] estaba en Lyon para promover una cruzada a Tierra Santa. La ocasión resultó fallida porque el papa solo estaba decidido a aceptar si el monarca confirmaba el vasallaje y saldaba la deuda que había contraído (ascendía a unas 40000 mazmodinas). La tentativa culminó con la vuelta del rey con la corona bajo el brazo, defraudado por el hecho de que estas menudencias («menuderies» en sus propios términos) imperaban ante lo que había sido su servicio a Dios y a la Iglesia de Roma. Así lo explicita en su crónica, el *Llibre dels feyts del rei en Jacme*:

> Y nosotros le dijimos que nos habíamos ido a su corte para someternos a tributo, sino por las franquicias que él nos había dado; y, como no quería, preferimos volver sin corona que con corona.

Jaime I no pudo ver cumplidos sus deseos y, ante la presión del sumo pontífice, decidió no coronarse: «no ens volguem coronar», diría. Pero la contundencia de su actitud, que rechazaba las obligaciones y compromisos de su padre Pedro II arguyendo que tanto él como sus predecesores habían ganado sus reinos a los musulmanes con la espada («car mon llinatge la conqués ab l'espasa»), marcó el camino a seguir por parte de sus sucesores. La idea de que la espada del soberano daba el supremo dominio a sus reinos se había enunciado tiempo atrás, durante el gobierno de Alfonso I el Batallador, quien protagonizó asimismo un período de relaciones tensas con Roma. No obstante, fue en tiempos de Jaime I cuando se produjo un verdadero punto de inflexión que supuso, además, importantes consecuencias a nivel iconográfico.

Es cierto que el derecho de primogenitura, sin ceremonia de coronación alguna, fue suficiente para que los reyes de Aragón pudiesen ejercer sus tareas de gobierno. También es verdad que el derecho de conquista, que comportó la revalorización de la espada como insignia regia y que se reduce a la afirmación de que la tierra es de quien la ha conquistado, supuso un medio de legitimación monárquica en los territorios recién adquiridos por la corona. Sin embargo, Jaime I siempre quiso plasmar sus vínculos con lo sagrado a pesar de no haber querido visibilizar su sometimiento a la Iglesia. En este sentido, es significativo que los términos «Dei gratia regis Aragonum» circunden su imagen mayestática por vez primera en la sigilografía del rey de Aragón. El sintagma gana elocuencia si se tiene en cuenta que, para la conquista de los nuevos reinos de Valencia y Mallorca, el auxilio divino se simboliza en la participación de san Jorge en apoyo de las huestes cristianas. Esta presencia –entendida en la órbita de mitificación del rey– certifica en realidad la voluntad y el apoyo del Altísimo y, al tiempo, lo que hace es suplantar el reconocimiento eclesiástico que, en principio, se le exigía al monarca para ejercer su soberanía.

A pesar de que las instituciones clericales no reconocieran ese socorro divino y no apoyaran la difusión del prodigio, las evidencias iconográficas indican que el milagro fue asumido y celebrado a lo largo de los siglos XIV y XV.

Realidad y mitología

El carácter legendario que se atribuye a su persona arranca desde el instante de su fecundación, interpretada por el propio rey como un claro designio divino:

> Y aquella noche en que ambos se unieron en Miravalls, quiso nuestro Señor que fuera engendrado.

Su vida estuvo glosada de acontecimientos que manifiestan su fe, su devoción a María y, como queda dicho, el providencialismo. La protección divina incluso se intuye en el momento de la elección del nombre. Su madre, María de Montpellier, ordenó encender doce cirios rotulados con la onomástica apostólica, de modo que el que más durase diera el apelativo al infante recién nacido: fue el de Santiago el Mayor, es decir, san Jaime.

Era hombre hábil y de fuerte personalidad, como se desprende de diversos episodios que glosa su crónica, el célebre *Llibre dels feyts del rei en Jacme* –se tiene por escrita o dictada por él, al estar redactada en primera persona– que constituye la consagración del catalán como lengua literaria.

A lo largo de su vida dio muestras de gran valor, como por ejemplo, el incidente en el que quiso extraerse él mismo la saeta que le atravesaba el cráneo; suceso que se pudo corroborar cuando se profanaron las tumbas de Poblet. Entonces, sus huesos de gran envergadura también refrendaron que algunas de las descripciones sobre su aspecto físico eran ciertas, como la que ofrece Bernat Desclot en su crónica:

> Este rey Jaime de Aragón era el más bello hombre del mundo; más alto que otro por más de un palmo, y estaba muy bien formado y proporcionado en todos sus miembros. Tenía un gran rostro, rojizo y flamenco, y la nariz larga y muy recta, y gran boca y bien hecha; y grandes dientes, bellos y blancos, que parecían perlas. Y los ojos verdes, y bellos cabellos rubios, semblantes a hilos de oro, y ancha espalda. Y largo cuerpo y delgado, y los brazos gruesos y bien moldeados, y bellas manos, y largos dedos, y muslos gruesos por su medida, y los pies largos y bien formados. Y fue muy valiente, resuelto en las armas, y fuerte, y bravo. Y generoso y agradable, a todos muy misericordioso, y tuvo en todo su corazón y en toda su voluntad la de guerrear contra los sarracenos.

Las fuentes textuales ahondan también en su carácter seductor. Estuvo casado dos veces: tras la nulidad con su primera esposa,

Leonor, contrajo nupcias –el 8 de septiembre de 1235 y en Barcelona– con Violante de Hungría. Esta mujer, de fuerte carácter, ha sido acusada de acentuar las diferencias entre el rey y su primogénito (habido con Leonor) con el fin de promover a sus propios hijos.

Ya viudo, el Conquistador se lanzó a una carrera de amoríos: Aurembiaix de Urgel, Teresa Gil de Vidaure, Guillema de Cabrera, Berenguela Fernández o Berenguela Alfonso son algunas de las cortesanas más conocidas. De esas relaciones resultan numerosos bastardos reales que originarán algunas de las más importantes casas nobiliarias de Aragón y de Valencia.

Los devaneos carnales de Jaime I le costaron caro al dominico Berenguer de Castellbisbal –confesor del rey y obispo de Gerona–: acusado de haber revelado el secreto de confesión, la condena fue cortarle la lengua; lo que provocó que Inocencio IV [1243-1254] excomulgase al monarca, sentencia que le sería revocada unos años después.

Andamiaje jurídico

Dejando a un lado las sustanciosas cuestiones personales, de Jaime I se ha destacado también su faceta como legislador. Inserto en el «furor legalis» del momento y en parte motivado por las sucesivas conquistas que le obligaban a organizar jurídicamente los diversos territorios, ordenó, entre otros códices, la compilación de los fueros de Aragón recogidos en el famosísimo *In excelsis Dei thesauris*, escrito por el obispo de Huesca Vidal de Canellas en 1247 y del que se conserva una versión espléndidamente iluminada de finales de la centuria.

Durante su gobierno triunfaron y se difundieron por Cataluña los tradicionales «Usatges», al tiempo que en Valencia se redactaron los *Foris et consuetudines Valentiae*, confirmados por el rey en 1271. Bajo este tipo de textos subyacía la doctrina jurídica romana, revitalizada por la escuela de Bolonia que, en líneas generales, afirmaba la supremacía del príncipe. Esta hegemonía se remachaba –además de en los textos– a través de las miniaturas que exornaban los pergaminos de todos estos cartularios. Favoreció los municipios y la burguesía, permitiendo el ascenso político de las élites urbanas como demuestra la organización del Consell de Cent o gobierno municipal de Barcelona, ciudad en la que promovió también la redacción del *Llibre del Consolat de Mar*, un compendio de derecho marítimo de origen valenciano que terminaría convirtiéndose en la base para la legislación marítima internacional actual.

Muerte y división

Sus últimos años de reinado fueron amargos porque, dejando a un lado el fracaso en sus tentativas de realizar dos cruzadas a Tierra Santa –en 1269 y 1274 respectivamente–, tuvo que hacer frente a la rebelión del infante Pedro (primogénito desde que en 1260 muriera su hermanastro Alfonso) y a los desórdenes feudales acaudillados por su hijo bastardo Fernando Sanchís de Castro. También tuvo que sofocar distintos conflictos político-sociales que progresivamente se agudizaban: entre otras sublevaciones destaca la de los mudéjares valencianos [1275], a causa de la cual el rey fue derrotado en la batalla de Llutxent, en junio de 1276.

Muy poco después moría en Valencia, el 26 de julio de 1276, transcurridos cinco días de haber abdicado en favor de los infantes Pedro y Jaime. El primero, luego apodado como el Grande, heredaría Aragón, Cataluña y Valencia; el segundo recibiría el reino de Mallorca y los territorios del sur de Francia, esto es: Rosellón, Cerdaña, Colliure y Conflent. Estas últimas voluntades, que implicaban la división de los reinos, se han atribuido al deseo de la reina Violante de conseguir buenas herencias para sus hijos. No obstante, ya hace tiempo que los historiadores ven este reparto de dominios –acreditado en todos los testamentos– como consecuencia de la concepción patrimonial que el Conquistador tenía de sus reinos.

Política matrimonial

Como sus predecesores, Jaime I también supo utilizar con agudeza e intuición las políticas matrimoniales, confiriendo al reino un significativo cariz internacional: casó a Alfonso con Constanza de Montcada, hija de Gastón VII de Bearne; a Violante con Alfonso X de Castilla y León, y a Constanza, con Manuel, hermano del monarca castellano. A Pedro, que asumiría finalmente la corona, lo casó con Constanza de Sicilia, hija de Manfredo Hohenstaufen, mientras que convertía a Isabel en esposa de Felipe III de Francia. Con ello consolidaba en el panorama europeo su heterogéneo reino, donde había desarrollado una organización descentralizada mediante un complejo y eficaz sistema de gestión basado en unidades autónomas con códigos legales, administraciones, moneda y sistemas de pesos y medidas privativos. Las Cortes –también privativas de cada una de las unidades– actuaron como elemento sustancial para la creación de una conciencia diferenciada de cada territorio.

Jaime I personificó un intenso y provechoso reinado que se desarrolló prodigiosamente a lo largo de sesenta y tres años. Él mismo afirmaría en su crónica:

> Nuestro Señor nos había hecho reinar a su servicio más de sesenta años, mas que no había memoria ni encontraba nadie que ningún rey, desde David o Salomón, hubiera reinado tanto tiempo.

Pedro III 1276-1285

[Valencia, 1240 / Villafranca del Penedés, 1285]. -**María Nicolau**: Jaime, Juan, Beatriz. **Constanza** [Manfredo I de Sicilia]: Alfonso, Jaime, Isabel, Federico, Violante, Pedro. -**Inés Zapata**: Fernando, Sancho, Pedro, Teresa. + Santa María de Santes Creus.

La inesperada muerte de Alfonso –hijo de Jaime I y Leonor de Castilla– hizo que la primogenitura recayese en su hermanastro –concebido con Violante de Hungría–. En un reinado de apenas nueve años, Pedro III fue capaz de desarrollar una intensa actividad para hacer frente a las diversas rebeliones en el seno de sus territoros e impulsar una ambiciosa estrategia expansionista. Político de gran talla que dominaba tanto la diplomacia como las maniobras bélicas, ha sido considerado como un auténtico táctico capaz de plantear campañas a medio y largo plazo, consiguiendo poner a la corona de Aragón y a la monarquía que él personificaba en el primer plano del escenario político europeo.

No dejó ninguna crónica dictada o escrita por él, como había hecho su padre, pero los registros documentales conservados lo avalan como un rey autoritario y rotundo, sin indicios de piedad ni de religión personal; al margen de la imagen pública ligada a la propaganda que supo utilizar en beneficio de la institución que representaba.

Educado para gobernar

Pedro asumió el reino a la edad de treinta y seis años, por lo que dispuso de un dilatado período para poder formarse como hombre, gobernante y aguerrido guerrero a la sombra de su padre, Jaime I, con quien tuvo difíciles relaciones y díscolo trato.

El desconocimiento sobre su infancia es extremo, hasta el punto de no saber la fecha exacta de su nacimiento. Nuestra ignorancia sobre el período de adolescencia no es menor: solo la *Gesta Comitum*, escrita a posteriori, se refieren a ella con estas líneas:

> Este Pedro, ya niño de clara índole, desde su temprana edad tuvo el corazón para las armas, dándose ahora a los juegos de las lanzas, ahora a los de actos guerreros, y fue este casi todo el ejercicio de su vida.

Cabe suponer que en su educación, en la que debió de intervenir directamente su padre, no solo se ejercitó en el uso de las armas, porque fue autor de coplas al menos en dos ocasiones. Igualmente, de su oratoria se desprende una notable capacidad comunicativa: con seguridad conoció la retórica, que supo emplear y poner al servicio de sus necesidades, como luego harían, de forma tan elocuente, sus hijos y sucesores en el reino.

Cargos administrativos

No sabemos demasiado de su juventud, aunque sobresale la información que atañe a sus relaciones familiares, en ocasiones harto difíciles, como demuestran los conflictos habidos con su hermanastro Alfonso, entonces primogénito. Sin lugar a dudas, las malas relaciones venían alimentadas por los sucesivos y cambiantes testamentos del Conquistador, que originaron también graves disensiones con otro de sus hermanos, el futuro Jaime II de Mallorca. Las peores disputas, no obstante, las protagonizó con otro de sus hermanastros, esta vez fruto de una relación extramatrimonial, Fernando Sanchís, quien, excluido de la sucesión, conspiró para adquirir tanto poder como le fuera posible. Fernando llegó a acusar al infante Pedro de querer asesinarle, lo que agravó la enemistad entre ambos y también entre el infante y su padre. El 6 de septiembre de 1257, a los diecisiete años, fue nombrado procurador de Cataluña, lo que le dio la oportunidad de responsabilizarse de cuestiones tanto administrativas como judiciales, a través de las cuales pudo exhibir sus capacidades y competencias resolutivas, como evidencia la mano dura que demostró contra la nobleza disidente, que contrastaba con la pasividad, o incluso inacción, de Jaime I. En esta línea, la historiografía ha señalado su autoridad y autonomía con respecto a su padre, acaso resultado de su propia madurez: la edad y la experiencia le avalaban como infante preparado para gobernar. De hecho, intervino en importantes campañas al lado de su padre, como en la toma de Murcia, cuyo protagonismo fue sin duda mayor que el que le atribuye el Conquistador en su crónica; aunque pudo demostrar también su valentía y estrategia en otros muchos de los episodios bélicos que tanto le acompañaron durante esta larga época, tanto contra los musulmanes como contra el resto de reinos cristianos peninsulares.

Esponsales con la princesa siciliana

Poco antes de 1260, en un momento imposible de precisar, empezaron las negociaciones para casarlo con Constanza, hija de Manfredo de Sicilia, isla fundamental para el comercio mediterráneo y para las pretensiones expansionistas de Jaime I. El matrimonio –para el que la reina compromete como dote 50 000 onzas de oro que nunca llega a desembolsar– estaría planteado hacia mayo de 1261 y sería duramente criticado por Luis IX de Francia, Alfonso X de Castilla y León e incluso el papa Urbano IV [1261-1264].

Tan grandes fueron las críticas de Roma que Jaime I se vio obligado a escribir al sumo pontífice prometiéndole que nunca intervendría en favor del rey siciliano (y, por tanto, contra la Iglesia o Francia) y que sus intenciones para concertar tal matrimonio no habían sido otras que las de reconducir el reino de Sicilia y convencer a su rey para organizar una cruzada.

Pedro y Constanza se casaron en Montpellier el 13 de junio de 1262. La reina, que contaba con quince años de edad en el momento de los esponsales, le daría seis hijos, que ambos supieron emplear en una efectiva y provechosa política de matrimonios.

Coronación en Zaragoza

Jaime I, en su lecho de muerte, cedió el reino a su hijo Pedro. Y para ello –seguramente por los problemas que suscitaba la ceremonia de coronación– el rey, moribundo, realizó el acto simbólico de entregarle la espada ante todos los presentes. La *Crónica de San Juan de la Peña*, como se sabe escrita en tiempos de Pedro el Ceremonioso (precisamente quien volvió a revalorizar este elemento ofensivo como insignia regia), explica que se transfería

> … en señal de rectitud con la cual tu dirimas el mal de bien, y te entrego mi señoría con la que te de Dios victoria contra tus enemigos.

Tras esta liturgia, de tintes emotivos de acuerdo con la crónica sanjuanista, Pedro III cogía las riendas del gobierno y, rápidamente, se adentraba en las tierras valencianas más afectadas por las revueltas para sofocar a los levantiscos y consolidar administrativamente el territorio de forma más eficaz. Aunque ejerció como soberano desde el instante de la muerte del Conquistador, no se intitulará rey hasta ser coronado, ceremonia que se celebra varios meses después, un domingo de noviembre de 1276.

Sobre ella tenemos escasos datos, aunque lo más relevante es señalar que, sin contar con precedente alguno, se trató de la primera coronación celebrada por un rey de Aragón en su reino y que se convirtió en un claro reflejo de la postura de la realeza en relación con Roma y la solemnidad. Previamente, había organizado una gran corte para coordinar el acontecimiento, que obviamente no contaba con el permiso del papado. La liturgia, a la que acudieron todos los barones de Aragón y de Cataluña, y los ricos hombres de las ciudades, se realizó en la seo de Zaragoza, capital del reino y de la corona, pero no a manos del metropolitano de Tarragona, tal y como había prescrito el papa, sino «per ministerium venerabilis P[etri], Dei gratia episcopi cesaraugustane eiusdem sedis»; o sea: Pedro, el obispo de Zaragoza.

Pedro III estaba evidenciando –textualmente y para las liturgias futuras– su oposición a la bula de Inocencio III, con lo que corroboraba su doble elección libre –«eis placuerit», conforme a la documentación conservada– tanto de la ciudad de Zaragoza para sede de la ceremonia, como la de su obispo para ministro oficiante. Es decir, Pedro declaraba que, aunque recibía la unción, la bendición y la corona de manos del obispo Pedro Torroja, no quería que fuera vinculante a sus sucesores ni por el lugar ni por la firma. El hecho de que el rey considerase que este acto de coronación no debía ser repetido en ningún otro lugar y que defendiese que sus sucesores eligiesen libremente dónde querían ser coronados ha llevado a pensar a autores como Cingolani que el rey daba a entender que un solo acto era válido para todos los dominios.

Conquista de Sicilia

No se sabe muy bien cuándo Pedro III proyectó la conquista de Sicilia. Es posible que antes de las famosas «Vísperas», el rey ya la tuviese en la cabeza y que, acelerados los acontecimientos, viese que su aspiración se convertía en una posibilidad real.

Como se ha dicho, siendo todavía infante, Pedro III se había casado [1262] con Constanza, hija de Manfredo y nieta del emperador Federico II.

La coronación de Manfredo como rey de Sicilia [1258] había provocado la intervención del sumo pontífice, que no quería un Hohenstaufen en el sur de Italia. Reivindicando la isla como patrimonio de la Iglesia, Alejandro IV [1254-1261] cedió la corona de Sicilia a su protegido Carlos I de Anjou, rey de Nápoles. La invasión no se hizo esperar y Manfredo fue derrotado en la famosa batalla de Benevento [1266].

El gobierno despótico de los Anjou –acérrimos enemigos de Aragón desde antaño– provocó una revuelta popular que ha permanecido en los anales como «Vísperas sicilianas», así llamadas por ser un levantamiento que supuso la masacre de la guarnición francesa presente en la ciudad y que se originó cuando las campanas de Palermo llamaban al oficio de vísperas el 30 de marzo de 1282.

El parlamento Siciliano pidió soporte a Pedro III, a quien significativamente saludaron con los términos «Dios te salve, rey de Aragón y de Sicilia», para que, una vez expuesto el memorial de agravios que justificaba la desposesión del angevino, los liberase definitivamente del dominio francés. La reunión fue en Collo (actual Argelia), donde se encontraba el rey de Aragón tras emprender desde Portfangós el 7 de julio de 1282 la abortada expedición en Ifriqiya (norte de África) con el fin de proteger el comercio catalán y conseguir una base estratégica de primer orden. Cingolani sospecha que esta operación no era sino una doble maniobra del rey, gran estratega: despistar y encontrarse cerca de Sicilia en el momento oportuno y situar a la nobleza en una situación proclive a la aprobación de la conquista de la isla, que comportaba el peligroso enfrentamiento con París, Nápoles y Roma; y que, de ningún modo, habría tenido el consenso en una Corte General convocada de manera convencional.

Así las cosas, el rey de Aragón desembarcaba en Trapani y, en septiembre, entraba en Palermo siendo aclamado y coronado como nuevo monarca siciliano. De inmediato, envió una embajada a Mesina, donde se encontraba Carlos, instándole a reconocerle como rey de Sicilia y a abandonar la isla; de acuerdo con el cronista Desclot en estos términos:

> El rey de Aragón don Pedro, nuestro señor, te dice y te ordena que le otorgues la tierra de Sicilia, que es suya y de sus hijos,

Con Pedro III el reino de Sicilia se incorporará a la corona de Aragón.

porque mucho la has tenido erróneamente, y las gentes de Sicilia están muy agraviadas por tu señoría y han requerido la ayuda del rey de Aragón, porque él los quiere ayudar, así como a aquellos que son suyos y de su tierra.

La negativa supuso diversas batallas entre las tropas francesas y las aragonesas, estas últimas conformadas por ciudadanos, nobles –algunos condenados y proscritos–, junto con la masiva colaboración de los almogávares, instados a participar en las contiendas no solo por su valía, también porque dado su carácter, mantenerlos en la corona podía desestabilizar el reino. La derrota de los angevinos en Nicoreta a manos del almirante Roger de Lauria obligó a Carlos a refugiarse en Nápoles.

Excomunión papal

La conquista de Sicilia por Pedro III implicó –soslayando el anecdótico episodio del desafío caballeresco en Burdeos, nunca consumado, pero al que aluden tanto las fuentes textuales como las iconográficas– su fulminante excomunión por parte de Martín IV [1281-1285] y la invasión de Cataluña por tropas francesas. El sumo pontífice dicta, en agosto de 1283, una sentencia que priva a Pedro III de su reino y determina que el título de rey de Aragón pase a algún hijo del rey de Francia. Decretó, asimismo, un llamamiento para la cruzada contra el hereje-gibelino Pedro el Grande al tiempo que ofrecía todo tipo de beneficios espirituales a quienes combatiesen contra él.

Se estaba replicando lo realizado unos veinte años antes en Nápoles y que llevó a Carlos de Provenza y Anjou a sentarse en el trono napolitano. La lucha efectiva se libra en 1285, y aunque en un principio se resolvía a favor de los franceses, la intervención del hábil Roger de Lauria marcaría un nuevo rumbo. Los angevinos serán definitivamente derrotados en la batalla de las islas Formigues (frente a Palamós) mediante una brillante acción naval que tuvo un gran eco cronístico e historiográfico.

Conflicto por Mallorca

Un asunto que preocupó desde el principio de su reinado a Pedro III fue la división de los reinos a raíz de los sucesivos testamentos de su padre Jaime I. Ya el 14 de octubre de 1260, siendo todavía infante, había redactado un documento privado donde declaraba ser contrario a la voluntad paterna de partición de los dominios de la corona. Para cuando fallece su padre, Jaime II ya se había intitulado rey de Mallorca. A partir del 12 de septiembre de 1276, tras confirmar Jaime II los privilegios de la ciudad, Pedro III comprueba que su hermano se dirige a él con el título de infante, esto es, sin reconocerle su plena soberanía.

La disputa derivaba del último testamento del Conquistador –redactado en Montpellier el 26 de agosto de 1272– donde se atribuía a Pedro el pleno dominio en el reino de Aragón, de Valencia, y también en Ribagorza, Pallars, el Valle de Arán y el condado de Barcelona, y, asimismo, en todas las otras tierras que se regían por estos dominios. Y es ahí, en esta última puntualización, donde Pedro III entendía que su hermano quedaba inscrito: el reino insular entraba en el conjunto de tierras que le debían fidelidad. Jaime II de Mallorca se amparaba en el hecho de que su padre le había dejado la heredad «en pleno dominio», por lo que entendía que quedaba excluido de la obligación de jurar fidelidad al rey de Aragón. Tras diversos compromisos, el 20 de enero de 1279, Pedro III pacta con su hermano Jaime la infeudación del reino de Mallorca. La ciudad escogida para rubricar el acuerdo era Perpiñán, así se expresaba simbólicamente que, a pesar de formar parte de los dominios de Jaime II, el poder superior en aquellas tierras era el rey de Aragón.

Entre otros convenios y concordias, ambos hermanos se comprometieron a ayudarse mutuamente contra cualquier enemigo, cláusula que tendría importantes consecuencias en un futuro cercano, en concreto, en el marco de la cruzada decretada por el papa que implicó la guerra entre los franceses y el rey de

Aragón. Jaime II de Mallorca, conocedor de la contienda que se iba a librar y ponderando el poder de los dos contrincantes, decidió aliarse con quien creía que iba a resultar ganador, el rey Felipe III de Francia. Permitió que las huestes francesas cruzaran por sus dominios para dirigirse al territorio enemigo, esto es, al de su hermano, el rey de Aragón. La estrategia de Pedro III fue la de dejarles entrar, con un «semblante de que no tuviera guerra con nadie» –conforme a la crónica de Bernat Desclot– y una vez dentro de sus dominios, rodearlos y derrotarlos de forma fulminante.

Como queda dicho en líneas anteriores, la participación de Roger de Lauria resultó determinante para el desarrollo favorable de la guerra.

Calmada la situación con Francia, Pedro III organizó una expedición contra Mallorca para poner fin al reinado de su hermano Jaime II, que le había traicionado al asociarse con el monarca francés a cambio de algunas concesiones sobre el señorío de Montpellier. La muerte prematura impidió a Pedro III ver culminados sus deseos de conquista.

El Grande

Pedro III pasó a la historia como el Grande porque, conforme a la *Crónica de San Juan de la Peña*:

> … amparó muy grandes hechos, contra muchos reyes cristianos, y moros, y contra la Iglesia y todos juntos. Y todo el tiempo obtuvo victoria contra sus enemigos.

Incluso coetáneamente fue comparado con Alejandro Magno. Su cronista principal, Bernat Desclot, no dudó en calificarlo como «segundo Alejandro por caballería y conquista», descripción luego complementada por Ramón Muntaner quien, rozando la blasfemia, añadía que:

> … otro Alejandro hubiera sido si solo hubiese vivido diez años más […] fue el mejor caballero del mundo, y el más sabio y el más gracioso de todas las gentes a quien Dios había hecho más

> honor [...] que tuvo más gracias en su persona que ningún otro de los que nacieron después de Cristo.

Pero el eco de su figura no se encuentra únicamente entre los renglones de la cronística catalana: autores medievales como Salimbene di Adam, Giovanni Villani o incluso Dante Alighieri elogiaron su carácter guerrero, así como también su capacidad magistral para administrar la información confidencial. Pere Miquel Carbonell sintetizaba el secretismo del rey de este modo:

> Que todos los hechos haga tan secretamente que ni mujer ni hijos ni hermanos ni amigos ni servidores ni persona del mundo que muy amiga y querida le sea lo sepa, sino solamente su corazón.

Además, los hechos y las fuentes lo presentan como un experto en diplomacia, en beneficio de la cual supo emplear magistralmente la oratoria –como destacaría Bartolomeo de Neocastro– y los documentos textuales, entre los que debe incluirse su obra poética –composiciones de carácter ocasional, pero de temas políticos y de actualidad y con intención altamente pragmática–. Con gran capacidad de innovación y adaptación a los nuevos tiempos, usó redes de confidentes para tratar la información e incluso difundir rumores que luego aprovecharía para justificar algunas de sus intervenciones. Se le ha calificado de valeroso, caballeresco, magnánimo, autocrítico, enérgico, hábil, inteligente, audaz y muy resuelto en sus decisiones; lo que a la postre refleja su egregio talante de estratega, favoreciendo que pudiese superar los peligros tanto internos como externos. Es cierto que tuvo que dar un paso atrás en su intención de unificar los distintos territorios y terminó sancionando las particularidades del derecho y ratificando la parcial autonomía de las tres entidades de la corona a través de las Cortes y los sucesivos juramentos y confirmaciones de leyes y privilegios respectivos; pero no por ello debe ponerse en duda su capacidad de liderazgo y determinación.

Plors i crits i planys

Pedro III no pudo ver resueltos los desacuerdos que mantenía con su hermano Jaime II de Mallorca y su sobrino Sancho IV de Castilla: ambos le habían escatimado el apoyo durante el conflicto con los franceses. A finales de octubre de 1285, en plena campaña militar, el rey enfermaba y se veía obligado a detenerse en la localidad de Sant Climent, a donde acudieron insignes médicos que nada pudieron hacer por salvarle: moría en Villafranca del Penedés el 11 de noviembre, a los cuarenta y cinco años de edad. El estudio de su cuerpo momificado ha certificado que la dolencia no fue consecuencia de ninguna herida y que el rey pudo haber fallecido por una afección pulmonar, seguramente tuberculosis. Llama la atención que la documentación no aluda a ninguna indisposición y, en cambio, corrobore que la actividad en su rutina en los últimos meses de vida fue la habitual, lo que certifica, con claridad, su gran fortaleza física.

El duelo consiguiente a la muerte del rey fue muy grande y se hizo extensivo a todos los reinos, incluso al de Mallorca, donde, conforme a Ramón Muntaner:

> Veías lloros y gritos y plaños, los más grandes del mundo [...] que casi seis días duró el duelo, durante los cuales ningún hombre hizo nada en la ciudad.

Fue enterrado en el monasterio de Santes Creus, donde los monjes cuidaron del cuerpo, lo limpiaron, arreglaron y vistieron adecuadamente para disponerlo en su sepultura provisional. Un documento exhumado por Cingolani demuestra que quien decidió que ese monasterio cisterciense debía ser su última morada fue su padre Jaime I: el 26 de junio de 1252 establecía que en aquel lugar se enterrara a su hijo. El 2 de febrero de 1259, Pedro –aunque infante ya en calidad de heredero– refrendaba la elección del monasterio, añadiendo una cláusula en la que aseguraba que «nunca, respecto a esto, cambiaremos nuestra voluntad».

Un sepulcro para un rey

Muy notable es su sepulcro definitivo, debido tanto a la promoción como a la retórica de su hijo Jaime II, convertido en rey de Aragón tras su paso previo por el trono de Sicilia. Como se verá más adelante, la tumba que ideó para su padre –con novedades materiales, estructurales y simbólicas muy elocuentes– solo puede comprenderse en relación con la suya propia y teniendo en cuenta el clima de propaganda y comunicación política desarrollado a partir de la segunda mitad del siglo XIII. Jaime II idea el panteón santacrucense como un proyecto funerario que debía visibilizar una monarquía regida por el doble principio de «per Dei gratia» y «per sanguinem».

Alfonso III 1285-1291

[Valencia, 1265 / Barcelona, 1291]. **Leonor** [Eduardo I de Inglaterra]. + San Francisco de Barcelona > Catedral de Barcelona.

Al infante Alfonso le llegó la noticia de la muerte de su padre cuando se encontraba en Mallorca ultimando la rendición de la capital, que no había podido resistir el implacable sitio de las huestes aragonesas. Pedro III había dispuesto en su testamento –algunas falsificaciones conservadas del documento hacen sospechar que la Iglesia quiso manipularlo para alterar las últimas voluntades– que su hijo Alfonso heredase los territorios de Aragón y su hermano Jaime, el reino de Sicilia. El 25 de noviembre, menos de quince días después de la muerte de su padre, se intitulaba rey de Aragón y devenía Alfonso III, al que apodarían el Franco porque, según Jerónimo Zurita:

> Fue tan liberal que en esta virtud se señaló más que príncipes de sus tiempos.

Su breve reinado, de menos de seis años, fue heroico porque logró incorporar las Baleares a la corona y mantener a su hermano como rey de Sicilia, a pesar de los conflictos que supuso para su gobierno. Además, fue capaz de contener las sucesivas invasiones francesas y resistir los litigios con la Santa Sede, al tiempo que consolidaba –no sin dificultades– el poder de la monarquía.

A pesar del balance positivo de su gestión, Dante Alighieri situaba a Alfonso III en las puertas del Purgatorio (en el Canto VII de la *Divina comedia)*, junto a otros monarcas que considera culpables de la mala situación de la Europa del siglo XIII.

Nieto, heredero y gobernante

De la infancia y juventud del futuro Alfonso III se desconoce prácticamente todo, si bien la historiografía concede a su madre, Constanza, la tarea de acompañarlo y conducirlo en la forja de su personalidad durante sus primeros años de vida; lo que permite afirmar que se crio en un ambiente gibelino. Es posible que en la conformación de su carácter –del que se ha señalado una extrema sensibilidad– influyeran los infortunios familiares: los conflictos de su padre (Pedro III) con su abuelo (Jaime I), y con su tío bastardo Fernando Sanchís (ahogado en el Cinca).

En su formación como primogénito intervino de forma notable el aragonés Blasco Ximénez de Ayerbe, aunque se sabe que Cerverí de Girona, vinculado a la casa real desde tiempos de Jaime I, habría participado en su educación de índole humanística. Entre los nombres que destacan en esta etapa de instrucción transversal sobresale también el de Gilabert de Cruïlles, que lo educaría en lo político y militar, convirtiéndose en consejero y hombre de confianza del futuro rey. Igualmente, dado el fervor franciscano que mostrará a lo largo de su vida, pudo haber algún miembro de esta orden entre sus mentores.

Siguiendo con el compromiso que el 21 de noviembre de 1275 Jaime I había hecho jurar (en el que se determinaba a su nieto como heredero de los reinos en caso de que su hijo muriese), con doce años recién cumplidos, Alfonso fue presentado como legítimo sucesor en la ceremonia de coronación [1276] de su padre, Pedro III. De este modo, fue objeto de homenaje y juramento de fidelidad por parte de los ricos hombres, mesnaderos, caballeros y, también, de los procuradores de las ciudades y villas del reino.

La confianza que depositaban en él sus antecesores era cierta; en cuanto Pedro III ocupó el trono, el joven Alfonso se configuraría como uno de sus más estrechos y destacados colaboradores. Junto a su padre deliberó y actuó frente a la amenaza de Francia, al nombramiento de Carlos de Valois como rey de Aragón a instancias del sumo pontífice, y al exasperante aislamiento y desamparo internacional.

También estuvo al lado de su padre en los principales actos de gobierno, como en la aceptación del Privilegio General de Aragón, acuerdo [1283] a través del cual el rey se comprometía a respetar una serie de privilegios y fueros y a no tomar decisiones en política internacional sin ser antes consultadas las Cortes de Aragón. Era, a todas luces, una limitación de la monarquía y una espoleta para el desequilibrio de la unidad del reino, ahora escindido entre los leales al rey y quienes se negaban a ofrecerle auxilio.

Alfonso actuó como regente con motivo de los viajes de Pedro III a los diversos lugares que conformaban sus dominios. En 1282, durante la conquista de Sicilia, asumió como lugarteniente las tareas de gobierno. Participó en diversas campañas militares: asedio de Albarracín (en 1284 o 1285), o los enfrentamientos contra las huestes de Felipe III de Francia que atacaban las comarcas de Gerona.

Sin cuestionar la disciplina y obediencia filial, Pedro III constató sobradamente que a su heredero no le faltaba valor, perseverancia, energía o buen sentido de gobernante. En una de sus empresas militares más importantes, la campaña de Mallorca, pudo demostrar con creces su capacidad de liderazgo; aunque poco después de desembarcar en la isla, y cuando el infante se disponía a negociar la pacificación, se le notificaba la muerte de Pedro III.

Matrimonio por poderes

El 2 de octubre de 1273, cuando el infante contaba con poco menos de ocho años, a través del Tratado de Sord, fue comprometido con Leonor, hija de Eduardo de Inglaterra. Este compromiso se debía a la política de aproximación de los reyes ingleses con la corona de Aragón y viceversa; y respondía a la identidad de intereses que ambas monarquías compartían frente a Francia. La muerte de Enrique I de Champaña (el Gordo) en 1274 hizo peligrar el acuerdo: Jaime I y su heredero Pedro, vislumbraron la posibilidad de recuperar el trono navarro, y pensaron en la infanta Juana, de un año de edad, como nueva candidata para desposar a Alfonso. La huida a Francia de la reina viuda, Blanca de Artois, que a su vez comprometió a la niña con el futuro Felipe IV, truncó los planes, por lo que volvieron a retomar la alianza con Inglaterra.

A pesar de que el papa había alegado consanguinidad en cuarto grado, los infantes Leonor y Alfonso se casaron por poderes el 15 de agosto de 1282. Los cónyuges no consumaron la unión, pues cuando Leonor iba a iniciar el viaje a Barcelona, a Alfonso III le sobrevino la muerte en la Ciudad Condal.

Primeros problemas

Pronto Alfonso III fue consciente de que la expansión mediterránea no era la principal preocupación de sus súbditos y que, para una buena parte de los aragoneses –con un espíritu particularista exacerbado– eran ineludibles otras prioridades. Al enojo por la osadía de utilizar el título de rey de Aragón sin haber sido coronado en la seo de la capital del reino, se sumaba el atrevimiento de haber recibido primero el juramento de sus súbditos de Mallorca y luego de Valencia. Suspicaces, los miembros de la Unión no dudaron en actuar: dos embajadores escogidos el 29 de enero de 1286 en las Cortes de la Unión acudieron a tierras de Valencia y, en Murviedro (Sagunto), donde se encontraba el rey ya de camino a dominios catalanes, le expresaron su protesta al sentirse desplazados y percibir que sus derechos habían sido cuestionados. Es posible que Alfonso III hubiese querido demostrar, de forma deliberada, su intención de romper con la costumbre ya establecida de ir primero a Aragón y, una vez recibida la corona, acudir a Valencia y Cataluña. No obstante, se excusó alegando que sus súbditos ya le habían otorgado el título de soberano –en la carta donde se le notificaba el fallecimiento de su padre–, dejando patente lo impropio de utilizar el título de rey de Mallorca y, al tiempo, el de infante de Aragón.

Aunque prometió acudir a Zaragoza para coronarse y jurar las libertades y franquicias, siguió intitulándose rey y continuó su viaje hacia Cataluña, donde inauguró su reinado devolviendo todos los bienes confiscados a la viuda e hijo de Fernando Sanchís –tío bastardo asesinado diez años atrás por orden de su predecesor–. Acudió a Santes Creus, donde celebró suntuosos funerales en memoria de su padre, y de ahí fue a Barcelona y al Ampurdán, donde proporcionó y aprovisionó tropas para la defensa de las tierras fronterizas, sabedor de que Jaime II de Mallorca planeaba una campaña militar en el Rosellón.

Tras previo paso por Huesca y Jaca, entró en Zaragoza para ser solemnemente coronado.

Coronado en nombre de la Iglesia romana

Como queda dicho, a los pocos días de conocer la noticia de la muerte de Pedro III, su heredero Alfonso se intitulaba rey, si bien tardó varios meses en proceder a la coronación, que tendría lugar en abril de 1285. La ceremonia ofrecería una serie de novedades con importantes consecuencias al integrar en la celebración las cuatro partes que constituirán la esencia de los ceremoniales futuros: la unción, la coronación, la recepción de la caballería y el juramento mutuo entre reyes y súbditos.

Como había hecho su padre, tampoco solicitó autorización para coronarse, según había prescrito Inocencio III, ni fue coronado por el metropolitano de Tarragona, sino por el obispo de Huesca. Pero lo más relevante es que con él apareció la fórmula «nec pro ipsa Ecclesia nec contra Ecclesiam» que, como advertía Blancas, solo estaba de forma implícita en la protesta de su antecesor.

De la ceremonia que protagonizó es también relevante el papel que tuvo la espada, «la pus rica, e la mills guarnida que anc emperador ne rei portàs»: aunque en el capítulo duodécimo del «Ordo ad regem bendicendum» del *Pontifical de Huesca* se hacía constar que el rey recibía la insignia por parte del obispo, una nota marginal corregía la prescripción y especificaba que era el rey quien debía tomarla, previamente bendecida por el obispo. De hecho, conforme a la crónica de Ramón Muntaner, Alfonso III no solo la tomó del altar, como en su día había hecho ya Jaime I, sino que el monarca «hac feta la sua oració, besá la croera de la sua espaa e cenyi's ell mateix la dita espaa» [hubo hecha su oración, besó la cruz de su espada y se ciñó él mismo la dicha espada], lo que expresaría, a través del gesto, el carácter divino del poder que le venía dado a través de este emblema, resaltando la forma de cruz que formaba el arriaz; es decir, el punto de unión entre la espada y su empuñadura. Una vez ceñida, Alfonso III la extrajo de su funda, la blandió tres veces y prometió: desafiar a los enemigos de la fe católica, mantener a huérfanos y viudas, e impartir justicia para todos. Así, el rey se acercaba al ceremonial castellano, que contaba para estos actos con el recurso de una escultura del apóstol Santiago que, mediante una mecanismo, concedía el espaldarazo al postulante, logrando no solo la investidura divina para sus empresas guerreras, sino que le llegase sin intermediario alguno.

Defensa del territorio

Los asuntos que más preocuparon al rey y a los que más debió consagrarse fueron los concernientes a la facción unionista aragonesa que, en las Cortes celebradas en 1286 en Zaragoza y en Huesca, volvió a plantear reivindicaciones y rebeldías. Los acontecimientos terminaron con represalias y acciones militares entre la monarquía y los nobles, quienes más adelante llegarían a amenazar con dar el trono a Carlos de Valois, a quien el papa había nombrado rey [1284] en tiempos de Pedro III.

A pesar de este ambiente discrepante, Alfonso III preparó y emprendió la conquista de Menorca a inicios de 1287. Poblada por sarracenos y sometida en una relación de vasallaje al reino de Mallorca, quería arrebatársela al almojarife Abû' Umar, a quien acusaba de haberse aliado con Túnez e indirectamente con Francia, además de haber convertido la isla en un refugio de piratas que entorpecían el comercio y atacaban las costas catalanas. Fue una campaña con mayores dificultades de las previstas; si bien los musulmanes, tras una fuerte resistencia inicial, se vieron obligados a replegarse en Sent Agáyz (Santa Águeda) y pedir la rendición. Tras la capitulación, los habitantes pasaron a ser siervos del rey de Aragón. Y en prenda de sumisión se les impuso el pago de siete doblas y media de oro, so pena de ver todos sus bienes incautados. Quienes en el plazo de seis meses no hubiesen satisfecho la cantidad serían vendidos como esclavos. La isla quedó despoblada y ulteriormente colonizada por aragoneses, catalanes y valencianos, quienes además se repartieron las tierras.

Aprovechando la ausencia del rey, la Unión invadió el reino valenciano. La respuesta de Alfonso III no se hizo esperar: determinante y con carácter ejemplar, colgó a doce prohombres de Tarazona, una de las villas más adheridas a la causa unionista. No obstante, la difícil situación política en la que se encontraba el monarca –los franceses habían avanzado por los Pirineos y amenazaban la integridad del reino– le obligó a firmar en Zaragoza, el 28 de diciembre de 1287, los célebres Privilegios de la Unión, que codificaban una serie de prerrogativas; entre ellas, que el rey prometía convocar Cortes anuales en Zaragoza con el fin de designar los miembros de su consejo y casa; y no iniciar represalias contra los integrantes de la Unión (castigarlos corporalmente o privarlos de libertad) sin previa sentencia del Justicia del reino y del permiso de las Cortes. Lo medular, en realidad, era hacer admitir al soberano que existía la posibilidad de destronarlo y que los súbditos eligieran otro rey y señor al que someterse como vasallos y entregarle los castillos que decidiesen; lo que llevó a Alfonso III a afirmar que en Aragón había «tantos reyes como ricoshombres». No obstante, hubo también discrepancias en el seno de la Unión: un amplio sector de la nobleza y de las masas populares reaccionaron al ver que el poder de esta facción levantisca y ambiciosa era mucho más peligroso que el de la monarquía.

En 1289 convocó Cortes Generales en Monzón, logrando que se declararan nulos los privilegios que no fueran aprobados en sus sesiones gracias al apoyo de los estamentos valenciano y catalán. También generó un cuerpo consultivo permanente, creado precisamente en el momento en el que logró contener a los rebeldes de la Unión, y que tendría una importante derivada: la incorporación de los «enderezadores de la conciencia real», eclesiásticos, doctores en derecho y en teología cuya función era la de advertir al rey sobre los principios morales de sus empresas. Esta decisión venía acompañada de otras muchas que harían de su reinado unos años de prosperidad institucional: proclamó nuevas constituciones, reunió Cortes y puso orden en el consejo real, estructuró y saneó el erario de la corona, sin olvidarse de proseguir con el mecenazgo cultural iniciado por sus predecesores, protegiendo a intelectuales como Pere Salvatge, Jofre de Foixà o Arnau de Vilanova entre tantos otros hombres de letras, e incluso interviniendo personalmente en la primera traducción al catalán de las Sagradas Escrituras (Biblia de Montjuich).

Roces con la corona de Castilla

Alfonso III prosiguió con la política anticastellana debido a la pasividad que mantuvo el rey Sancho IV frente al ataque francés de 1285. Así, favoreció a Alfonso y Juan, los infantes de la Cerda, entonces refugiados en la corona de Aragón tras huir de su tío Sancho, quien les había arrebatado los derechos a la corona castellana y se había proclamado rey. A cambio de liberar a los infantes, el castellano propuso a Alfonso III entregarle el reino de Murcia a su hija Isabel –a la que le cedía en matrimonio–, poner bajo su custodia a Carlos II de Anjou, príncipe de Salerno, y hacer de intermediario en la paz con Francia y Roma. Rechazada la propuesta, Sancho IV pactó con el rey de Francia a través del Tratado de Lyon, firmado el 13 de junio de 1288 y sancionado por la presencia de un legado pontificio. Como respuesta, Alfonso III proclamaba en Jaca –dos meses después y en presencia de muchos castellanos refugiados– al infante Alfonso de la Cerda como rey de Castilla.

La guerra estaba declarada y era un hecho, pero las fuerzas de ambos monarcas no permitían una contienda brutal, por lo que la lucha se redujo a refriegas fronterizas y acciones diplomáticas: Alfonso III envió a sus agentes para concertar treguas con el rey de Tlemecén (actual Argelia), enemigo de Castilla, al tiempo que declaraba canceladas las existentes con el sultán granadino, aliado del castellano.

Conflictos con Francia y el papado

Cuestión cardinal a la que el rey tuvo que hacer frente a lo largo de su reinado fue Sicilia, cuya defensa le ocasionaba conflictos con los angevinos, los franceses y, también, con el sumo pontífice. Es cierto que el nuevo soberano francés, Felipe IV, todavía niño, no tenía la intención de arremeter contra Alfonso III, alternativa también compartida por Honorio IV, proclive a mantener la paz. No obstante, en solo un año, en 1287, las huestes francesas iniciaban las que serían recurrentes incursiones en tierras de la corona de Aragón.

La Conferencia de Burdeos, celebrada entre marzo y abril de 1287, abrió una nueva vía para negociar la paz definitiva. Alfonso III exigió –en conformidad con su hermano Jaime de

Sicilia– la revocación de la donación de sus reinos a Carlos de Valois, el sobreseimiento de su proceso y el levantamiento de la interdicción, el reconocimiento de Sicilia y del arzobispado de Reggio en Calabria para su hermano y el de su señoría sobre Mallorca y sus derechos sobre Navarra, e incluso la anexión de Murcia, reino que sería dado en feudo al mayor de los dos infantes de la Cerda. A cambio, liberaría a Carlos II siempre que este reafirmase el Tratado de Cefalú, mediante el cual renunciaba definitivamente al reino de Sicilia. La muerte de Honorio IV [1285-1287] ponía fin a la negociación, por lo que la guerra volvía a ser un hecho en 1288, si bien las tropas catalanas y aragonesas pudieron expulsar a los franceses que se habían apoderado de varios castillos. En septiembre, el nuevo papa, Nicolás IV [1288-1292], enviaba legados pontificios para informar a Alfonso III de que debía presentarse en Roma para rendirle obediencia, pero el rey de Aragón le advirtió que su derecho a ser proclamado rey lo había recibido directamente de su abuelo y no de su padre, por lo que quedaba totalmente exento.

El 28 de octubre de 1288 firmaba un acuerdo en Canfranc con Eduardo I de Inglaterra. Similar al Pacto de Olorón, suponía la liberación del príncipe de Salerno con la condición de reconocer la soberanía de su hermano Jaime en Sicilia. El príncipe cautivo se mostró conforme por lo que fue liberado, aunque dejando en Barcelona como rehenes a dos de sus hijos: Luis y Roberto. Pero ni los franceses ni la Santa Sede reconocieron el tratado; de hecho, en 1289 el papa coronaba en Roma al príncipe Carlos II como rey de Sicilia. Finalmente, el 19 de febrero de 1291 se firmaba el Tratado de Tarascón, a través del cual, a cambio de revocar esta última investidura papal, Alfonso III aceptaba una serie de duras cláusulas, entre ellas no volver a ayudar más a su hermano Jaime (y actuar para que renunciara al reino de Sicilia e incluso luchar contra él si se negaba a ceder el trono, a pesar de la postura contraria de los sicilianos), pagar un altísimo censo y viajar a Roma para ser absuelto de la excomunión y volver a ser reconocido como rey de la corona de Aragón. La muerte de Alfonso III poco después, junto a la negativa de la renuncia del reino de Sicilia por parte de Jaime, dejó sin efecto el contenido de este tratado.

Muerte prematura

Con tan solo veinticinco años –víctima de una infección– moría durante la noche del 17 de junio en el «palau reial». En su testamento instituía como heredero de sus reinos a su hermano Jaime de Sicilia con la condición de que dejara ese reino al otro hermano, Federico; aunque si Jaime prefería continuar reinando en la isla, Federico pasaría a ser el heredero general. En un codicilo, añadido el día antes de su muerte, declaraba su amor a Dolça –hija del magnate Bernat de Caldes– y se la recomendaba a su sucesor.

Se ha considerado que fue en su palacio donde se descubrieron las célebres pinturas de la conquista de Mallorca –hoy en el Museu Nacional d'Art de Catalunya–, realizadas para celebrar la nueva ocupación del reino por parte de Alfonso III. Estudios más recientes encabezados por Alvira, las suponen anteriores, quizá de mediados del siglo XIII, y por lo tanto fruto de otro contexto publicitario.

Identificado con la espiritualidad franciscana, puesto que antes de morir «humildemente recibió el hábito de los frailes menores», fue sepultado en San Francisco de Barcelona, donde había recibido sepultura también su madre. La demolición del convento en 1835 obligó a trasladar su cuerpo, junto con el de las reinas e infantes allí enterrados, a la catedral de Barcelona, donde fueron depositados en sepulcros labrados «ex novo» por Frederic Marès.

VI La corona se afianza

Con el reinado de Jaime II [1291-1327] se inició el proceso de consolidación de la corona de Aragón, que progresivamente alcanzaba una mayor relevancia en el tablero internacional. Su política peninsular, europea, africana y oriental fue muy hábil, resultado de su lucidez y capacidad, aunque también favorecida por la pericia de los legistas de los que supo rodearse. No menos relevante fue su gobierno en el seno del reino, que entendió como espacio indivisible, puesto que con autoridad y astucia resolvió el problema de la Unión en Aragón y, en Cataluña, terminó con los bandos levantiscos y fomentó una paz interior inusual hasta entonces.

Le sucedía, ante la renuncia de su hermano primogénito, y después de haber demostrado sus dotes militares y de gobierno, Alfonso IV [1327-1336]. Su solemne autocoronación, celebrada el sábado de Pascua, después del anuncio de la resurrección de Cristo, marcaba un hito al plasmar la fuerza adquirida por la institución monárquica y visibilizar que el rey adquiría esta dignidad sin intermediario alguno. Heredaría el trono su segundogénito, Pedro IV [1336-1387], quien, en la estela de su padre, procuró fortalecer la autoridad real por medio de una administración centralizada en la que apoyar su idea sacra de la monarquía, convirtiendo la casa del rey en el eje de todo el entramado de gobierno y la Cancillería en su engranaje de poder. A pesar de su empeño, el difícil contexto político, social y económico le obligó a replantear sus decisiones gubernamentales hasta el punto de perder capacidad de intervención, sobre todo en estructura hacendística y materia fiscal.

La imposibilidad de entendimiento entre la monarquía y los representantes de los territorios prosiguió durante el gobierno de su hijo Juan I [1387-1396], quien moría sin descendencia y dejaba el reino sumido en una situación notablemente compleja. Le sucedería, más interesado en cuestiones religiosas que políticas, Martín I [1396-1410], quien personificaba el último descendiente por línea masculina del matrimonio de la reina de Aragón Petronila con el conde de Barcelona Ramón Berenguer IV, celebrado hacía más de doscientos cincuenta años. Hizo frente a las divisiones en el seno de la sociedad, a la crisis económica derivada de la expansión mediterránea, al agotamiento de las finanzas públicas y a la dilapidación casi absoluta del patrimonio real.

La muerte de su único vástago en Sicilia auguraba el fin del linaje; a pesar de los esfuerzos de Martín I por lograr descendencia, murió en mayo de 1410 sin heredero alguno. Se abría entonces un período de interregno que culminaría con la llegada de una nueva estirpe a la corona de Aragón, la dinastía castellana de los Trastámara.

Jaime II 1291-1327

[Valencia, 1267 / Barcelona, 1327]. 1ª **Isabel** [Sancho IV de Castilla]. 2ª **Blanca de Anjou** [Carlos II de Nápoles]: Jaime, Alfonso, María, Constanza, Blanca, Isabel, Juan, Pedro, Ramón, Violante. 3ª **María** [Hugo III de Chipre]. 4ª **Elisenda de Montcada** [Pedro II, barón de Aitona]. + San Francisco de Barcelona > Santa María de Santes Creus.

Jaime, rey de Sicilia, fue nombrado heredero de la corona de Aragón al morir sin descendencia su hermano Alfonso III. Que aceptase la corona al tiempo que nombraba a su hermano Federico lugarteniente de la isla constata su intención, luego truncada, de reunir ambos reinos bajo el mismo cetro.

Su gobierno, que ha generado abundantísima historiografía, ha sido valorado de forma positiva, con la excepción de breves, aunque significativas, percepciones discrepantes, como manifiestan los renglones de Dante en su *Divina comedia*. Fue nombrado gonfaloniero de la Iglesia: recibió los títulos de portaestandarte, almirante y capitán general de la Santa Iglesia Católica.

Apodado el Justo por la equidad y ponderación con que ejerció el gobierno, institucionalizó las Cortes de Aragón, consolidó el Consejo Real y saneó las finanzas, rehaciendo la economía de un complejo territorio que había tenido que asumir diversos conflictos dentro y fuera de sus fronteras. Respetuoso, paciente, sensible y afable, destacó también como hombre culto; de hecho, en 1300 fundaba el Estudi General de Lleida, la primera universidad catalana. Su elocuencia le permitió mantener una intensa actividad diplomática (que sorprendió incluso a sus contemporáneos) e iniciar, convencido de su rentabilidad, una serie de promociones artísticas que funcionarían como vehículos de propaganda.

Continuó con la política peninsular iniciada por su abuelo Jaime I (al que conocería durante sus últimos nueve años de reinado), y prosiguió con la mediterránea, iniciada por su progenitor Pedro III, para la cual se sirvió de los almogávares: una temida y no pocas veces problemática compañía de mercenarios aragoneses, catalanes y navarros.

Rey de Sicilia

Desconocemos prácticamente todo lo relativo a la niñez, adolescencia y juventud del infante Jaime quien, como segundogénito de Pedro III, no fue educado como heredero al trono. Sabemos que nació en Valencia y que fue bautizado en el castillo del arzobispo de Tarragona, en Constantí, precisamente el mismo lugar desde donde, en 1321, saldrían las preciadas reliquias de santa Tecla para la catedral tarraconense; reliquias que él mismo había ayudado a traer desde Armenia para, seguramente, exonerarse de la amputación a la que había sometido a la archidiócesis con el fin de instituir la de Zaragoza.

Jaime comenzó a actuar políticamente a los dieciséis años, cuando su padre le nombra lugarteniente de Sicilia, isla a la que acudió junto con su madre, Constanza; por prescripción real, los vicarios y bailes del reino debían obedecerlos como sus más directos representantes. Esta lugartenencia –que no estaría exenta de rebeliones y conjuras– se prolongaría hasta la muerte prematura de Pedro III, que desemboca en el nombramiento de su hijo mayor Alfonso –primogénito que contaba con veinte años de edad– como rey de Aragón, y de Jaime –el segundo de sus vástagos, entonces con dieciocho– como rey de Sicilia.

El 2 de febrero de 1286 fue coronado solemnemente en Palermo, sin injerencia alguna de su hermano Alfonso, tal y como había determinado su padre. A las impresionantes fiestas se sucedieron otros actos ceremoniales; entre otros, se armaron hasta cuatrocientos nuevos caballeros entre los nobles y principales del reino. Y el día 5 se promulgó la Constitución siciliana, en cuyo preámbulo se declaraba la intención de promover la institución monárquica, aunque siempre con la colaboración, reciprocidad y beneplácito de súbditos y vasallos. Como nuevo rey, estaba dispuesto a adoptar las normas tradicionales del lugar, esto es, las emanadas por los normandos, en especial las del emperador Federico II, contenidas, por ejemplo, en el célebre *Liber Augustalis*, cuyo eco trascendió el ámbito jurídico insular.

Aunque ya entonces demostró su talante ecuánime y recto (en seis años convocó tres veces al Parlamento, en 1286, 1288 y 1291), su gobierno presentó ciertas dificultades. Los conflictos con Francia y la Santa Sede derivaron en negociaciones diversas, pero también en trifulcas y guerras que le comportarían la excomunión a él y a su madre, acusados de fomentar la revolución en la isla, entonces fracturada entre sus partidarios y quienes simpatizaban con Roma y los Anjou.

En ocasiones, la actitud de los almogávares –poco edificante, cuando no depravada– fomentó la oposición, lo que originó duros y virulentos episodios, como el del asedio de la fortaleza de Agosta que, con la ayuda de Roger de Lauria, finalmente se doblegó tras una insoportable hambruna. Mientras se hallaba inmerso en los conflictos insulares –agravados por la coronación de Carlos II como rey de Sicilia por el papa–, en mayo de 1291 y a manos de Al-Ashraf Jalil caía la puerta marítima de Jerusalén, San Juan de Acre. Para el rey Jaime esto supuso un duro revés, pues en repetidas ocasiones había querido negociar con el sumo pontífice su participación como protector de Tierra Santa contra los ataques de los turcos. No obstante, a partir de aquel momento, se convertiría en enérgico rescatador de reliquias y de cautivos cristianos en tierras musulmanas y, al tiempo, en uno de los más decisivos protectores de peregrinos al Santo Sepulcro.

El 19 de noviembre de 1291 firmaba el Tratado de Tarascón que, como queda dicho, no tuvo efecto por la inesperada muerte de su hermano Alfonso III sin descendencia. Convertido en el nuevo rey de Aragón, dejaba a su madre y a su hermano Federico en la isla, a quien presentó en el Parlamento como lugarteniente, dando a entender que, desatendiendo el testamento de su hermano, tenía previsto mantenerse como rey de Sicilia.

La corona por derecho

A su regreso a Barcelona, el ahora Jaime II protestó formalmente: en la jura de privilegios y libertades realizada en la Ciudad Condal como nuevo rey de Aragón, manifestó pública y enérgicamente que recibía la corona por derecho sucesorio y no en virtud del testamento de su hermano. De Barcelona se trasladó a Santes Creus, donde rindió homenaje solemne a su progenitor, Pedro III. Y de ahí fue a Lérida y Zaragoza, donde tuvo lugar su aclamación como rey mediante una serie de actos novedosos que conocemos con cierto detalle gracias a la llamada *Pequeña crónica*.

Para evitar los problemas con los que había tenido que lidiar su predecesor, Jaime II no se intituló rey hasta haber jurado los fueros durante las Cortes de Zaragoza. Es probable que pensara que no era necesaria una nueva unción y coronación dado que ya había alcanzado la dignidad real en Sicilia, aunque quizá esta alternativa fuera una estrategia para no obstaculizar su acercamiento a Roma. La ceremonia podría reavivar los conflictos con el sumo pontífice, por lo que evitarla facilitaría su política de aproximación a la Santa Sede, que es lo que pretendería a lo largo de su reinado. Igualmente, en la toma de posesión de sus reinos, Jaime II había formalizado sus actos de manera que no resultara reconocimiento alguno de otro poder superior, salvo la ley: su acto de juramento, en el que los fueros quedaban convertidos en la primera fuente legal del reino, ha sido entendido por algunos historiadores como el momento en el que empezaba a cristalizar lo que se ha denominado «el mito del rey», a través del cual el prestigio de la monarquía se fundamentaba precisamente en la bandera de los fueros y la legalidad. Tras esta ceremonia se trasladó a su Valencia natal, donde fue aclamado con alegría, tal y como había ocurrido en Barcelona y Zaragoza.

Política peninsular y mediterránea

Cuando Jaime II empieza a reinar en Aragón ya tenía experiencia en las tareas de gobierno, si bien –como escribiera Jerónimo Zurita– en ciertas ocasiones inaugurales mostró decidir «como mozo». Puede atestiguarlo su primer encuentro con Sancho IV de Castilla para solventar sus diferencias: el 29 de noviembre de 1291 firmaba la paz con el vallisoletano a través del Tratado de Monteagudo, de resultado desigual para ambas coronas, pero en menoscabo de la de Aragón, sumida en acuciantes conflictos en Sicilia que supo aprovechar y rentabilizar muy bien el monarca castellano. En el tratado se confirmaron las fronteras de ambos reinos en el levante peninsular y se estipuló el matrimonio del rey de Aragón con Isabel de Castilla que, aunque se llevara a efecto, no fue consumado (además de los apenas ocho años de la contrayente, la unión no contaba con la dispensa papal y fue anulada en 1295, tras la muerte del padre de la niña, Sancho IV). Pese al tratado, fueron creciendo las discrepancias entre ambos soberanos: el castellano, más proclive a Francia que a Nápoles y Roma, perpetraba continuas injerencias en los asuntos diplomáticos del aragonés. En las Vistas de Logroño [1293], la desconfianza entre ambos era tan considerable que Jaime II llegó a redactar una protesta secreta en la que hacía constar que nada de lo que concediese en aquellas circunstancias tendría validez, dada la coacción manifiesta en que se había visto obligado a actuar.

Jaime II volvía a reunirse secretamente con Carlos II en la Jonquera para llegar a un acuerdo que cristaliza dos años después, el 24 de junio de 1295, en la Paz de Agnani, declarada solemnemente en la catedral de esta localidad del Lacio meridional. Fue firmada por los reyes Jaime II, Felipe IV, Carlos II y el papa Bonifacio VIII [1294-1303], quien desde el inicio de su pontificado quiso procurar el restablecimiento de la paz entre cristianos. El documento fijó una serie de importantes cláusulas: la renuncia a los derechos de Sicilia en favor de la Santa Sede, la anulación de la excomunión contra Jaime II, la devolución de las Baleares a Jaime II de Mallorca (aunque bajo tutela de su sobrino Jaime II de Aragón), el concierto del matrimonio entre el rey de Aragón y Blanca de Anjou (celebrado en Santa María de Vilabertrán el 25 de octubre de 1295)...

A pesar de ser unos esponsales de conveniencia, motivo por el cual la contrayente fue conocida como «la santa reina doña Blanca de santa paz», fue un matrimonio que se tuvo sincero afecto: Blanca dio al rey diez hijos. Y su muerte, sobrevenida el 13 de octubre de 1310 como consecuencia de su último parto, sería amargamente llorada por su esposo hasta el punto de ser objeto de férreas recomendaciones por parte de las autoridades eclesiásticas para que no se excediera en el duelo. De hecho, Muntaner recordaba en su crónica que nunca había habido marido ni mujer de condición alguna que se amaran tanto.

Las difíciles relaciones con Castilla empeoraron porque, acaso con razón, se vio ofensivo el retraso en la devolución de la infanta Isabel –febrero de 1296– a pesar de que la nulidad y las nuevas bodas de Jaime II se habían producido en el año anterior. A ello, previo pacto con Mohamed II de Granada para que se mantuviese neutral, se sumaba la invasión de Murcia por parte de las tropas aragonesas, que aprovecharon el momento de flaqueza que implicaba la minoridad de Fernando IV, tutelado por su madre, María de Molina, en un contexto de trifulcas entre quienes se disputaban el reino.

Aunque a principios de agosto de 1296 se dio por acabada la contienda –en cuyo escenario apareció el turbulento don Juan Manuel, adelantado de Murcia y enemigo acérrimo de Alfonso de la Cerda–, la reina María no se resignó a perder el territorio murciano, por lo que hubo nuevas expediciones a partir de 1300, que solo culminaron en 1304 con la firma de la sentencia arbitral de Torrelles. Reunidas las Cortes de Castilla y de Aragón, junto con las de Portugal que actuaba como árbitro, entre otros acuerdos, se delimitaban las fronteras, se concedía la libertad a los prisioneros de guerra y se concertaba el matrimonio de la pequeña Constanza de Aragón –primera víctima de la política de su padre– con el inquietante don Juan Manuel. Poco después se producía una grave razia en territorios valencianos, provocando las quejas de Jaime II a Fernando IV quien, a pesar de las cláusulas de la paz

> ... había dejado entrar en el reino nuestro de Valencia gran gente de caballeros jinetes y de hombres a pie que han hecho y hacen cuanto mal y daño pueden.

Estas circunstancias obligaron al rey a combatir el poder islámico peninsular, siendo Valencia el lugar desde donde organizaría las principales expediciones terrestres y navales. Los ataques a Alicante y Almería fueron dramáticos, el de Ceuta no fue lo rentable que cabía esperar y la empresa contra Granada fue más difícil de lo previsto. Con todo, en 1323

Jaime II lograba una paz duradera mediante una embajada al reino granadino, lo que le permitiría centrarse en la conquista de la isla sarda. Esta operación fue costosa y larga. Desde que en Agnani, Bonifacio VIII invistiera a Jaime II soberano de Córcega y Cerdeña, habían transcurrido ya veinticinco años; la penuria económica y la situación política obligaban al rey a priorizar otros asuntos, por lo que la ocupación se vio repetidamente aplazada. Preparada a través de una lenta y sabia estrategia diplomática, la maniobra se inicia en mayo de 1323: la flota liderada por el infante Alfonso partía desde Port Fangós para desembarcar el 12 de junio en las playas sardas. Comienza así una larga campaña de más de un año para quebrar la resistencia de pisanos y genoveses. Tras la toma de Cagliari, el infante Alfonso volvía gravemente enfermo: afectado de paludismo.

Sicilia continuó siendo un frente abierto para el rey de Aragón: la Paz de Agnani había sido entendida por los sicilianos como

Jaime II impulsa la gran expansión aragonesa por el Mediterráneo.

una claudicación inaceptable, por lo que el 25 de marzo de 1296 Federico era coronado en Palermo por sus gentes. Así se encendía una guerra fratricida con episodios como el de la batalla de Orlando, en la que Jaime II derrotaba a su hermano. El agotamiento de fuerzas les condujo a la Paz de Caltabellotta, rubricada el 31 de agosto de 1302, mediante la cual Federico era reconocido rey de Trinacria, reino que incluía Sicilia y que pasaría, tras su muerte, a manos de Carlos II de Nápoles, convertido en su suegro tras concertar el matrimonio con Leonor de Anjou. Esta paz permitió que las huestes del reino, compuestas por caballeros, peones y los temidos almogávares (que inactivos, suponían un problema en el reino) pudiesen intervenir en oriente para auxiliar al emperador de Constantinopla Andrónico II Paleólogo, que había solicitado ayuda ante el ataque de los turcos. Se trata de la famosa expedición de la Gran Compañía Catalana a Oriente, acaudillada por Roger de Flor y descrita, en primera persona, en la crónica de Ramón Muntaner. (Un siglo después sus líneas inspirarían la novela *Tirante el Blanco* de Joanot Martorell). La misión culminó en la cesión a Federico del ducado de Atenas y Neopatria, territorios que unas décadas después se integrarían en la corona de Aragón.

Religioso y pasional

La documentación de Jaime II –de carácter público y privado– permite hacernos una idea aproximada de su carácter, sus sentimientos y espontánea emotividad, que muchas veces supera el mero formulismo: numerosas noticias confirman su determinación por evitar achaques y su inquietud por procurar su restablecimiento y el de sus allegados con la ayuda de los mejores médicos. En líneas generales, fue conciliador y afectuoso, no solo en el ambiente político, sino también en el familiar, a pesar de los disgustos que le acarrearían algunos de sus hijos, como su primogénito Jaime, de talante caprichoso cuando no excéntrico, y quien –no sin actuaciones bochornosas y ulteriores arrepentimientos– renunció a la corona para tomar los hábitos. Su amor filial se observa en repetidas ocasiones, especialmente con su hija Blanca, abadesa de Sigena, aunque tampoco dudó en utilizar a sus vástagos para estructurar una política matrimonial que, pese a sus esfuerzos, no dio los resultados esperados.

Amó apasionadamente. Dejemos a un lado las relaciones con Gerolda y luego con Lucrecia durante su etapa como rey de Sicilia (dando como resultado el nacimiento de tres bastardos en total)... Adoró a su segunda esposa (primera de facto, pues la unión con Isabel no se consumó), Blanca de Anjou, cuyo papel activo en las tareas de gobierno ha sido puesto de relieve por parte de los historiadores. Una vez fallecida, Jaime II se propuso no volver a casarse en lo que le quedaba de vida; pero ocho meses después –en junio de 1311 y ante las Cortes de Barcelona– anunciaba que, por el bien y la prosperidad de la corona, había decidido contraer matrimonio con una hija de Hugo III de Chipre. El contrato se firma en Valencia –aunque dejando en blanco el nombre de la esposa, al dudarse entre María o su hermana Elois (o Helvis)–, se concreta en Nicosia y la unión se lleva a cabo en la catedral de Gerona. Fue un matrimonio desgraciado por la aversión que sentía el rey por quien, a la postre, no le diera ningún hijo. Tras la muerte de María, volvió a casarse –anotaron que por amor– en la catedral de Tarragona con Elisenda de Montcada.

Fallecido el rey, Elisenda ingresa en el palacio que ordenara erigir en el monasterio de clarisas de Santa María de Pedralbes, fundación de 1325 por patrocinio suyo y de su esposo, tras recibir la oportuna licencia de Juan XXII [1316-1334].

De Jaime II también se ha destacado su profunda devoción, exteriorizada a través de diversas iniciativas, entre otras, sus prácticas religiosas, la promoción de nuevas fundaciones –sobre todo franciscanas– y diversos objetos litúrgicos, o la búsqueda y compra de importantes reliquias destinadas a sus capillas o a otras instituciones. Si bien, es cierto que en 1307 suprimió –impelido por su homólogo francés Felipe IV y convencido por el doctor de teología de la universidad de París fray Romeo de Bruguera– la Orden de los Templarios, a la que confiscaría todos sus bienes. Previamente y quizá consciente de su papel en las fronteras de la corona, había comunicado al sumo pontífice que en sus reinos los caballeros del Temple habían luchado en defensa de la fe y llevado una vida honrada. La supresión de la orden se debatió en el Concilio de Vienne [1311-1312] y, diez años después, obtenida la bula de Juan XXII [1316-1334] *Ad fructus Uberis*, se instituía bajo la regla de Calatrava la Orden de Montesa, que debía encargarse de controlar las incursiones de los sarracenos en las zonas limítrofes.

Indivisibles

Fue el primer soberano en decretar la indivisibilidad de sus reinos, sin duda una de sus iniciativas más originales con la que puso fin al divisionismo de sus predecesores. Para evitar disensiones, determinó pasar cuatro meses al año en cada uno de los tres estados principales de la corona, no obstante, su movilidad no olvidaría la capitalidad de Zaragoza, ciudad preferente por la Unión Aragonesa, empeñada todavía en limitar el poder de la institución monárquica.

El carácter itinerante de la corte provocó la construcción de nuevos palacios o el acondicionamiento de los ya existentes para alojar a la familia real y a todos aquellos que trabajaban para el buen funcionamiento de la casa (oficiales palatinos como el encargado de la cámara real, muy fastuosa a tenor de los inventarios conservados, el camarlengo y el mayordomo) y del gobierno (miembros de la curia como los procuradores, oidores, el tesorero, los secretarios, el protonotario o los escribanos). Respetó a los miembros de su curia, así como también al resto de súbditos incluso cuando le formularon puntos de vista opuestos a sus propios pareceres, lo que ha sorprendido a la historiografía. Además, fue un rey muy escrupuloso en el cumplimiento de los preceptos constitucionales, y contribuyó también a robustecer el régimen municipal.

Tumbas como emblema

El 2 de noviembre de 1327, cuando contaba con sesenta años de edad y tras recibir los últimos sacramentos, Jaime II moría en Barcelona. Tal y como había decidido al año de asumir el gobierno de la corona de Aragón, fue enterrado –tras permanecer algún tiempo «in itinere» en San Francisco de Barcelona– al lado de su padre y con su esposa en Santes Creus.

En el monasterio santacrucense, Jaime II había planteado un complejo dispositivo funerario dinástico que supuso un hito por su factura y estilo inéditos y por convertir las sepulturas (la de Pedro III y la destinada a él mismo y a su esposa Blanca de Anjou) en vehículos de propaganda política. Localizadas de forma estratégica en la «crux ecclesiae» del cenobio y realizadas por los maestros más relevantes del momento, ambas tumbas, de forma diversa y ejecutadas en distintas fases, tienen que entenderse dentro de un idéntico proyecto cuya función era ensalzar la institución monárquica y visibilizar la retórica regia. Iba en ello la finalidad persuasiva, estética y comunicativa que giraba en torno a un complejo ideario político y simbólico anclado en dos conceptos o valores que Jaime II consideraba intrínsecos a la institución monárquica que representaba: el de la sacralidad –tumba de su padre Pedro III– y el del linaje –tumba de Blanca de Anjou y la suya propia–.

Alfonso IV 1327-1336

[¿Nápoles?, 1299 / Barcelona, 1336]. 1ª **Teresa de Urgel** [Gombal, conde de Entenza]: Alfonso, Constanza, Pedro, Jaime, Isabel, Fadrique, Sancho. 2ª **Leonor** [Fernando IV de Castilla]: Fernando, Juan. + San Francisco de Lérida > Catedral Vieja de Lérida.

El sucesor de Jaime II era su primogénito Jaime pero, con doce años de edad y poco después de haber protagonizado un bochornoso episodio tras su boda en Gandesa con Leonor de Castilla, en diciembre de 1319 renunciaba a su condición de heredero, al tiempo que tomaba los hábitos de la Orden de San Juan de Jerusalén. El segundogénito de la estirpe, el infante Alfonso, le sustituiría contra todo pronóstico, recibiendo automáticamente el título de procurador general.

Sus primeras actuaciones demostraron su carácter prudente, bondadoso y honesto, gracias al cual se ganó el respeto de los súbditos y de su propio padre, quien, orgulloso, se haría eco de ello a nivel epistolar. De calidad política y diplomática menor que la demostrada por Jaime II, el apodado como Benigno ha tenido trascendencia tan exigua como dispar a nivel historiográfico.

El análisis de su figura obliga, no obstante, a discriminar dos grandes etapas en su vida: la de infante –donde pudo demostrar sobradamente su valía– y la de rey –breve por su prematura muerte, y dificultosa por el período de crisis económica y demográfica que asolaba Europa–. Al final de su vida soportó además dos condicionantes sustanciales: su grave enfermedad y las intrigas de su segunda esposa que marcaron notablemente su gobierno.

Infancia enfermiza y matrimonio adolescente

Sabemos que Alfonso nació en enero de 1299, aunque desconocemos el lugar exacto, si bien lo más admitido es que fuera en Nápoles, territorio todavía en disputa entre las tropas de la corona y de los franceses y al que habría acudido doña Blanca para acompañar a su esposo Jaime II que debía resolver, rubricada la Paz de Agnani, los asuntos pendientes con su hermano Federico de Sicilia.

Desde la infancia estuvo condicionado por su salud precaria. Su constitución débil y sus dolencias y trastornos le hicieron merecedor de una atención especial: un gran número de misivas ratifican la preocupación de su progenitor por conocer el estado de sus enfermedades.

En 1314, con quince años y antes de asumir la herencia al trono, se casó en la catedral de Lérida con la rica y noble Teresa de Entenza, quien se ganaría el respeto de la familia, aunque no llegara a ser reina al morir prematuramente. El enlace derivaba del pacto entre Jaime II y el conde Ermengol X de Urgel que, sin descendencia directa, a su muerte disponía ceder el condado a su sobrina nieta Teresa, con la condición de que se casara con el infante. De este modo y previo pago de 100 000 sueldos jaqueses, el territorio urgelense –no era sino el último condado independiente– quedaría integrado en la corona; aunque no dentro de los dominios reales, puesto que Teresa –ejemplo de sabiduría conforme al cronista Muntaner– estipuló que el condado lo heredase su hijo Sancho o, si moría sin descendencia, su otro hijo Jaime.

Nombrado procurador general, demostró sus cualidades de ecuanimidad, medida y tacto políticos a través de diversas actuaciones, como en el proceso contra Ramón Folc de Cardona, donde intervino con tanta prudencia y sagacidad que llegó a maravillar incluso a su padre. Por entonces iba a ser considerado ya el prototipo de hombre hábil y diplomático.

Asimismo, como procurador de la corona lideró con éxito la expedición a Cerdeña, uno de los mayores hitos en la biografía del futuro rey.

Campaña en el Mediterráneo

Alfonso capitaneó la conquista de la isla de Cerdeña, acompañado por su esposa. El ejército, compuesto por nobles y caballeros de villas y ciudades de toda la corona, acaudillados por el almirante Francisco Carrós, partió el 31 de mayo de 1323 desde Port Fangós (Delta del Ebro). Justo antes de zarpar, su padre Jaime II le daría solemnemente el «señal» real (el estandarte del rey y del reino) diciéndole –conforme a los términos que reproduciría Martín I en su proposición en las Cortes de Perpiñán del 26 de enero de 1406 y que posteriormente publicó Pedro Miguel Carbonell en su *Crónica de España*– lo siguiente:

> Hijo, yo os doy la bandera nuestra antigua del principado de Cataluña, la cual tiene un singular privilegio si la guardas bien, que no es simple, falsificado ni improbado, sino que es puro, limpio y sin falsedades o mácula alguna, y sellado con bula de oro. Y es este: que en campo alguno donde nuestra bandera real haya estado, jamás ha sido vencida ni desbaratada; y esto por la singular gracia de nuestro señor Dios y por la gran fidelidad y naturaleza de nuestros sometidos.

La expedición, que en realidad culminaba un largo proceso diplomático llevado a cabo por su padre para asegurarse adeptos y apoyos en la isla antes de la intervención militar, le obligaría a enfrentarse con Pisa y Génova, ciudades en las que tenían importantes posesiones e intereses comerciales. Las tropas de la corona, tras solventar algunas dificultades por imperativos climáticos, desembarcan en Sulci el 24 de junio, donde la autoridad más poderosa del territorio, Hugo de Bas –juez de Arborea– y sus gentes recibieron al infante Alfonso como su señor, iniciando así una secuencia de juramentos de fidelidad que se irán sucediendo a lo largo y ancho de la isla.

El buen pronóstico inicial se enturbió con la resistencia de Villa de Iglesias, Acquafreda, Joyosa Guarda o Cagliari; y por la aparición del paludismo y la peste entre las huestes aragonesas. Sin embargo, a pesar de las bajas, las mesnadas del infante pudieron conseguir una doble victoria: el almirante Carrós fue capaz de someter a los pisanos por mar, mientras que Alfonso de Aragón conseguía obtener un brillante triunfo en la batalla de Lucocisterna, librada el 29 de febrero de 1324. En ella –a tenor de las fuentes escritas– el infante pudo demostrar un valor excepcional y consolidar su reputación tras un incidente relacionado con el estandarte real (y su simbolismo) que casi le cuesta la vida. Con ello, Alfonso experimentó en primera persona lo que su padre le había jaleado –hasta tres veces, como anotará Pedro IV en su crónica– antes de partir hacia la conquista:

> Hijo, cuando estés en la batalla, hiere primero de forma decidida y poderosa; o morir o vencer, o vencer o morir, o morir o vencer.

La campaña fue muy dura, no solo por los enfrentamientos, sino también por las enfermedades: tras la batalla de Lucocisterna, Alfonso nombró gobernador de la isla a Felipe de Saluce y volvió a la Península aquejado de paludismo. Tras un recibimiento espléndido en Barcelona, supo que su hermano menor, el infante Pedro, conde de Ribagorza, Ampurias y Prades, hacía tiempo que luchaba por alcanzar la «primogenitura». El papel de Teresa de Entenza fue determinante porque solicitó ayuda a Elisenda de Montcada que, con acierto y perspicacia, influyó en el ánimo de Jaime II; esta intervención definitiva sería agradecida por el hijo de Alfonso, Pedro el Ceremonioso, quien siempre tuvo en alta estima y consideración a la «regina de Pedralbes».

Estuvo al lado de su padre en sus últimos días de vida y, cuando este falleció, Alfonso accede al trono siendo viudo (hacía menos de quince días que su esposa también había muerto). En Navidad de 1327 juró los «Usatges» de Cataluña y fue reconocido como conde de Barcelona; luego acudiría a Zaragoza para, en otra simbólica fecha –la fiesta de Pascua– ser suntuosamente coronado en la seo de la capital del reino.

Coronación

Alfonso IV quiso coronarse con la mayor solemnidad posible a tenor de las crónicas de Ramón Muntaner y de Pedro IV, testigos oculares del acontecimiento y autores de una serie de páginas descriptivas que han sido calificadas por muchos como de las más brillantes y pintorescas de la cronística medieval. Parece ser que el rey consideró la ceremonia como una liturgia que aumentaba la preeminencia regia que, sin embargo, había alcanzado antes de coronarse: así lo corroboran algunas cartas conservadas donde alude al «ápice de la dignidad real» al que ya había llegado justo al morir su padre. El nuevo rey entendía esta ceremonia, inserta en un clima de exaltación monárquica común en el ámbito europeo, solo como un acto escenográfico y de magnificencia que plasmaba visualmente el honor extraordinario de la institución que representaba.

Alfonso IV, al escoger el día de Pascua, había querido establecer, significativamente, un paralelismo entre la muerte y la resurrección de Cristo y la muerte de Jaime II y la resurrección pública de la realeza: no en vano, el día que empezaban los ceremoniales de coronación también concluía el duelo que se guardaba por la muerte de su padre. Como en su día expresara Jerónimo Blancas:

> … y entraban todos de luto por la muerte del rey don Jaime II. Y así estuvieron los días, que hubo de aquella semana hasta el Viernes Santo a la tarde, que el rey mandó, que el día siguiente Sábado Santo dicho el Aleluya, se lo quitasen, y se aparejasen muy de propósito para la fiesta.

Muy elocuente fue la suntuosa indumentaria elegida para el acontecimiento, que coincidía con las específicas para el diácono: alba, dalmática, estola –cruzada sobre el hombro y la espalda– y manípulo. Hallamos de nuevo trazas de la que ha sido llamada lucha de la soberanía frente a la teocracia pontificia: se promovía la ficción de que el papa –a través del metropolitano– era quien daba el reino mediante la entrega de la corona. No es casualidad entonces que fuera Alfonso IV quien introdujese el cambio más significativo a nivel gestual y visual: cogiendo él mismo la corona depositada sobre el altar y colocándosela en la cabeza mostraba, sin tapujos, que era él el único poder soberano. E igual haría con el resto de insignias. El ministro oficiante, el infante don Juan, entonces arzobispo de Toledo y hermano del soberano, solo la bendijo, aunque una vez colocada sobre la cabeza del rey, se dispuso, junto con sus otros hermanos, Pedro y Ramón, a ajustársela.

Ningún ceremonial anterior, ni peninsular ni ultrapirenaico, preveía la sustitución del obispo oficiante por el propio rey en el acto de colocar la corona; si bien muy pronto, en 1332, sería imitado en la corona de Castilla por Alfonso XI.

Nuevos esponsales y política

A los pocos meses de quedar viudo y una vez coronado, Alfonso IV inició las negociaciones para contraer nuevo matrimonio. La escogida para ello sería Leonor de Castilla, la infanta desposada con su hermano Jaime en Gandesa el 18 de octubre de 1319, y abandonada –con gran estupor de los asistentes– justo después de la ceremonia. Tras los acuerdos, Leonor llegaba acompañada por una copiosa corte y su abuela Sancha de Velasco (mujer de perfil intrigante y ambicioso que indujo en su nieta actitudes dominantes y autoritarias).

La boda –en parte sufragada por la ciudad de Barcelona, que como contraprestación solicitará la ratificación de sus privilegios– tuvo lugar a principios de 1329 en San Miguel de Tarazona. Este matrimonio fue el comienzo de importantes contratiempos familiares, dado que la reina hizo lo posible para que su hijo mayor, Fernando, fuera el heredero al trono en detrimento de Pedro (el hijo habido con Teresa de Entenza y sucesor preeminente y primogénito tras morir prematuramente su hermano Alfonso). Aunque la castellana no lograra ese propósito, Alfonso IV otorga al infante Fernando títulos y rentas mayoritariamente en tierras fronterizas de Valencia. Además de crear el marquesado de Tortosa, entre 1332 y 1333 el rey le dona –infringiendo promesas hechas ante las Cortes– los señoríos y villas de Játiva, Alcira, Morvedre, Sagunto, Alicante, Morella, Castellón y Burriana. Esta actitud abría la posibilidad del fraccionamiento del reino, lo que atentaba no solo contra la indivisibilidad impuesta por Jaime II, sino también contra la voluntad del heredero legítimo y de los nobles valencianos (algunos de ellos se negaron a acatar).Y en ciertas ciudades de las cedidas, los mensajeros fueron recibidos a pedradas.

El descontento y las denuncias por parte de los jurados de Valencia, quienes veían que su territorio quedaba en manos de Leonor y de su primogénito, obligaron a revocar las concesiones más abusivas por parte del rey, quien, por otra parte, juró que en el término de diez años no haría donación alguna salvo a los hijos de su primer matrimonio y castigó a sus malos consejeros.

A partir de entonces, la reina iniciará una férrea oposición hacia el futuro Pedro IV, quien junto con su hermano Jaime, conde de Urgel, tuvo que refugiarse en Zaragoza bajo la protección de su arzobispo, Pedro López de Luna y de un grupo de nobles aragoneses.

Apunta el cronista Zurita que, durante estos años, el infante –cuyo severo carácter iba endureciéndose tal y como evidenciaría a lo largo de su reinado– recorrió todos los territorios buscando opositores a su madrastra Leonor: el enfrentamiento entre ambos era un hecho y se prolongaría durante todas sus vidas.

Estas circunstancias familiares hicieron mella en el prestigio de Alfonso IV, precisamente en un momento en el que el reino caía en un período de carestía, especialmente profunda en 1333, calificado en las fuentes como «lo mal any primer». Las hambrunas y la peste se cebaron con la población lo que, junto con la escasez de productos indispensables como los cereales y su consiguiente subida incontrolada de precios, provocó alborotos en las principales poblaciones.

El rey –actuando de forma similar al resto de soberanos europeos cuyos dominios también estaban sumidos en una profunda depresión– expidió órdenes prohibiendo la salida del grano de las ciudades y asegurando la circulación y el abastecimiento a las zonas más desfavorecidas mediante compra de cereales, incluidos los de importación. Esta crisis, que también afectó a las zonas rurales, se extendería desde la década de los treinta del siglo XIV hasta finales de la centuria siguiente. Quizá fuera el reino de Valencia el que mejor supo sortearla.

Iniciativas internacionales

Las actuaciones de Alfonso IV en el orden internacional estuvieron marcadas por la complicada coyuntura económica que afectaba a los reinos europeos y por las continuas guerras que se vio obligado a librar en Cerdeña para consolidar el control sobre el territorio.

La precaria situación insular se debía a una mala gestión por parte de los administradores catalanes: barones y caballeros que, unos años antes, le habían acompañado en la conquista. En esta ofensiva los pisanos ya estaban al margen, aunque habían sido relevados por tropas de la República de Génova (situada en Liguria, en la costa noroccidental de Italia), quienes ayudaron a las revueltas de Sássari y Caglari cuando Alfonso era todavía infante. Aunque ya como rey reiteró su buen talante con la implantación de reformas administrativas, estas fracasaron por la intervención genovesa que incitaba y enardecía nuevas rebeliones. Diligente, el rey actuó dominando a los sublevados, exiliándolos y promoviendo por vez primera repobladores catalanes en el norte de la isla; pero la iniciativa no terminó con los conflictos. La guerra con Génova se sucedería en largas etapas; la primera finaliza en 1337, cuando reina ya Pedro IV, quien consigue una paz precaria, pero que aseguraba la posesión de la isla, por el momento.

En otro orden de cosas, Alfonso IV quiso arremeter contra los sarracenos de la Península intentando estimular un nuevo espíritu de cruzada, por lo que envió a Ramón de Melany –uno de sus mejores diplomáticos– a las cortes europeas para instar a todos los reyes a participar contra el sultanato de Granada, entonces aliado de Marruecos. Su iniciativa, aunque ambiciosa, fue en vano: el apoyo de Juan XXII fue irrisorio al tener poca fe en la empresa; Alfonso XI de Castilla, que recibía importantes tributos (parias) de los nazaríes, se mantuvo expectante; y los reyes extranjeros –Juan de Luxemburgo y Felipe VI de Francia–, que inicialmente parecían convencidos, tampoco se comprometieron. A pesar del escaso soporte que obtuvo, se organizó una campaña militar en verano de 1330 que no solo no reportó los resultados esperados, sino que abrió la posibilidad de que los musulmanes devolvieran la ofensiva tomando Elche y Orihuela; aunque poco después fueran recuperadas.

En 1335, Alfonso IV firma una paz con el sultanato granadino y establece alianzas con los sultanes de Túnez y Bugía para proteger el comercio –cada vez más floreciente y próspero– de la corona de Aragón por el Mediterráneo.

Justo, piadoso y doliente

Las fuentes documentales tildan al rey de bondadoso, sencillo y humilde, rasgos de buen temperamento que acredita su padre Jaime II cuando le recriminaba su costumbre –siendo infante y antes de partir a la conquista de Cerdeña– de conversar con individuos de cualquier condición (hombre a pie o el caballero más vulgar de la corte, diría) en detrimento de su jerarquía como príncipe heredero, lo que podría provocar una falta de respeto por parte de los italianos. Todas estas características, junto con la condescendencia que manifestó a lo largo de sus actos de gobierno, justifican su sobrenombre de Benigno, como describe Jerónimo Zurita en sus *Anales*:

> Fue muy justo y piadoso príncipe y de grande benignidad, y muy cortés y amoroso de sus súbditos, tanto que por esta causa le llamaron el Benigno. Mostró en su mocedad ser de gran ánimo y valor, como se conoció en la empresa de Cerdeña; pero, después que sucedió en el reino y se casó por segunda vez, vivió muy enfermo.

Como sugiere el cronista del siglo XVI, las dolencias y trastornos de salud marcaron su gobierno, si bien siendo infante intentó que le limitaran lo menos posible. Algunos textos nos descubren que durante la conquista de Cerdeña, ya enfermo de paludismo, acudía a la guerra y volvía febril de los combates; mientras que otros testimonian su auténtica valentía, como ejemplifica el episodio de pasar el Segre a caballo, o el incidente ya comentado de la defensa del «señal» real durante una batalla en Cerdeña.

A las dificultades por los achaques, se le sumaron las preocupaciones familiares que, como queda dicho, tuvieron importantes repercusiones políticas.

Inmerso en un contexto en el que se debatían los viejos ideales y las nuevas inquietudes a nivel religioso (desde el más exacerbado misticismo a los más estrictos fundamentos franciscanos), fue profundamente religioso. Arnau de Vilanova, durante mucho tiempo íntimamente ligado a la corte regia, hacia 1300 no solo había señalado el fin del mundo y la venida del Anticristo, sino que había promovido también una vida interior y una reorganización de la institución eclesiástica.

Alfonso IV redactó diversas ordenaciones para invitar a sus súbditos a rezar con motivo de las calamidades que asolaban el reino. Y creó un fondo con los ingresos de la corona para destinarlo a obras de carácter religioso, favoreciendo en gran medida a los franciscanos, a cuya orden pertenecían sus confesores, que tanto influyeron en su persona.

También se preocupó y promovió la cultura y, al tiempo, quiso estabilizar la Universidad: en 1328 se comprometía –aunque en vano– a pagar un salario justo a los profesores y a dotar de cuatro nuevas aulas para el estudio del Derecho en el Estudi General de Lleida, fundado en 1300 a instancias de su padre.

Muertes

A partir de 1335 la salud del rey empeoró y muy probablemente muriera el 24 de enero de 1336 con treinta y siete años de edad en el palacio real de la Ciudad Condal, donde se había recluido hacía algún tiempo. Le acompañaron en los últimos momentos de vida sus hermanos Pedro, conde de Ribagorza y Ampurias, y Ramón Berenguer, conde de Prades, quienes a lo largo de su reinado habían demostrado ser sus más firmes y eficientes asesores.

Poco antes del deceso, su esposa huía a territorio castellano, seguramente temiendo la venganza de su hijastro Pedro, entonces en Zaragoza. De poco le serviría. Por incitar con ahínco los conflictos entre Aragón y Castilla, Leonor termina siendo detenida y ejecutada [1359] en Castrojeriz. Cuatro años después, su primogénito, Fernando, sería asesinado en Burriana, esta vez por orden de Pedro IV el Ceremonioso.

En su testamento el rey había dispuesto que se le sepultara en San Francisco de Lérida, donde también debían reposar los restos de su primera esposa, Teresa de Entenza. Antes de ocupar su tumba definitiva, estuvo «in itinere» y como era habitual en el convento franciscano de Barcelona. El devenir de la historia quiso que su cuerpo se trasladase a diversos lugares hasta que, en 1986, es depositado en una urna nueva, en la seo vieja de Lérida, junto a los restos de quienes tantos problemas habían ocasionado al reino y a él: Leonor de Castilla y el infante Fernando.

Pedro IV 1336-1387

[Balaguer, 1319 / Barcelona, 1387] .1ª **María** [Felipe III de Navarra]: Constanza, Juana. 2ª **Leonor** [Alfonso IV de Portugal]. 3ª **Leonor** [Pedro II de Sicilia]: Juan, Martín, Leonor. 4ª **Sibila de Fortiá** [Berenguer]: Isabel. + Santa María de Poblet.

Al morir Alfonso IV en Barcelona, débil y prácticamente solo, el reino de Aragón pasó a manos del infante Pedro, apodado como el Ceremonioso a tenor de su interés por procurar la debida magnificencia a la institución que representaba y a su entorno palatino. Que organizaba todo con cuidado y esmero lo atestiguan, por ejemplo, el fastuoso «Ceremonial de coronació» y las exquisitas «Ordinacions» de su casa y corte que comisionó.

Enérgico y de fuerte carácter, incrementó el poder de la institución monárquica, intervino en conflictos exteriores de relevancia, y ensanchó sus dominios en el Mediterráneo procurando la incorporación de Sicilia y arrebatando –a costa de

Jaime III de Mallorca– el Rosellón y el reino insular. Jerónimo Zurita sintetizaba así su particular y compleja personalidad:

> Cuanto fue este príncipe de más débil y delicada compostura de cuerpo, tanto fue en el ánimo más ardiente y de una increíble prontitud y viveza y de grande vigor y ejecución en todo lo que emprendía, y de ánimo y valor para cualquier empresa y extrañamente ambicioso y altivo y muy ceremonioso en conservar la autoridad y preeminencia real.

Se comparó con Jaime I –al que admiraba con fervor– por considerar paralelo el amparo que la Providencia les dispensaba: coincidencias biográficas e incluso gestas militares semejantes. Además, su reinado se convertiría en el segundo más longevo de la corona de Aragón, tras el del aclamado Conquistador.

Infancia difícil

Pedro nació el 5 de septiembre de 1319 en Balaguer, un alcázar fortificado que por entonces conservaba parte de la fábrica islámica del siglo XI. De su arquitectura Ewert señaló su parecido con la Aljafería de Zaragoza (única residencia de príncipes islámicos en la Península, de la que se han conservado partes considerables del siglo XI), palacio por el que el rey tanto apego mostraría a lo largo de su vida. Nada hacía presagiar que ciñera la corona: no solo había nacido segundogénito, sino que el reino correspondía a su tío Jaime (primer hijo de Jaime II). La renuncia al trono de este implicó que Alfonso, conde de Urgel (segundo hijo de Jaime II y padre de Pedro), asumiese la herencia. A lo que se añade la muerte de su hermano primogénito, Alfonso, muy poco después. De esta forma tan azarosa sobrevenía la entronación del infante Pedro.

Había nacido sietemesino y de ahí devenía un físico enclenque y una frágil salud; como él mismo diría en la *Crònica del rei en Pere* escrita de su puño y letra:

> ... no se pensaban las comadronas, ni aquellos que asistieron a nuestro nacimiento, que pudiésemos vivir.

Fue un niño difícil, impertinente y arisco, lo que ocasionaría la procesión por la corte de hasta siete institutrices ¡en tan solo un año!

La muerte de su madre, Teresa de Entenza, cuando tenía ocho años y las segundas nupcias de su padre con Leonor de Castilla en 1329 le complicaron la infancia. La nueva reina se preocupó, sobre todo, de dotar a sus hijos de importantes posesiones semiautónomas; esto generó serios conflictos y hostilidades al joven Pedro con su madrastra y sus hermanastros (especialmente con el mayor, Fernando). La hostilidad desembocaría en la sospecha, acaso infundada, de que Leonor intentaba envenenarle. Es posible que este ambiente enrarecido y atestado de enfrentamientos forjara su rígido y despiadado carácter.

Entre los episodios que demuestran su perfil iracundo señalemos el duro guantazo que propinaría a su hija Juana por atreverse a defender a su esposo Juan de Ampurias; o el colérico episodio de la Unión, cuando se hiere en la mano con su propio puñal (de ahí su sobrenombre del «Punyalet»); o la orden, quizá incierta, de exterminar a su hermanastro Fernando.

Residió en Zaragoza, en Ejea de los Caballeros y en las cercanías de Jaca, y fue educado entre aragoneses (entre sus formadores destaca el arzobispo de Zaragoza, Pedro López de Luna), por lo que el aragonés fue su primera lengua vehicular. Hasta 1335 la mayoría de sus documentos están escritos en esta lengua, incluyendo las cartas personales destinadas a su padre, quedando reservado el catalán a un número pequeño de epístolas. Con el paso del tiempo cambiaron las tornas y los documentos evidencian que el rey conoció además el latín, el francés y el castellano.

No sabemos con precisión cuál fue la formación que recibió durante su enfermiza adolescencia, si bien, a tenor de los intereses literarios, jurídicos y artísticos que demostró a lo largo de su vida, debió de ser profunda y sistemática.

Lugarteniente

Comenzó su andadura como lugarteniente durante una de las enfermedades de su padre, cargo que ejerció con el consejo del mitrado López de Luna, en torno al cual se formaría un partido aragonesista que le comportaría profundas preocupaciones. En 1331 las hostilidades con su progenitor se intensificaron, viéndose obligado a viajar a Cataluña y Valencia para buscar apoyos, e incluso acudir a Jaca en previsión de poder huir a Francia en caso de necesidad. Aunque finalmente dejó de oponerse a las donaciones que, a instancias de su madrastra, otorgaba su padre a sus hermanastros, en 1335 solicitaba el apoyo del santo padre Benedicto XII [1334-1342]. Durante esta segunda etapa –a pesar de su precaria salud y de las circunstancias familiares adversas– adquirió experiencia como gobernante y diplomático. Activo, rotundo y pasional, y «a pesar de que Dios no nos haya hecho grande de cuerpo» estaba llamado a ser un gran rey. Cuando en enero de 1336 muere Alfonso IV, el infante –preparado ya para gobernar– es proclamado de inmediato legítimo sucesor, intitulándose rey de Aragón, de Valencia, de Cerdeña, de Córcega y conde de Barcelona.

Una agitada coronación

Con ocho años de edad, en abril de 1328, había asistido a la coronación de su padre Alfonso, que le resultó fascinante a tenor de los términos de su crónica, donde afirma que fue «una de les notables festes qui es feessen en la Casa d'Aragó». La solemnidad y grandeza del acontecimiento también impresionaron a Muntaner, quien describió el fastuoso desfile, el cortejo y las insignias de oro, perlas y piedras preciosas, y el gran banquete posterior. Durante la celebración, el infante Pedro recita un serventesio compuesto por él mismo en el que interpretaba la alegoría de las insignias; a tan corta edad, quien devendría de forma inusitada rey ya se mostraba seducido por la solemnidad y sus fórmulas e instrumentos protocolarios.

Desoyendo los consejos de jurar primero en Barcelona los «Usatges», Pedro dispuso coronarse en Zaragoza para seguir el ejemplo paterno, esto es: «ab aquell arreament qui es pertany a rei qui deu pendre coronació» [con aquel arreo que pertenece al rey que debe tomar coronación]. Lo hizo en la seo, el domingo de Pascua de 1336, volviendo a ser la Aljafería testimonio de los festejos en los que se llegaron a atender unos 10 000 comensales en el banquete principal. Y eso que los delegados catalanes no acudieron como protesta por no haber jurado el heredero –previamente, en Barcelona– las costumbres de Cataluña.

Tenía dieciséis años, aunque su juventud no le privaría de demostrar su coraje ante la insistencia del arzobispo celebrante, Pedro López de Luna, de colocarle la corona sobre la cabeza, lo que provocó una larga discusión en la sacristía que retrasó el inicio de la ceremonia. El futuro rey quería replicar el gesto de su padre, quien ocho años antes se había autocoronado. Quien sería apodado como el Ceremonioso sabía ya entonces que el ejercicio del poder requería de prácticas simbólicas, por lo que no dudó, asesorado por su padrino Ot de Montcada, en demostrar de forma autoritaria y mayestática el carácter del que haría gala el resto de su vida y su independencia ante la Iglesia. Hizo creer al religioso que accedía a sus demandas, aunque llegado el momento se colocó él mismo la corona, indicando al prelado, conforme a su crónica, «que no ens adobàs ne ens tocàs nostra corona, que nós la'ns adobariem» [que no nos arreglase ni nos tocase nuestra corona, que nosotros nos la ajustaríamos].

Más adelante ordenaría redactar un ceremonial de coronación para reglamentar esta liturgia y consolidar así cada fase del rito con el fin de reforzar la potencia de este gesto de autocoronación (que exhibía su poder ante sus súbditos) y confirmar su idea de separación entre las dos partes de la ceremonia: la espiritual –la unción impartida por el arzobispo– y la temporal –una coronación donde el rey cogía directamente las insignias del altar, sin intervención de otra persona–.

Anexión de Mallorca

Uno de los primeros deseos de Pedro IV como rey fue conseguir la adhesión de Mallorca, entonces gobernada por su cuñado Jaime III, bisnieto de Jaime I. Había sido precisamente el Conquistador quien había disgregado este reino insular –junto con los territorios del sur de Francia– del resto de los dominios de la corona cuando los cedió a su segundo hijo Jaime. Desde entonces, las relaciones entre los sucesivos reyes respectivos no siempre fueron cordiales, puesto que los de Aragón –ya desde el principio– anhelaron la reincorporación del reino insular.

Obsesionado con los gestos, rituales, ceremonias y liturgias que el Ceremonioso consideraba plataformas privilegiadas del poder político, se preocupó por legitimar sus actuaciones a partir de una base legal. Por un lado, con razones de carácter político, atendiendo a la necesidad de recuperar aquello que ya había pertenecido a la jurisdicción regia y que, amputado por una dotación testamentaria incomprensible, formaba parte del tronco común de la corona. Por otro, con otras de carácter jurídico, puesto que Jaime III se negaba a reconocer el señorío que sobre sus tierras ejercía Pedro IV. El balear no solo estableció lazos con territorios hostiles a la corona de Aragón, sino que también incurrió en felonía (empujado suspicazmente por el aragonés), y puso en circulación moneda propia en el Rosellón. Por todo ello, a pesar de los escasos apoyos internos y externos, el Ceremonioso abrió un proceso que en 1343 se resolvía con sentencia condenatoria para el mallorquín. La ocupación de la isla no se haría esperar.

Poco después de desembarcar, y tras ganar a las fuerzas de Jaime III en la batalla de Santa Ponça, puso al corriente a los miembros de la embajada de la Universidad del Reino del resultado del proceso legal contra el rey mallorquín, a quienes abrumó con abundante documentación justificativa. Ya en la catedral, ante sus súbditos y autorizado para proclamarse rey, pronunció un discurso en el que explicitaba «nostre dret» así como los «torts, greuges, rebel·lions e fellonies que en Jacme, qui fo rei de Mallorques, nos havia fetes» [lesiones, agravios, rebeliones y felonías que Jaime, quien fuera rey de Mallorca, nos había hecho], según anota él mismo en *Crònica del rei en Pere*. Sin embargo, la derrota definitiva de Jaime III no se produciría hasta el 25 de octubre de 1349 en la batalla de Lluchmajor, allí perdió la vida el último rey insular privativo.

Con este episodio, Pedro IV unía irrevocablemente el reino de Mallorca a la corona de Aragón; si bien con la premeditada humillación –conforme a la importancia que el Ceremonioso daba a las solemnidades y al protocolo, incluidas las intitulaciones– de mencionarlo tras el reino de Valencia. No en vano, desterraría el cadáver del malogrado Jaime III y ordenaría su inhumación en la catedral valenciana.

Por otra parte, con la conquista pudo emular a su tan admirado predecesor Jaime I, revalorizando la espada como emblema regio y culminando con ella el primer gran triunfo de sus actuaciones militares, acaso el único, puesto que sus ofensivas posteriores tuvieron resultados más bien desfavorables.

Problemas...

Entre 1347 y 1348 se vio obligado a sofocar a la Unión, coaligada con la Unión de Valencia dirigida por su hermanastro el infante Fernando de Aragón, quien no aceptaba que se hubiese nombrado heredera de la corona a la primogénita Constanza, habida con María de Navarra, y que su hermano Jaime hubiese sido desposeído del cargo de procurador general. De hecho, el infante Jaime, con el apoyo de la mayor parte de las ciudades, nobleza y villas de los reinos de Aragón y Valencia, alegaba derechos históricos y jurídicos para suceder a Pedro IV en la corona ante la falta de un hijo varón.

La actitud del rey, de tendencia absolutista, hacía recelar a los nobles e infanzones aragoneses, si bien el problema de la Unión era antiguo, puesto que ya se había advertido incluso en tiempos de Sancho Ramírez. Pedro IV fue contundente en sus actuaciones: a la muerte de Jaime, víctima de una repentina enfermedad (se dice que envenenado por orden del rey), habría que sumar –sin duda rememorando el episodio de Ramiro II y la leyenda de 'La campana de Huesca'– la eliminación de sus contrincantes valencianos tras haberlos engañado. El 21 de julio de 1348 los unionistas caían derrotados en la batalla de Épila, y el 14 de octubre de ese mismo año, sofocado totalmente el levantamiento, el Ceremonioso destruía públicamente los privilegios y los sellos de la Unión. Fue tan brusco en sus gestos con el puñal que se hirió gravemente en la mano:

> Nos, con nuestra mano, de seis en seis hojas cortamos todo el libro, y con cuatro golpes de mazo rompimos el sello y las bulas de los privilegios y rasgamos los privilegios. Todas las escrituras de la Unión, delante de la Corte, fueron arrojadas a un gran fuego que habíamos hecho preparar en el refectorio de los Predicadores, donde se celebraban las Cortes; y ello se realizó entre grandes lloros, debido al gran humo que allí se formó.

En gran parte por los enfrentamientos bélicos en los que estaba sumido el reino, instituyó la Diputación General de Cataluña durante las Cortes de Barcelona, Villafranca del Penedés y Cervera celebradas entre 1358 y 1359. En ellas se designaron doce diputados con atribuciones ejecutivas en materia fiscal, así como también unos «oïdors de comptes», para controlar la administración bajo la autoridad de Berenguer de Cruïlles, obispo de Gerona, defensor de la inquisición y escogido como primer representante del brazo eclesiástico de la «Diputació del General de Catalunya», que más tarde devendría «Generalitat». A pesar de la oposición de las oligarquías feudales, eclesiásticas y municipales, hizo pública una notable serie de «Ordinances» para reestructurar la administración real.

Aunque no siempre siguiera sus consejos, Pedro IV solía requerir el criterio del «Consell Reial» –más o menos numeroso según las circunstancias y necesidades–, entre cuyos principales destacan Pedro López de Luna, Pedro de Jérica y Bernardo II de Cabrera. Este último acompañó y aconsejó –sabia y rectamente– al monarca durante más de cuarenta años, no haciéndose merecedor de su trágico final.

Aunque de tendencia absolutista, Pedro IV fue respetuoso con el poder parlamentario y sus prerrogativas: convocó Cortes en más de treinta ocasiones. Por influencia más o menos directa de Jaime III ordenó en 1344 las lujosas *Ordenacions sobre lo regiment de tots los oficials de la sua cort* que, basadas en las *Lege Palatinae Mallorquinas*, describían pormenorizadamente las obligaciones, actividades y comportamiento de cada uno de los integrantes de la corte. Dos años después, en Perpiñán, acuñaba el florín de oro, precisamente la moneda que había osado batir el malogrado rey mallorquín.

Y conflictos...

Su trayectoria política –marcada por las dificultades en su juventud y por problemas heredados– se centró en dos grandes polos: mantener la jurisdicción real y prevenir la alienación del patrimonio regio.

Debido a las revueltas en Cerdeña, en 1351 entró en guerra contra Génova mediante operaciones náuticas que impresionarían a Camillo Manfroni, el reconocido historiador naval de finales del siglo XIX. Las operaciones fueron llevadas a cabo –en alianza con Venecia– por su consejero Bernardo II de Cabrera, quien logró liberar Alguer, localidad que luego sería repoblada por catalanes (al haber sido los participantes en la contienda, lo que explica que todavía hoy sea catalanoparlante). Los problemas sardos se prolongarían y entre 1364 y 1386 se sucedieron intermitentes y costosas revueltas de los Arborea, con Mariano IV a la cabeza, dispuesto a reconocer el poder superior –«dominium eminens»– del Ceremonioso, pero no su gobierno directo. Las crisis sempiternas de Cerdeña no constituyeron el único motivo de preocupación en la política de ultramar: la muerte de Federico III de Sicilia en 1337 y el ascenso de Pedro II generó importantes conflictos en la isla de Trinacria, la más grande del Mediterráneo.

Más gravosas fueron sus luchas contra los castellanos. Se enfrentó contra Pedro I, con quien protagonizaría la llamada «guerra de los dos Pedros». El Cruel, bajo pretexto de recuperar los territorios murcianos que habían pasado al reino de Valencia, lo que pretendía en realidad era la hegemonía peninsular. A pesar de los acuerdos alcanzados en 1352, se sucedieron amenazadoras misivas y treguas frágiles y sacudidas por brutales acontecimientos. Acaso el más triste de todos ellos fuera el proceso y ejecución dictaminada por el rey en julio de 1364 contra Bernardo II de Cabrera. El propio Pedro IV se lamentaría luego de su acción: «ad indignationem et iracundiam provocati».

La Paz de Almazán, firmada el 12 de abril de 1375 entre Pedro IV y Enrique II de Castilla daba el pistoletazo de salida a la hegemonía castellana a nivel peninsular y suponía el punto final a una guerra que acuciaba al reino de Aragón.

La crisis económica y demográfica favorecida por el conflicto se vio agravada por la peste negra y otros desastres como malas cosechas, sequías y plagas de langosta. Algunas escaramuzas espontáneas y desorganizadas se fueron transformando en un movimiento campesino estructurado que protestaba contra los malos usos, la servidumbre y el homenaje. Culminaría con la revuelta «Remença», iniciada en 1388 bajo el grito «El pare Adam morí intestat» y que se prolongaría a lo largo del siglo XV hasta la Sentencia Arbitral de Guadalupe en 1486.

Pedro IV nunca renunció a formar parte del tablero internacional mediante políticas matrimoniales que afectaron tanto a su persona como al resto de la prole, aunque no siempre prosperaron, como ilustra por ejemplo su fracasada negociación con Inglaterra. Igualmente, ante el Cisma de Occidente que dividió a partir de 1378 a los partidarios de Urbano VI [1378-1389], elegido en Roma, y Clemente VII [1378-1394], designado en Fondi, se mantuvo neutral hasta su muerte, haciendo constar en su testamento que solo se obedeciese al papa electo que fuese proclamado legítimamente.

Ad maiorem gloriam

Resulta complejo sintetizar la política artística y libraria de Pedro IV, quien, en 1380, elogiaba con estos términos la Acrópolis de Atenas, a la que consideraba:

> … la más hermosa joya que exista en el mundo, tal que ni siquiera todos los reyes cristianos juntos podrían hacer algo semejante.

Su sensibilidad por el arte sobrepasó la delectación estética: fue muy consciente de su valor como expositor del poder de la institución que personificaba. Con este fin, impulsó innumerables obras de arquitectura… Proveyó al salón del Tinell –aula de aparato de su palacio real de Barcelona– de una elocuente genealogía cincelada en alabastro por el afamado Eloy de Montbrai. Del «palau» menor reservado a la reina quedan escasos vestigios. En la restauración de Santa María del Mar, puso especial cuidado en la restitución de la clave de bóveda que representaba a su padre, Alfonso IV. Destinó especial interés a las intervenciones en el monasterio de Poblet, que había designado como panteón regio de la dinastía; es más, en 1377 ordenaba a sus vasallos que no jurasen fidelidad a los nuevos reyes si antes no habían prescrito enterrarse en aquel cenobio. Dejando a un lado la fortificación de la abadía, la decisión conllevó un conjunto de obras de enorme carga retórica «ad maiorem gloriam» de la dinastía: tumbas con yacentes elevadas sobre arcos en la llamada «capella reial», y el acondicionamiento y ampliación de las cámaras reales y la biblioteca. En esa última estancia se guardaban sobre todo libros de historia que eran depósito de la memoria de la saga allí enterrada; y en la entrada una inscripción rezaba: «Aquesta es la llibreria del rei Pere III» (tercero porque enumera la saga del «casal» de Barcelona).

Como intento de emular la corte de Alfonso X el Sabio –conforme a la hipótesis de Hillgarth–, se interesó por la astronomía, la poesía, la historia y el derecho; y por el conocimiento árabe, hebreo y cristiano, por lo que promovió la traducción de notables obras originales y la fundación de las universidades de Perpiñán [1350] y de Huesca [1358]. Intentó resucitar la poesía trovadoresca, escribiendo en provenzal catalanizado, aunque lo más sugerente son sus parlamentos y cartas personales guardados en el archivo real, que organizó rigurosamente.

Víctima de fiebres malignas y tras semanas agónicas, moría solo, puesto que la reina Sibila huyó para evitar la ira de su sucesor, tal y como había hecho su madrastra una vez que Pedro IV asumiera el reino. Tenía sesenta y siete años y había reinado durante cincuenta y uno, demostrando que sus desfavorables condiciones físicas no le habían impedido gobernar con decisión y forjar las bases del poderío de lo que sería la monarquía hispana en siglos sucesivos.

Juan I 1387-1396

[Perpiñán, 1350 / Gerona, 1396]. 1ª **Matha** [Juan I, conde de Armagnac]: Jaime, Juana, Juan, Alfonso. 2ª **Violante** [Roberto I, duque de Bar]: Jaime, Yolanda, Fernando, Antonia, Juan, Leonor, Pedro, Juana. + Santa María de Poblet.

El 27 de diciembre de 1350 nace y sobrevive el primer hijo de Pedro IV. Tres años antes, su primera esposa, María de Navarra, había dado a luz a Pedro, que murió el día del alumbramiento; a los seis días fallecía también la madre, que no pudo resistir las consecuencias del parto. Acuciado por la obsesión de engendrar un varón, el Ceremonioso se casó a los pocos meses con Leonor de Portugal, pero esta reina perece al año siguiente afectada por la peste negra. Fue su tercera y penúltima esposa, Leonor de Sicilia, quien le daría dos vástagos: Juan y Martín, quienes devendrán ambos reyes de Aragón.

Colmado de júbilo y haciendo gala de su inclinación hacia las formalidades y el ceremonial, Pedro IV instituía el 21 de enero de 1351 –menos de un mes después del nacimiento del pequeño Juan– el título de duque de Gerona para el heredero. El nombramiento sería disfrutado por todos los herederos de la corona de Aragón y ostentarían esta dignidad hasta los quince años. Para sostener el ducado se entregaban las rentas de, entre otros territorios, Gerona, Manresa, Vic o Besalú. Con ocasión de la coronación de Fernando I, primer rey Trastámara, este título ducal, que situaba al infante como cabeza del estamento nobiliario, se eleva al rango de principado, tal y como lo ostentan en la actualidad los futuros reyes de España (la princesa Leonor lo detenta –junto con otros títulos y nombramientos– desde que su padre Felipe VI, tras la abdicación de Juan Carlos I, asumiera la jefatura del Estado).

Heredero y sucesor

Por haber nacido en la festividad de san Juan Evangelista, se impuso un patronímico singular hasta entonces en la saga de los reyes de Aragón.

El 5 de septiembre de 1352, ya como duque de Gerona, Juan fue jurado en la seo de Zaragoza como heredero y sucesor del rey y, al año siguiente, se le otorgaba el condado de Cervera. Años después –aunque no sin las protestas de las Cortes de Aragón por ser menor de catorce años– recibió los cargos de lugarteniente, gobernador y procurador real, dignidades normalmente asignadas a los herederos de la corona.

Bernardo II de Cabrera –consejero de confianza del rey y reconocido militar– fue designado como ayo para cuidar de la crianza y educación del infante.

Durante mucho tiempo, quizá intentando guardar las apariencias, el primogénito mantuvo el respeto hacia su padre, a quien obedeció a pesar de su dureza de trato. En 1364, Pedro IV impone a su hijo que dé noticia a su estimado preceptor de la acusación y condena por traición que pesa sobre él: confiscación de todos sus bienes y pena de muerte. El asunto se enmarca en la guerra «de los dos Pedros» que libraban Aragón y Castilla, y en la que Juan iba adquiriendo experiencia militar. Unas negociaciones de paz y un desencuentro con Carlos II de Navarra trajeron la desgracia a Bernardo II de Cabrera, que fue decapitado en Zaragoza.

Desavenencias con el padre

El enlace del Ceremonioso con Sibila de Fortià –el 11 de octubre de 1377, pero tras años de concubinato– disgustó a los príncipes (Juan y Martín) y supuso el punto álgido de las desavenencias con el primogénito. La formalización de la unión hizo más grave el escarnio hacia la difunta Leonor, cuyas joyas y mobiliario no tardó en usurpar la advenediza intrusa, a la postre, viuda de Artal de Foces.

Ciertos sectores de la alta nobleza tampoco vieron con buenos ojos el nuevo matrimonio regio: el rechazo por su parte y por los hijos del rey no sería infundado puesto que, una vez consolidado su lugar preeminente tras su coronación en 1381, la nueva reina ejerció un nepotismo sin límites con sus familiares, a quienes otorgó beneficios de todo tipo.

Juan I había casado en primeras nupcias con Matha d'Armagnac, de la nobleza occitana y, una vez fallecida, a pesar de que su padre le había instado a unirse matrimonialmente con María, heredera de Sicilia, prefirió comprometerse –acaso aconsejado por el papa de Aviñón Clemente VII– con la sobrina de Carlos V de Francia, Violante de Bar, descrita por Bernat Metge como liberal y caritativa aunque también de notable inteligencia y ambición. De hecho, su conducta fue completamente dispar a la de su predecesora Matha: su comportamiento político resultaría de capital importancia en la corona de Aragón, tanto en vida como tras la muerte de su esposo, sobre el que ejerció una influencia decisiva desde el principio.

Pedro IV muy molesto con la elección del primogénito, al privarle de ligar a sus estados el reino siciliano, le escribía estos singulares versos:

> Mon car fill, per Sant Antoni!
> vos juram que'ts mal consellat,
> com leixats tal matrimony
> en què us dan un bon regnat,
> e que n'hajats altre fermat.
> En infern ab lo dimoni
> sia en breu qui us n'ha enganat!

La boda se celebra el 29 de abril de 1379 en Perpiñán, y su hermano el infante Martín participa como maestro de ceremonias; también el conde de Ampurias, cuñado del novio. A raíz del frustrado «matrimonio siciliano», las desavenencias entre padre e hijo se hicieron más intensas, discrepancias exacerbadas por la nueva esposa. Sibila, cada vez más fortalecida en el entorno regio y entrometida en los asuntos de Estado, atizaba las discordias del entorno familiar.

El Ceremonioso se sintió profundamente irritado por la ausencia de los duques de Gerona en la fiesta de coronación de la reina Sibila, celebrada solemnemente en la seo de Zaragoza el 30 de enero de 1381. Tampoco asistió el infante Martín, quien, dócil a los pareceres de su hermano, alegó unas excusas que no lograron engañar al colérico rey. Una misiva enviada por Pedro IV a su segundo hijo le advertía que

> ... us castigarem de la vostra inobediència, de tal manera que vós entendrets que havets greument errat, e us dolrà tostemps de la vostra vida. [... os castigaremos por vuestra desobediencia, de tal modo que entenderéis que habéis errado gravemente, y os dolerá a lo largo de vuestra vida].

A pesar de la incomparecencia de los duques de Gerona y del infante Martín en la solemnidad, conociendo el indignado Ceremonioso que la esposa de su segundogénito estaba en la ciudad, le impuso la asistencia a la celebración. María de Luna acudió a la ceremonia, aunque lo hizo sin la compañía de sus hijos (nietos del rey).

Las disensiones entre padre y primogénito sobrepasarían el plano personal. Es cierto que Juan mostró una sincera voluntad de concordia en algunos asuntos, como por ejemplo los concernientes al conde de Ampurias: Pedro IV pretendía la sumisión de este gran vasallo autónomo y la supresión total de las jurisdicciones feudales que ejercía en aquel territorio. Intereses diametralmente opuestos a los del conde Juan de Aragón y Jérica, a la postre yerno del rey al haber contraído matrimonio con su hija Juana. Esta fue humillada públicamente por su padre al intentar poner paz entre ambos, falleciendo a los pocos días del incidente. El duque de Gerona excusaba su intervención directa argumentando que no debía actuar contra las tropas de su cuñado, si bien es cierto que protagonizó algún episodio en favor de su progenitor que satisfizo enormemente al rey. El conflicto culmina en 1386 cuando el condado se incorpora a la corona. No obstante, a la muerte del Ceremonioso, Juan I, gran amigo del conde de Ampurias, le devolvió el señorío.

El carácter conciliador de Juan se observa también en la extensa carta que escribe a su padre el 15 de julio de 1385 y en la que, tras proclamarle el amor filial y su obediencia, contestaba y justificaba sus actuaciones. Aclara su propensión hacia Castilla y Francia (en lugar de Inglaterra), sus preferencias por el papa Clemente VII –en contra de la indiferencia decretada por el Ceremonioso ante el cisma–, su conducta durante los hechos del condado de Ampurias, su matrimonio con Violante de Bar, su protección a una dama de la corte, Constanza de Perellós, enemiga personal de Sibila..., entre otras viejas y hondas rencillas.

No obstante y muy significativamente, en las fiestas del cincuentenario de la coronación de Pedro IV –hacia la Pascua de 1386– tampoco asistieron sus dos hijos varones. Pocos meses después, durante el verano de aquel mismo año, el duque de Gerona suplicó una entrevista con su padre, para la cual esperó hasta dos meses en Martorell. Ante la negativa del Ceremonioso, Juan tuvo que volver a su residencia decepcionado y humillado, lamentándose de las maquinaciones, calumnias y acusaciones de «persones malvades qui són prop del Rey» que enturbiaban y consolidaban las malas relaciones con su progenitor.

Indolente y autoritario

El carácter de Juan I se ha definido como débil, aunque también proclive a arrebatos de autoritarismo; es decir: parecido a su abuelo Alfonso IV en cuanto a personalidad indolente y bondadosa; pero similar a su padre Pedro en lo relativo a sus ataques de obcecación y testarudez. De hecho, siendo todavía duque de Gerona y ante la huida de la reina Sibila –había abandonado a su esposo enfermo, no sin antes llevarse las joyas y ajuares del palacio– inició una implacable persecución y le abrió un proceso por robo en el palacio real y abandono de domicilio, tanto a ella como, por complicidad, a todos sus acompañantes. Como muestra de su talante, empero, ordenó que el procesamiento contra su madrastra fuese legítimo y por justicia, prohibiendo que, por el momento, se realizase ningún tipo de ejecución. No obstante, tanto Bartomeu Llunes como Nicolau d'Abella, acusados de ser los instigadores de la huida de la reina, fueron decapitados.

El principio de su reinado estuvo marcado por una enfermedad extraña, acompañada de una serie de síncopes (se ha sospechado que fueran ataques de epilepsia) que favoreció el rumor de que era objeto de sortilegios. En el período de máxima gravedad, el rey hizo numerosas donaciones a los pobres y encargó misas en beneficio de su alma; al tiempo, la reina Violante juraba que, si su esposo se reponía, no llevaría más perlas ni piedras preciosas en su cabeza ni se engalanaría con vestidos bordados. Una vez restablecido y dejando al margen otras sabias decisiones (como su idea de hacer estadísticas en momentos de especial mortandad, o la elaboración de un resumen de las diferentes enfermedades que le atacaban a él o a su familia), el rey se preocupó por proteger a los médicos y cirujanos, fuesen cristianos, judíos o sarracenos, y a dotar los estudios de medicina del Estudi General de Lleida, a los que proporcionó un cadáver para que fuese utilizado en las clases de anatomía. No obstante, su espíritu se inclinó también hacia la superstición y la astrología, por lo que actuaciones y objetos de relevancia eran realizados de acuerdo con la «constelació» que regía (es decir, teniendo en cuenta los astros predominantes) y, en ocasiones, conforme a sueños y revelaciones.

Culto y afrancesado

De Juan I se ha advertido, sobre todo, su preferencia por lo francés, que se hizo extensiva a varios ámbitos de su vida y acciones, como por ejemplo sus matrimonios. Los tres que protagonizó el duque de Gerona –uno nominal y dos efectivos– fueron con princesas de la casa real de Francia. Nueva muestra de su afrancesamiento fue el nombramiento de «delfín» a su primer hijo varón, llamado Jaime, que murió en septiembre de 1288 a los cuatro años de edad. En su insólito testamento, Juan I dispuso ser enterrado en Montserrat, aunque explicitando que sus vísceras fuesen llevadas a Poblet. Estas disposiciones generaron un largo litigio y las gestiones oportunas –emprendidas por su hermano– para revocar las últimas voluntades y seguir con los deseos paternos de dar continuidad al panteón dinástico populetano. Su cuñada Maria de Luna diría de él, una vez fallecido, que «havia muller francesa e era tot francés».

Igualmente, como hijo de un rey culto que se deleitaba con bellos y lujosos ejemplares, fue un hombre de heterogéneas lecturas y conocedor de diversas lenguas. Consta que en su biblioteca –a la que dotó de buenos y bellos libros– había ejemplares en castellano, catalán, francés, siciliano, latín… Y diversos autores como Séneca, Valerio Máximo, Hugo de San

Victor, Petrarca y, también, Bernat Metge o Francesc Eiximenis. Instó la creación de una escuela de traductores (con los valencianos Antoni de Vilaragut y fray Antoni Canals como adaptadores de obras clásicas), la fundación del Estudi General de Perpiñán y la promoción del consistorio de la Gaia Ciència en Barcelona, a imagen y semejanza del que existía en Toulouse. No en vano, en 1395 tenían lugar, en la Ciudad Condal, los primeros «Jocs Florals» de la historia.

Si algo destaca en Juan I –conforme a los documentos conservados– es el fervor y afecto por su esposa Violante, su «molt cara companyona», que siempre quiso darle un hijo varón. Apasionado de los lances venatorios –no pocas veces compartidos con la reina–, ordenó numerosas y onerosas disposiciones a favor de la caza. Asimismo, como hombre aficionado a la música, no solo compuso algunas piezas, también se preocupó por contratar a los intérpretes y autores más virtuosos de la época, incluso a los más reconocidos a nivel internacional. Llegó a hacer gestiones para traer a la corte a Everli –juglar de fabulosa reputación– que se encontraba, con ciertos asuntos legales pendientes, en la de Giangaleazzo Visconti, en Milán.

¿Con qué papa?

Superada la grave enfermedad que le acució los primeros meses de reinado, Juan I tuvo que concentrarse en solucionar dos problemas heredados de cierta enjundia. En primer lugar, su posición ante el cisma de la Iglesia. Aunque ya había demostrado su preferencia por el papa aviñonés como duque de Gerona, organizó en Barcelona una asamblea de teólogos y juristas con el fin de determinar a qué papa debía someterse la corona de Aragón. Menos de un mes después de la muerte de Pedro IV, el 4 de febrero de 1387 se concluía con la indiferencia decretada por su padre y se decidía en favor de Clemente VII. La decisión tendría consecuencias políticas no solo con Francia e Inglaterra, también en las islas de Cerdeña y Sicilia.

Cortes

Reunió las Cortes una sola vez, las famosas de Monzón de 1388, continuación de las convocadas por su padre, como hizo constar en el discurso incial o «proposició». En su composición se ha destacado el papel relevante de su hermano Martín como lugarteniente general del reino, aunque también se ha señalado la ausencia de la mayoría de los grandes señores, tanto laicos como eclesiásticos, quienes enviaron a sus procuradores respectivos. Juan I pretendía aprobar unas nuevas leyes sobre la administración de justicia y otras relacionadas con la organización de su real casa que evidenciaban el interés del nuevo soberano por la caza, la música y la poesía. Los largos debates que se suscitaron y la falta de consenso desesperaron al monarca, motivando un conflicto entre él y las Cortes que se agravó cuando intervino la reina Violante quien, presentándose como mediadora entre su ofendido esposo y sus obcecados vasallos, propuso unas «constituciones» sobre las funciones y atribuciones de los funcionarios de la justicia.

El 12 de julio de 1389, dichos procuradores –acusados de negligentes– replicaron a Juan I que la dilación en las decisiones se debía, entre otras razones, a las maquinaciones del excesivo número de integrantes del «braç reial» y, por lo tanto, de los representantes del rey. Las reuniones se prolongaron hasta el 1 de diciembre de 1389, cuando fueron suspendidas con motivo de la invasión del Rosellón y el Alto Ampurdán.

Invasión del Rosellón y el Ampurdán

Las tropas que irrumpieron en el territorio de la corona de Aragón y que motivaron la suspensión de las Cortes no eran otras que las «companyies estranyes» del conde de Armagnac, hermano de Matha –la primera esposa de Juan I–, a quien hacía pocos días habían enterrado en el sepulcro dispuesto en Santa María de Poblet. El francés alegaba supuestos derechos sobre el reino de Mallorca y los condados de Rosellón y Cerdaña, por lo que, junto con huestes gasconas y un gran numero de tropas inglesas, penetró en territorio de la corona, amenazando en pocas semanas la ciudad de Gerona. Tras diversas escaramuzas e incursiones, unos meses después las compañías invasoras fueron expulsadas definitivamente.

Esta crisis le impidió celebrar la ceremonia de coronación, a lo que se añadieron las dificultades económicas de la corona –acuciada por el derroche y alienación de una buena parte del patrimonio real– y las sucesivas pestes que se extendían también por el resto de reinos peninsulares.

Conflictos con los judíos

Una campaña demagógica contra los judíos, a los que se consideraba culpables de todos los males, provocó uno de los movimientos más violentos y despiadados de la centuria: en 1391 estalló, primero en Andalucía y después en los territorios del levante peninsular (de Valencia a Perpiñán), el movimiento antisemita que degeneró en el asalto enfurecido a los callos y aljamas de toda Iberia. La incidencia de la revuelta no fue idéntica en todas las ciudades de la corona, aunque en muchos lugares el genocidio hebreo fue efectivo, lo que generó abundante documentación por parte de la monarquía que condenaba enérgicamente a los culpables. Estos hechos estimularon el declive de la prosperidad de la comunidad mosaica en los territorios cristianos, también de la corona de Aragón (decadencia que culmina en 1492 con el Decreto de Expulsión ordenado por los Reyes Católicos).

Más revueltas...

En el contexto internacional, la situación tampoco fue sencilla para Juan I. Sicilia y Cerdeña se habían alzado contra la dominación catalana, por lo que –en un momento de plena pestilencia, que afectaba también a diversos miembros de la familia real– se vio obligado a reunir a su consejo para sumar las fuerzas necesarias y el dinero indispensable para sufragar una expedición que debía partir hacia las islas en abril de 1394. Para ello, y como muestra de sus buenas relaciones con los reinos vecinos, contactó con gascones, castellanos, navarros y franceses, pero la dificultad para conseguir financiación y el carácter indeciso del rey impidieron materializar la intervención planificada. Las desesperadas súplicas de su hermano Martín, que se encontraba desde hacía unos meses en Sicilia, se vieron finalmente atendidas con el envío de veinticinco galeras; actuación que se va a complementar con otras expediciones sobre Cerdeña que resolvieron, al menos por el momento, la difícil situación en ambas islas.

El descontento general, agravado por crisis sociales y económicas, y por el carácter ostentoso del rey y de su corte, favoreció un movimiento de protesta instado por el Consell de Cent, reproches que no parecieron afectar a Juan I, que siguió disfrutando de su obsesiva inclinación a la caza, la música y la astrología.

Se ha llegado a afirmar que de no haberle llegado repentinamente la muerte, habría vivido una sublevación por parte de sus súbditos, acaso una guerra civil.

La falta de autoridad, su desmesura en los gastos –en beneficio del deleite estético y sensorial de su persona y allegados– y la elección caprichosa de colaboradores –sin atender criterios de capacidad, competencia y honestidad– le granjearon merecidos reproches y hostilidades. También es cierto que la valoración de su reinado por parte de la historiografía tal vez haya sido demasiado severa.

Morir cazando

Encontraba la muerte practicando su deporte favorito: la caza. Un accidente en un bosque gerundense cerca de Foixà le provocó tales heridas que no llegó con vida a Gerona, a donde lo trasladaban con urgencia. Había engendrado siete hijos varones, aunque todos ellos murieron prematuramente y antes que él.

Como síntoma evidente de la impopularidad de la reina Violante –tan activa a nivel político a lo largo de todo el reinado y que pretendía estar embarazada–, se proclamó por unanimidad nuevo soberano al hermano del difunto Juan I: el infante Martín, que entonces se encontraba en Sicilia.

Martín I 1396-1410

[Perpiñán, 1356 / Valldonzella, 1410]. 1ª **María** [Lope I, conde de Luna]: Martín, Jaime, Juan, Margarita. 2ª **Margarita de Prades** [Pedro, barón de Entenza]. + Santa María de Poblet.

Tras la muerte de Juan I sin descendencia masculina y conforme a las costumbres sucesorias de la dinastía, la corona debía corresponderle a su hermano Martín, el segundo hijo varón de Pedro IV el Ceremonioso y la reina Leonor. Al estar Martín pacificando la isla de Sicilia, fue su esposa María de Luna –mujer sencilla y modesta pero de fuerte carácter– quien asumió la regencia e hizo frente a las primeras contrariedades.

Cuando sucedió a su hermano, Martín I era un hombre con experiencia de gobierno gracias a su intervención en el juego parlamentario desde que, ya en tiempos de su padre, presidiese el brazo militar en las Cortes. Asimismo, su intensa actividad en la crisis siciliana le había procurado gran destreza para solventar conflictos y dificultades.

Bajo tutela materna

Nada hacía presagiar que aquel infante que nació en Perpiñán el 29 de julio de 1356 terminaría reinando. Recibía el singular nombre de Martín en honor al monasterio de Sant Martín del Canigó (Rosellón), del que su madre, Leonor, era muy devota. Desde el principio sus progenitores se preocuparon por dotarle de un extenso patrimonio. A los dos años, le cedieron Elche y Crevillent en Valencia, y Berbegal, Pertusa, Bolea y Biel en Aragón, al tiempo que su madre era nombrada tutora: debía cuidarlo, administrar su herencia, adoctrinarlo y enseñarle buenas costumbres. Acordados los capítulos matrimoniales en junio de 1360, el 4 de julio de 1361 se rubricaba el compromiso solemne del infante –de cinco años de edad– con María de Luna –unos meses menor–, doncella destinada a ser condesa y la heredera más rica de Aragón. La boda se haría efectiva cuando la niña cumpliese los catorce.

Cuando Martín alcanzó los diez años, su padre Pedro IV creó para el segundogénito el condado de Morella y, en 1368, el de la Plana y el de Besalú. Entre otras dotaciones, en 1375, a cuenta de la dote de su difunta madre, de quien era el heredero, el infante Martín recibiría numerosos territorios, lo que, sumado a algunas compras realizadas por él mismo –incluso a su padre– alcanzaba un patrimonio tan extenso que, añadido al de su esposa, lo convertía en el primer barón de la corona de Aragón. A todos estos bienes habría que añadir el ducado de Montblanc y su cargo como lugarteniente general, ambos títulos obsequio de su hermano Juan I para premiar su lealtad y fidelidad.

Un feliz 13 de junio de 1372 se celebraba en Barcelona, y cuando ambos cónyuges tenían quince años, el matrimonio pactado. Pocos días después, el Ceremonioso decretaba la mayoría de edad del infante, por lo que podía disponer libremente de su fortuna. El matrimonio fue sólido y estuvo bien avenido, aunque la historiografía ha desvelado que el joven Martín tuvo algún escarceo extramatrimonial. El 31 de mayo de 1381, Pedro IV le enviaba una misiva reprochándole su relación con Constanza de Aragón, una mujer a la que le unía cierto parentesco y que estaba casada con el capitán inglés Hug de Calveley, que les había servido con lealtad durante la guerra contra Castilla. En la dura epístola le decía que era de fama pública «que vós jahets ab ella», por lo que le imponía que dejara de tener tratos con esa mujer.

Con su esposa María de Luna, de la que se ha destacado su bondad, sabiduría y honestidad, tuvo cuatro hijos: Martín, Jaime, Juan y Margarita. Solo sobreviviría el primero, Martín el Joven, que nacido el 22 de noviembre de 1376, moriría tempranamente en Cagliari a los treinta y tres años de edad, víctima de la malaria.

Tuvo una salud delicada, porque ya en su juventud padeció algunas enfermedades graves y largas que precisaron ser tratadas por los mejores médicos a instancias de Pedro IV, muy preocupado por los achaques de su hijo, a quien estimaba particularmente. Además de diversas epístolas que lo corroboran, en 1377 le ayudaba económicamente para que pudiese adquirir una casa en la Ciudad Condal, para que, en términos de su progenitor:

> ... quan en el temps de la nostra vellesa serem a Barcelona, podrem veure cada dia a qui estimem carament. [... cuando en tiempos de nuestra vejez estemos en Barcelona, podamos ver cada día a quien estimamos encarecidamente].

Piadoso y sereno

Muy pronto mostraría su afición a escuchar misa y a rezar, su propensión a la vida reposada y su escaso interés por la milicia, a pesar de tener su propia hueste; actitudes que le criticaron tanto su hermano como los más allegados en la corte. Exasperó incluso los ánimos de Pedro Marí, ministro de los franciscanos en la provincia de Aragón y muy cercano al infante, quien le había argumentado que serviría mejor a Dios luchando contra sus enemigos y ejerciendo justicia a su pueblo que con libros de oraciones y escuchando misas, cometidos de los que ya se ocupaban los religiosos. Como recordaba Ferrer, también Francisco Eiximenis le brindó sabios consejos: en cuanto al talante, debía ser clemente y piadoso, acogedor y amable, y descartar cualquier decisión si no contaba con el asesoramiento de buenos consejeros; como gobernante debía hacer justicia a sus vasallos, remunerar a sus servidores, tesaurizar para tener recursos en caso de necesidad, estimar todas las comunidades, y evitar la guerra.

El senescal

Con solo cuatro años, en 1360, el infante fue honrado con un puesto de prestigio: el de «senescal de tots els regnes», cargo que ya había asumido el tío del rey, Pedro, conde de Ribagorza, y que dada la edad del pequeño Martín, era más honorífico que efectivo.

En una ceremonia conjunta –el 20 de julio de 1371– para su hermano Juan y él, es armado caballero y se le considera preparado para el ejercicio de la milicia. Uno de sus primeros encargos fue el de responsabilizarse de la pacificación de Teruel, en 1376, aunque fue mucho más relevante su cometido como lugarteniente del rey en el reino de Valencia, cargo de gobierno que le fue concedido por su padre en 1378, cuando contaba con veintidós años de edad. En líneas generales, comulgó con los pareceres fraternales en materia de política exterior (más afín a Francia y a Castilla en contra de la consideración paterna, más anglófila); y en los asuntos familiares, aunque fue mucho más moderado que su hermano –acudió a Barcelona al lado de su padre cuando este enfermó de muerte–, no dudó en perseguir a Sibila de Fortiá cuando se enteró de que había abandonado al rey moribundo.

Una vez su hermano Juan I asumió el reino, le fue concedida a Martín la gobernación general, dignidad que correspondía al primogénito, así como también la lugartenencia general y la capitanía general en Aragón.

El talante tan poco proclive a la guerra del infante no le impide liderar sabiamente las tropas en contra de las «companyies estranyes del conde de Armagnac», que habían penetrado en el reino alegando supuestos derechos sobre Mallorca y los condados de Rosellón y Cerdaña. Sin embargo, su papel más relevante lo protagonizó en los asuntos concernientes a Sicilia, donde supo hacer valer los derechos de su dinastía. Para ello había sido clave la estrategia ideada con su padre para obtener como rehén a María, hija y heredera de Federico III y Constanza, la hija mayor de Pedro IV y, por ende, hermana de Martín. Aunque las dificultades económicas impidieron llevar a cabo la expedición hacia la isla, el infante ejerció como vicario de facto, que comportaba el gobierno insular, correspondiendo el trono a su hijo Martín el Joven, que poco antes de la expedición, en 1390, se había casado, «per paraules de present» y no formalmente, con la heredera siciliana. Tras desembarcar en Trinacria (hoy Sicilia) tan solo fueron rechazados por uno de los cuatro vicarios que gobernaban la isla, aunque la resistencia y las revueltas se sucedieron de forma intermitente. Gracias a los refuerzos enviados desde Cataluña y Valencia pudo sofocar las insurrecciones, si bien, a la muerte de su hermano Juan I y tras convertirse inesperadamente en el nuevo monarca de la corona de Aragón, Martín I decidió permanecer un año más en territorio siciliano para apaciguarlo en su totalidad.

Regencia de María de Luna

Así las cosas, los inicios de su reinado estuvieron marcados por la regencia de María de Luna, quien, ante la ausencia de su esposo, tuvo que enfrentarse a problemas de cierta gravedad. Para ello contó con la ayuda de la ciudad de Barcelona y de la Diputación General de Cataluña. Por un lado, tuvo que reaccionar ante las maniobras de la reina viuda Violante, que aseguraba estar embarazada. Por otro, hizo frente a la reivindicación sucesoria presentada por el conde Mateo de Foix en nombre de su esposa Juana, hija primogénita del difunto Juan I. En octubre de 1396, el de Foix invadía territorios de la corona con el fin de asediar Barcelona, aunque una rápida y efectiva actuación capitaneada por el conde Pedro de Urgel le cortó el paso y le obligó a retirarse aquel invierno.

La reina tuvo además que iniciar un proceso legal contra los antiguos consejeros y oficiales de su cuñado Juan I. Los gobiernos de las ciudades y villas reales, especialmente Barcelona, acusaban a esos asesores de formar una liga para gobernar a su conveniencia, aconsejar mal al rey, aceptar sobornos en asuntos de política y de justicia, enriquecerse a costa del patrimonio real, llamar a tropas extranjeras para invadir el reino... El proceso no concluiría hasta la llegada de Martín I, quien, por otra parte, absuelve a la mayoría, aunque impusiera algunas sanciones. Este desenlace disgustó a la ciudad de Barcelona y a quienes habían instado el pleito.

Una vez estabilizada la isla de Sicilia con la ayuda de las Diputaciones del General de Cataluña y de Valencia, y celebrado en la iglesia de Mesina el solemne matrimonio de su hijo con María de Sicilia, el 10 de enero de 1397 Martín I zarpa hacia territorios de la corona previo paso por Cerdeña y Córcega con el fin de animar a los defensores de las posiciones catalanas. Aprovecharía el viaje para acudir a Aviñón, donde visita a Benedicto XIII [1394-1417] con el que debate sobre el cisma que dividía a la Iglesia. El sumo pontífice le obsequia con la que va a ser la más importante de las reliquias reales: un fragmento considerable de la Vera Cruz. Tras seis semanas de estancia en la corte papal, el 27 de mayo entra solemnemente en la ciudad de Barcelona.

Coronación fastuosa

Su ceremonia de coronación se celebró el 13 de abril de 1399 en la seo de Zaragoza y fue, de acuerdo con el gusto y el talante del rey, fastuosa y majestuosa. En términos de Jerónimo Zurita:

> Quiso que se celebrase con grande pompa y triunfo; y para esto se hicieron diversas prevenciones de tener muy extrañas joyas y preseas de gran valor y muy raras.

Esta exquisitez extraordinaria del ceremonial, que a tenor del cronista Blancas «en algunas cosas parece que excedió a todas las pasadas», le valió, junto con otras liturgias protocolarias, una amonestación de fray Francisco de Aranda, que le recomendó llevar una vida más virtuosa y humilde. Con altanería, Martín I le respondió que si actuaba de otro modo perdería el orden real y subvertiría el orden establecido por Dios y concluía, contundente y significativamente, suplicando a Dios que les hiciese vivir a ambos en la virtud, a él «en àbit reyal e a vós en àbit monacal».

Mandar

Martín I se ocupó rápidamente de organizar su consejo, planificar la restauración del patrimonio real y solucionar los problemas que más acuciaban a sus estados. Para ello, tras la gran fiesta de coronación, el nuevo rey realizó un largo periplo por sus reinos pasando por múltiples villas y ciudades de Aragón, Cataluña, Valencia y, también, de los territorios del sur de Francia.

En política interior, uno de sus primeros objetivos fue luchar contra el corso –tanto musulmán como cristiano– que asolaba y amenazaba todo el litoral del reino. Para ello, organizó una flota para arremeter una cruzada contra los filibusteros sarracenos: en 1397 atacó y saqueó Tedelis (actual Dellys, Argelia) y, dos años después, Bona (Argelia), aunque con menor éxito. Estas demostraciones de fuerza se complementaron con otras actuaciones contra los corsarios cristianos; en realidad era un bandidaje orquestado por los propios soldados –mal retribuidos por la corona– que defendían las plazas catalanas en Cerdeña.

También tuvo que resolver las distintas banderías nobiliarias y ciudadanas, especialmente en Valencia y Aragón, que dificultaron enormemente su gobierno y que fueron envenenando la convivencia en ambos territorios. El conflicto entre los Vilaragut y los Centelles en el reino levantino fue una verdadera guerra, así como también lo fue la lucha entre los Luna y los Urrea en Aragón. La reina María de Luna no dudaría en reprocharle a su esposo –vía epistolar– su falta de energía y contundencia para reprimir estos brotes de violencia. Como ha asegurado la historiografía, estas divisiones entre la nobleza fueron decisivas en la resolución del problema sucesorio que se desencadenó a la muerte del rey, puesto que la inclinación de alguno de los bandos por Jaime de Urgel determinó que la parte contraria se negase a darle soporte y, por tanto, que fuese necesario buscar un nuevo pretendiente. En el terreno financiero debió centrarse en resolver la desintegración del patrimonio real –empeñado durante los reinados precedentes– y recuperarlo para dar a su reino una base sólida de poder económico. Para ello lo declaró inalienable en 1399 e inició su rescate a través de un proceso de reversión lento y dificultoso que le generó malestar y enfrentamientos no solo con los señores perjudicados, sino también con los campesinos, que asimismo se oponían al procedimiento.

Diplomacia

En política internacional, el gobierno del Humano sobresale por sus aspiraciones de concordia. Para dar seguridad al comercio y a la navegación y conseguir la devolución de cautivos, firmó

Más diplomático que guerrero, Martín I estabiliza las rutas comerciales.

en 1405 una paz en Granada, aunque sus relaciones con el Magreb fueron tensas por la piratería constante. Hubo diversas tentativas y negociaciones para conseguir conciertos, pero no se llegó a ningún pacto, aunque la situación mejoraría tras el acuerdo con Túnez rubricado en 1403. Con respecto a sus reinos vecinos –dejando a un lado ciertos desequilibrios como los provocados por el marques de Villena y conde de Denia–, hubo amistad con Castilla y mantuvo buenas y armoniosas relaciones con Navarra. También firmó una paz con Génova para zanjar el problema corso –ya endémico–; no obstante, la expedición que se vio obligado a emprender contra Cerdeña entre 1408 y 1409 volvió a reavivar las tensiones. Esta campaña, resultado de la imposibilidad de negociar con los Arborea, sería la más importante de sus últimos años y culminaría con la victoria en la batalla de Sanluri, librada el 26 de junio de 1409.

Pocos días después, el regocijo se mudaría en llanto por la muerte –de forma imprevista y sin hijos legítimos– del primogénito, Martín el Joven. Su fallecimiento abría un apremiante problema sucesorio, si bien Sicilia quedaba finalmente anexionada a la corona de Aragón, puesto que las disposiciones testamentarias del malogrado infante dejaban como heredero de la isla a su padre, Martín I.

Rituales y símbolos

Fue un hombre grande y de poca salud, de temperamento reposado, benigno y poco enérgico, características que se agudizarían con el paso de los años. Además, le repugnaba la violencia, seguramente a raíz de su participación en la guerra contra las compañías del conde de Armagnac, donde pudo constatar los métodos de lucha de los almogávares y sus venganzas contra los prisioneros. Fue precisamente este carácter afable y humanitario lo que explica su sobrenombre de «Humano», que le fue dado, prácticamente en vida, por un cronista de la segunda mitad del siglo XV: Gauberto Fabricio de Vagad. Recibió también el calificativo de «Eclesiástico» por su devoción extraordinaria, pues dicen que escuchaba tres misas diarias y rezaba las horas como un presbítero. También avala este apelativo su interés por sacralizar la monarquía, constatable –entre otras circunstancias y actuaciones– en su ceremonia de coronación y en las procesiones solemnes ulteriores –el traslado de san Severo a Barcelona o las celebraciones del Corpus Christi–, que hay que entender como recursos de exaltación de la institución que representaba.

En su afán por reunir reliquias no dudaría en recurrir al robo si lo consideraba necesario: «sia per via de compra, sia per via de furt» [sea por vía de compra, sea por vía de hurto], instaba al cónsul de los catalanes en Alejandría a conseguir los restos de santa Bárbara. Martín I era muy consciente de la exhibición de poder que suponía tener estas «reliquies molt sagrades» para el ámbito espiritual, así como también poderlas exhibir en su capilla real en suntuosos receptáculos de orfebrería. Sus deseos por aproximarse a la vida monástica se materializaron con dos proyectos: por un lado, la construcción de una vía que comunicaba la tribuna de la capilla real con el oratorio que había ordenado erigir entre dos contrafuertes de la catedral, con lo que su palacio quedaba significativamente emplazado entre dos iglesias, la real y la diocesana; por otro, las cámaras, el palacio y los edificios colindantes destinados a él y a su corte en el monasterio de Santa María de Poblet, que supusieron el entorno idóneo para un monarca que soslayaba el «ministerium regis» al preferir la oración a la acción.

Que era un hombre culto y teórico lo manifiesta su capacidad de ponderar el poder político de la gestualidad, los rituales y los símbolos.

Impulsor artístico

Su carácter ecléctico, fruto de sus inquietudes e inclinaciones estéticas, favoreció la entrada en el reino de unas características artísticas que, en el epílogo del siglo XV, eran innovadoras, como se observa en las empresas que encargó a maestros de diversa procedencia y en su predilección por vidrieras, mobiliario, paramentos y retablos llegados de centros artísticos extranjeros, como testimonia la documentación. A todo ello hay que sumar el intenso comercio que mantuvo con Flandes, Túnez o Alejandría para conseguir productos bellos y selectos y telas preciosas que eran enviadas a Perpiñán para que su sastre las convirtiese en exquisitas piezas de atuendo.

La suntuosidad y el lujo que exhibían sus espacios representativos se reflejaba a su vez en el exterior. Se interesó por el paisajismo y los jardines, interviniendo directamente en la compra de especies arbóreas para su ornamento, seguramente a inspiración de las residencias árabes que él tan bien conocía y, con seguridad, por influencia de su estancia en Sicilia, donde pudo disfrutar de agradables espacios en la Zisa y la Quba. Embelleció además sus residencias campestres, como Valldaura y Vallblanc, que bautizó elocuentemente «Bellesguard» [buen resguardo], en las que se hospedaría en múltiples ocasiones.

Su actividad promotora en lo arquitectónico afectó a edificios públicos, como por ejemplo en Valencia, donde influyó en la construcción de las atarazanas, Casa de les Drassanes.

Fue un rey bibliófilo e interesado por todo tipo de literatura: autores clásicos y catalanes contemporáneos, obras de caballería y de historia, si bien se aficionó sobre todo a las hagiográficas y a los breviarios de oraciones. La lectura de estos libros –algunos de una belleza excepcional y otros adquiridos gracias a sus fluidos contactos con la monarquía francesa y la corte papal– fecundaría su correspondencia pública y privada, así como sus sermones políticos, a través de los cuales demostró ser un gran orador.

Problema sucesorio

Era viudo desde 1406, pero la urgencia por engendrar un hijo legítimo le obligó a casarse de nuevo, esta vez con Margarita de Prades, dama de la corte de la difunta reina María. El matrimonio, celebrado en septiembre de 1409, fue en vano porque, pese a los sortilegios, ingenios y artefactos ideados para ayudarle a dejar a la nueva esposa encinta, no consiguió procurarle un heredero al reino. A la postre, con la edad se había convertido en un hombre grueso y de poca salud: el humanista italiano Lorenzo Valla, que había obtenido información gracias a sus conversaciones con el diplomático y bufón de la corte mosén Borra, afirmaba que el rey sufría de una enfermedad que, entre otras consecuencias, le producía somnolencia.

Es cierto que Martín I había nombrado a Jaime de Urgel –casado con su hermana Isabel– lugarteniente y gobernador general, cargo que ostentaban los herederos de la corona y elocuente reconocimiento de su derecho a la sucesión. No obstante, nunca declaró de forma explícita que fuese su delfín, acaso porque quería favorecer a su nieto Federico, hijo natural de Martín el Joven, a quien legitimó para que sucediese a su padre en el condado de Luna.

Durante sus últimas horas de vida sufrió presiones para que proclamase quién era el heredero: ¿Federico o el conde de Urgel? La intervención de Benedicto XIII pretendía, sobre todo, fortalecer su propia imagen en el contexto de la elección; pero lo que consiguió fue complicar más la situación. Intereses cruzados y tensiones derivaron en un período de interregno resuelto [1412] con el Compromiso de Caspe, del que saldría elegido el sobrino del difunto: Fernando, de la rama castellana de los Antequera.

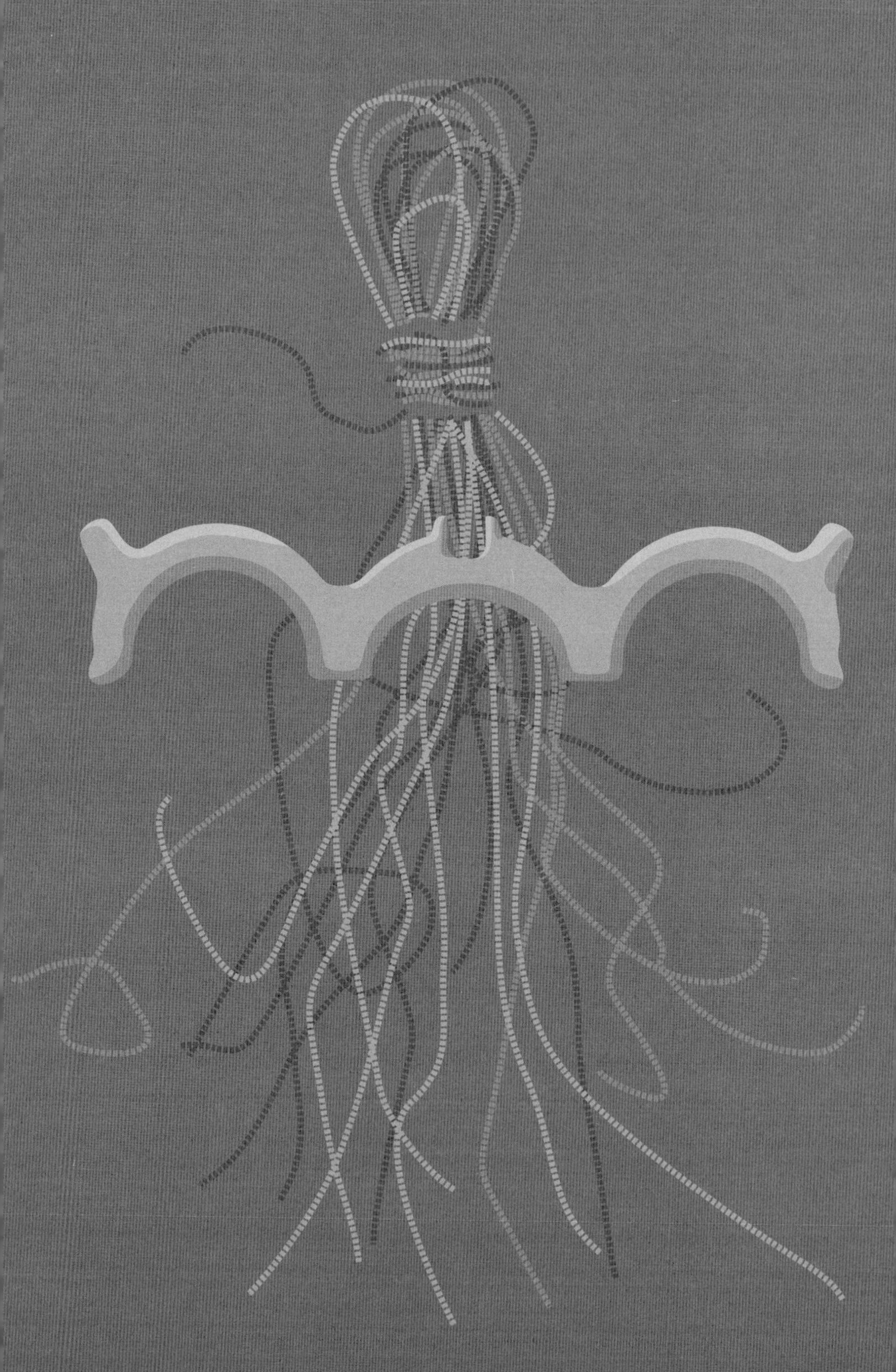

VII Una dinastía castellana

La muerte en 1409 de Martín el Joven presagiaba el fin de la dinastía y la posible fragmentación de un reino que quedaba sin monarca y sucesor. La situación apremió a los estamentos a manifestar la necesidad y voluntad de preservar la unidad ante el futuro crítico que se avecinaba, y así rogaron al moribundo Martín I que designase un heredero para garantizar la continuidad de la corona. Nada decidió el ya agonizante rey que ni nombró sucesor a su nieto Federico –hijo ilegítimo de Martín el Jovén– ni a su cuñado Jaime –lugarteniente de Aragón–. La indecisión originó tensiones y episodios de violencia que, aunque no generalizados, estimularon el entendimiento entre los parlamentos de los reinos: acordaron celebrar un cónclave para decidir quién sería el sucesor.

Cinco van a ser los pretendientes a la corona de Aragón: Alfonso de Gandía (bisnieto de Jaime II), Luis de Anjou (casado con Yolanda, hija de Juan I y Violante de Bar), Jaime de Urgel (casado con Isabel, hija del Ceremonioso y Sibila de Fortiá), Federico de Luna (hijo natural de Martín el Jovén, vástago a su vez del Humano), y Fernando de Castilla (casado con Leonor, hermana de Juan I y Martín I).

El 28 de junio de 1412, tras el célebre Compromiso de Caspe, se elegía a Fernando, de los Trastámara, como rey de Aragón.

Con este nombramiento se abría un nuevo período en la corona en la que los reyes sucesivos gobernarían comprometidos y centrados, ante todo, en sus intereses familiares. Al reinado de Fernando I –que nunca renunció a la regencia castellana–, le sucedió el de Alfonso V [1416-1458], enfrascado en la política mediterránea hasta el punto de abandonar sus reinos patrimoniales para establecerse en Nápoles. Dejó en la Península a su cónyuge María de Castilla, quien ejercería con gran responsabilidad las tareas de gobierno –no siempre fáciles– en lo que tuvo el apoyo del hermano de su distante esposo, de nombre Juan y entonces rey consorte de Navarra.

Alfonso V reserva el trono napolitano para su hijo natural Ferrante, quien intervenía al lado de su padre en diversas operaciones militares y políticas, y había sido reconocido ya como duque de Calabria.

Se ha reprochado a este monarca su absentismo y es señalado de propiciar una «època de torbacions» que está al llegar con el reinado de su hermano y sucesor.

Quien accedía al trono como Juan II [1458-1479], con sesenta y un años de edad, hacía sospechar que su reinado sería un período de transición hacia el de su hijo Carlos, llamado a reequilibrar las fuerzas –era a la vez príncipe de Gerona y príncipe de Viana, y por tanto heredero de las coronas de Aragón y Navarra– frente a la corona de Castilla. Nada más lejos de la realidad. Padre e hijo desencadenaron una sucesión de desencuentros y las diferencias se vieron agravadas por conflictos sociales.

La muerte en extrañas circunstancias del príncipe lo envenena todo. Se abría así un período de penosa y larga guerra civil, cuyas secuelas se mantendrían durante mucho tiempo. No obstante, apareció en escena el joven Fernando –hijo de Juan II con su segunda esposa Juana Enríquez–, quien desplegando una extraordinaria audacia y habilidad políticas lograba –mediante indiscutibles pericias diplomáticas– aplacar el levantamiento y asegurar el futuro de la dinastía y la Corona. Quien se convierte en Fernando II [1479-1516] había casado con Isabel, devenida asimismo heredera de la corona de Castilla, con lo que se auguraba la unión de los reinos y el engrandecimiento de la estirpe.

En sus últimos años, el que sería conocido como el Católico consiguió tres de los ambiciosos objetivos que perseguiría a lo largo de su vida: la expansión militar por el norte de África, conforme a las últimas voluntades de su esposa; la legitimación en el trono napolitano, que, tras su investidura [1505] como rey por parte del santo padre, ya controlaba de facto; y la incorporación de Navarra a la corona de Castilla, gracias a la ocupación militar acaudillada por el duque de Alba.

Tras la muerte de Isabel, y al ser declarada su hija Juana mentalmente incapacitada, debió actuar como regente de Castilla.

Muerto Fernando, la corona pasa a su sucesor legítimo, el hijo de Juana y Felipe: Carlos I. Tras efectuar el preceptivo juramento y recibir el homenaje de sus súbditos, fue proclamado rey de Aragón en marzo de 1518.

Fernando I 1412-1416

[Medina del Campo, 1380 / Igualada, 1416]. **Leonor de Alburquerque** [infante Sancho de Castilla]: Alfonso, Juan, Enrique, Sancho, Leonor, María, Pedro. + Santa María de Poblet.

A pesar de los esfuerzos de Martín I –tras la muerte de su único hijo– por engendrar un varón durante su último año de vida, fallecería en la celda prioral del monasterio de Santa María de Valldonzella (Barcelona) sin sucesor. Con ello quedaba vacante el trono, puesto que tampoco había designado heredero: por vez primera en su larga historia la corona de Aragón no contaba con un claro candidato.

Como se ha dicho, cinco varones legítimos de la casa real aspiraban al trono. Esta situación abrió un período inestable de veintiséis meses que se conoce bajo el nombre de «Interregno». Desde el 31 de mayo de 1410 al 28 de julio de 1412, el personal mejor preparado y más idóneo de los parlamentos de Aragón, Cataluña y Valencia, junto con el apoyo del papa aviñonés Benedicto XIII, mediaron para garantizar la paz en todos los territorios hasta poder solucionar esta coyuntura incierta.

Compromiso de Caspe

El desenlace de este problemático período, aunque apasionante también por haber generado y fortalecido lazos de fraternidad entre todos los reinos y tierras pertenecientes a la corona, se produjo con el llamado Compromiso de Caspe, que resolvió el desconcertante trance con el nombramiento del infante Fernando, hijo de Leonor de Aragón y Juan I de Castilla y, por lo tanto, nieto de Pedro IV el Ceremonioso.

De todos los posibles candidatos, este varón Trastámara era el pariente más próximo, al ser sobrino del fallecido rey Martín.

El 15 de febrero de 1412, más de veinte meses después de la muerte del rey, se firmaba un sencillo articulado recogido en la denominada Concordia de Alcañiz para establecer un protocolo eficaz con el fin de designar un nuevo rey en un período razonable de tiempo. Para poder llevar a cabo este complicado objetivo, se concretó también que fuera designado un grupo de nueve hombres de reconocido prestigio y expertos en materia jurídica, tres representantes de cada estado de la corona. Estos nueve compromisarios fueron quienes inauguraron el cónclave en Caspe el día 29 de marzo de 1412, iniciado con la constitución del mismo y que tan solo concluyó tras largas deliberaciones para buscar una sólida apoyatura legal que respaldara la designación de uno de los cinco posibles candidatos.

El proceso no estuvo exento de dificultades, como la indisposición de uno de los comisarios y su ulterior sustitución, la constante llegada de embajadas y misivas para apremiar que se demoraran el menor tiempo posible, y la redacción final de la sentencia, que debía ser perfecta desde el punto de vista legal y material para asegurar el exito de toda aquella difícil y duradera reunión.

El 29 de junio, festividad de san Pedro, se publicaba el veredicto y se comunicaba a los parlamentos de todos los territorios.

La decisión no provocó idéntica respuesta en los distintos territorios o, cuanto menos, esta no fue homogénea: en Cataluña predominó la decepción y la frustración, porque la mayoría no dudaba de los indefectibles derechos del conde de Urgel, Jaime de Aragón, antaño lugarteniente del reino –cargo reservado tradicionalmente al heredero y sucesor–, a la postre casado con Isabel, hija de Pedro IV y, por ende, hermana de Martín I. El mismo Jerónimo Zurita sintetizaba los diversos pareceres en su *Anales de la Corona de Aragón* de este modo:

> Fue muy celebrada generalmente en Aragón la fiesta desta declaración, y en Valencia no tanto y mucho menos en Cataluña [...]. No fue tan general el regozijo deste auto [...]; y aunque el pueblo hacía sus alegrías y fiestas, quedaron algunos maravillados y como atónitos [...]. Públicamente se comenzaron a quejar y murmurar que hubiese sido preferido en la sucesión príncipe extranjero teniéndolos naturales y de legítima sucesión.

Los partidarios del conde de Urgel, apodado como «el Dissortat» [desafortunado] consideraron una injusticia la sentencia, por lo que hubo sectores no solo reacios a aceptarla, sino también dispuestos a combatir por las armas para revocarla. A comienzos de 1413, con la esperanza de que la revuelta se propagase por la corona, Jaime de Aragón-Urgel decidía alzarse en armas contra Fernando I. El apoyo que recibió, muy diverso según los territorios (aunque el «urgelismo» era mayor entre los catalanes), fue a todas luces insuficiente: la insurrección general esperada no se produjo, y la derrota le supuso al levantisco la pérdida de la libertad, de sus bienes y de todos sus títulos. En 1433, moría en el castillo de Játiva, donde se encontraba encarcelado y donde, todavía hoy, está sepultado quien había sido uno de los más claros aspirantes a suceder en el trono a Martín I.

La visión historiográfica, de más de seis siglos de antigüedad, sobre la crisis dinástica que se desarrolló entre 1410-1412 y la valoración de la sentencia dictaminada en el Compromiso de Caspe ha sido polémica y ha redundado, voluntaria o involuntariamente, en el relato de los tildados como castellanistas o catalanistas. Porque, como en su día afirmó Martín, todos ellos vierten a 1412 sus consideraciones sobre la unidad de España y, conforme sea su criterio, ofrecen su parecer sobre lo decidido en Caspe. Así lo explicaba este autor:

> Unos y otros se sitúan en el siglo XX y trasladan a 1412 sus opiniones sobre las ventajas e inconvenientes de la unidad de España y, según sea su planteamiento, ofrecen una versión negativa de Caspe, quienes creen que Cataluña debe recuperar la independencia de tiempos medievales, o dan una versión altamente positiva, convencidos de que Caspe propició la formación de España, la unión de las Coronas de Castilla y de Aragón.

En fechas más recientes se han propuesto nuevas interpretaciones en clave de historia política y, por tanto, análisis que pretenden ser neutros –más distantes, en realidad– con respecto a planteamientos nacionalistas o pareceres unionistas con el propósito de analizar de forma objetiva uno de los acontecimientos históricos que más condicionó el devenir de la historia de España. No obstante, retomando los términos de Furió, el debate sobre el Compromiso de Caspe sigue suscitando el interés no solo de historiadores, sino también de políticos y ciudadanos.

Infancia en la corte

Apenas conocemos nada sobre su infancia, aunque sabemos que se educó en la corte de su hermano Enrique III. Su buena formación y alta posición social le permitieron un adiestramiento y aprendizaje de calado que, junto a sus cualidades personales, favorecieron su capacitación como hábil político, siempre de acuerdo con un ambicioso programa en el que los actos de guerra fueron secundarios, o accidentales, y solo llevados a cabo cuando las circunstancias le obligaban a ello. Por otra parte, al proceder de una familia habituada al difícil ejercicio del poder –reprimiendo constantemente las aspiraciones de la alta nobleza de rancio abolengo al tiempo que estimulaba a la nobleza inferior y a la burguesía– adquirió aptitudes para racionalizar el gobierno y la administración e intervenir de forma competente y hábil en la política interna y externa, tanto de Castilla como de Aragón; lo que le valdría el sobrenombre del Honesto, sobre todo por parte de la cronística castellana.

Devoto

De su vida privada e íntima se ha señalado su devoción mariana. Y, ligado a ella, una profunda mentalidad caballeresca, cuya máxima expresión cabe encontrarla en la fundación en 1403 de la Orden de la Jarra y el Grifo. Su institución tenía el propósito de manifestar su amor y devoción a la Virgen, ensalzar los hechos militares y que quienes los acometían fueran recordados durante su vida y tras su muerte. Su divisa –compuesta, conforme a la escritura de constitución, por un collar de jarras con lirios o azucenas del que pende un grifo con las alas blancas– fue incorporada a los usos emblemáticos y simbólicos de los reyes de Aragón.

Coronación: instrumento político

Como hemos dicho, el nombramiento de Fernando I como rey de Aragón –en gran parte favorecida por su confesor, el dominico Vicente Ferrer, y por Benedicto XIII– no estuvo exento de polémica, altercados y conflictos promovidos por quienes apoyaban a otros candidatos, especialmente los partidarios de Jaime de Urgel. Ante este clima de controversia, y muy conocedor de la rentabilidad y efectividad de los ceremoniales, el nuevo rey no dudó en elaborar personalmente las líneas básicas de un espectacular programa simbólico para la ceremonia de su coronación, que visibilizaría, en la retina de todos los súbditos, la legitimidad y solidez de su poder respaldado por la divinidad, en concreto gracias a la complicidad de la Virgen María. El amparo mariano ya se observa en la epístola de felicitación del infante Alfonso a su padre tras la derrota del conde de Urgel en

Balaguer el 31 de octubre de 1413, cuyos renglones explicitan que la victoria había sido posible:

> Mediante intercesiones de la humilde Virgen, gloriosa madre Suya [de Cristo], madre santa María, en la que tiene singular refugio y esperanza vuestra alteza, cumpliendo el coraje de aquella, hizo venir en manos de vuestra magnificencia a Jaime de Urgel, que le era inobediente y rebelde…

Esta sacra protección hacia Fernando, subrayada meses antes de su coronación y analizada por diversos autores, se constata en una fecha tan temprana como 1403 cuando, en Medina del Campo, el entonces regente de Castilla imponía pomposa y solemnemente la aludida Orden de la Jarra y el Grifo a su esposa, hijos, caballeros y doncellas

> … por singular honor y devoción a la dulcísima Virgen María madre de Dios […] a la que siempre tengo como señora y muy singular abogada.

La fundación de esta orden por parte de Fernando supuso el inicio de un vínculo propagandístico entre él y la Virgen que supo utilizar oportunamente como aval para su victoria en la batalla de Antequera en septiembre de 1410 (de ahí su sobrenombre) y su elección como rey de Aragón.

Es precisamente este contexto de tutela marianista lo que permite explicar, como hace algún tiempo confirmó MacKay, los estrechos vínculos simbólicos entre la ceremonia de la coronación del nuevo rey, celebrada en Zaragoza el 11 de febrero de 1414, y los entremeses dedicados a la coronación de la Virgen María que allí se escenificaron. Las piezas teatrales que se fueron jalonando durante las fiestas dedicadas a su investidura, estudiadas en profundidad por Massip, marcaron un punto de inflexión en el largo camino de la instrumentalización de la imagen sagrada al servicio de la exaltación regia.

Para celebrar la entronización del primer Trastámara se organizan varios entremeses con fines propagandísticos y legitimadores: *Las esferas celestes*, que, ideado para plasmar un diálogo entre el rey y la Providencia, se activó cuando Fernando entró en el patio del banquete; *El cisma*, en el que se conminaba al nuevo rey a restaurar la tiara de Roma y unificar la Iglesia en Pedro Martínez de Luna (Benedicto XIII, que tanto le había favorecido en Caspe); *Vicios y virtudes*, expresión de las cualidades que debía ostentar y defender un buen rey, y de las bajezas que debía castigar con firmeza; *Triunfo de la muerte*, que, como alegoría admonitoria sobre la incertidumbre de su advenimiento y la necesidad de estar preparado para aceptarla, fascinó al rey de tal modo que solicitó que volviera a ser representado en las fiestas de coronación de su esposa Leonor; *Las divisas*, dedicado a los emblemas e insignias del rey, que revelaba, de nuevo, que su soberanía temporal era réplica de la celestial; *La pisada del predicador*, representaciones de visiones sagradas inspiradas en la predicación de san Vicente Ferrer en las que Fernando se convertía, de nuevo, en el designado por la Providencia para materializar la misión divina. Tampoco faltaron escenas relacionadas con el perfil político y guerrero del nuevo ungido: el entremés *La rueda de la fortuna*, donde aparecían los cuatro aspirantes al trono en movimiento, salvo el niño rey coronado, representación de Fernando como nieto de Pedro IV, que aparecía inmóvil y, por tanto, se le confería cierta naturaleza divina; y *La toma de Balaguer*, que representaba la reciente victoria del de Antequera sobre el insurrecto conde de Urgel.

Cuatro días después de la solemne festividad, el primogénito Alfonso fue jurado como heredero legítimo, después de que él mismo jurase los fueros, igual que lo hizo su padre.

Regente de Castilla

La regencia de Fernando I en el reino de Castilla se produjo durante el período que transcurrió entre la muerte [1406] de su hermano el rey Enrique III y la mayoría de edad del primogénito de este, Juan II, proclamada por las Cortes reunidas en Madrid el 7 de marzo de 1419. Fernando ejerció el cargo hasta su muerte, compatibilizándolo con su nombramiento como rey de Aragón tras el Compromiso de Caspe, acaso resuelto a su favor por su posición como regente de Castilla.

Su regencia ha sido sintetizada en tres etapas: desde la Navidad de 1406 hasta las Cortes de Valladolid de 1409, en la que hubo diversos conflictos sobre la custodia del niño rey, la división territorial de la regencia y las consiguientes tensiones entre los diferentes tutores; desde las Cortes vallisoletanas hasta su elección [1412] como rey de Aragón en el Compromiso de Caspe, marcada por la superación de las primeras dificultades, los éxitos militares fronterizos y la gestión para promover su opción como rey de Aragón; y, finalmente, la regencia de Castilla una vez elegido soberano tras la sentencia de Caspe, caracterizada por su menor implicación en la gobernación. A partir de entonces se iniciaría una continua interacción entre las dos coronas que sobrepasó el siglo XV y que determinó, también, el futuro de los reinos peninsulares.

Habilidad y astucia políticas

Quienes han abordado la imagen personal de Fernando I lo han descrito como alto de estatura y complexión delgada, rubio y de gesto sosegado y benévolo. Fue comedido, mesurado y cortés, y supo siempre, con astucia y sagacidad, moverse adecuadamente y aprovechar las circunstancias que le eran propicias. En líneas generales, las valoraciones con respecto a su semblante y carácter son laudatorias, incluso las pertenecientes a las crónicas contemporáneas, aunque también hubo quien reprochó su codicia, fundamentalmente por su interés por el enriquecimiento de sus hijos.

Su patrimonio fue extraordinario; no en vano fue considerado como el más importante de su tiempo en toda Castilla: bajo su señorío se unieron las posesiones obtenidas por donación real, como el ducado de Peñafiel, las villas de Paredes de Nava, Olmedo, Medina del Campo, Cuéllar o el ducado de

Mayorga; y las no menos extensas e importantes de su esposa, la «rica fembra» Leonor de Alburquerque, que comprendían, además de Villalón y Urueña, tierras de la Rioja y alrededores (Haro, Briones, Cerezo y Belorado), del bajo Tormes (Ledesma y las Cinco Villas) y de Extremadura (entre otros dominios, Alburquerque, Medellín y La Codosera).

Mirar hacia el Mediterráneo

Fernando I no tardó en mostrar su interés por los asuntos que todavía convulsionaban la política mediterránea de la corona de Aragón, acaso consciente de que el restablecimiento de la hegemonía podría aliviar las severas dificultades económicas del reino.

El 21 de noviembre de 1412 era investido como rey de Sicilia, Cerdeña y Córcega por parte de Benedicto XIII, lo que le permitió actuar de forma más enérgica, aunque con resultados diversos, ante los problemas que seguían acuciando aquellas islas. Envió una delegación a Sicilia para pacificarla definitivamente e iniciar un reforma administrativa con la intención de fortalecer su autoridad, al tiempo que nombraba a su hijo segundogénito, Juan, lugarteniente de la isla, cargo al que luego sumó el de lugarteniente de Mallorca y de Cerdeña. En este último territorio insular sus esfuerzos fueron ímprobos dada la actitud anticatalana de los sardos, aunque finalmente consiguió pactar con uno de los cabecillas subversivos, el vizconde de Narbona Guillermo II, que le permitió fortificar sus posiciones. Por otra parte, entre 1413 y 1414, como resultado de su buen talante y habilidad diplomática, consiguió pactar una tregua con Génova; firmar la paz con Egipto, que le posibilitó restaurar el consulado catalán de Alejandría; y establecer relaciones cordiales con el rey de Fez. No obstante y a pesar de su empeño, otras políticas fracasaron, como su intento de resolver los problemas endémicos en Nápoles designando a su hijo Juan como candidato (fallido) a la mano de Juana (reina desde la muerte de su hermano Ladislao en 1414).

Concilio de Constanza

Asunto de primer orden resultó ser el Concilio de Constanza, celebrado en aquella ciudad alemana entre noviembre de 1414 y abril de 1418, y que tenía como objetivos principales poner punto y final al Gran Cisma de Occidente y analizar la reforma de la Iglesia reunificada. Las tesis conciliaristas resolvieron que los tres papas que se disputaban la tiara (Juan XXIII, Gregorio XII y Benedicto XIII) renunciasen a ella. Benedicto, ante la sobrevenida tesitura, abandonó los planes de sumarse al concilio, dejó Aviñón y se refugió en Peñíscola –en el levante peninsular–. Ante el empecinamiento de continuar con el pontificado (de ahí procede la expresión «mantenerse en sus trece»), Fernando I, muy a su pesar, no tuvo otra alternativa que retirar la obediencia a quien tanto debía y aceptar a Martín V [1417-1431], designado en el cónclave: nuevo y único pontífice.

Dirigir la corona

En política interior destacó por su carácter negociador. Tuvo que hacer frente –en el inicio de su reinado– a las oligarquías de las Cortes de Barcelona, que le instaron a revocar la autorización otorgada –por su predecesor Juan I– a los caballeros para constituir un brazo propio. Estos mismos estamentos también procuraron controlar su poder instaurando el principio de que las disposiciones reales no eran válidas sin la previa aprobación de las Cortes, y que tampoco tenían vigencia si iban en contra de las leyes pactadas. Por otra parte, en menoscabo de su autoridad, empezaba a despuntar la «Diputació del General de Catalunya» como organismo de control.

A pesar de las estrecheces económicas que atravesaba la corona –arrastraba las dificultades de subsistencia heredadas del siglo precedente y agudizadas durante el «interregno»–, procuró reconstruir su patrimonio real a través de la recuperación de bienes enajenados y descontrolados, y legislar en beneficio de los súbditos atendiendo a las demandas de los diversos estamentos.

Los apuros financieros se concretaban en el estancamiento de las rentas señoriales, el empobrecimiento de los municipios y las comunidades rurales, y una penuria generalizada que también alcanzaba las aljamas judías y mudéjares.

Su obstinación por recuperar los mermados recursos le obligó a recomponer la hacienda real y reorganizar la política fiscal, atendiendo especialmente a la recogida y distribución de los recursos: en cuatro años tuvo más logros en este campo que ningún otro monarca, anterior o posterior. También procuró organizar la administración, controlar el bandolerismo y frenar el progresivo aumento de los precios del trigo, para lo cual consolidó la Diputación del General, que se desarrollaría a lo largo del siglo XV y que culminaría en el Gobierno de Aragón.

Enfermedad y muerte

La muerte le sorprendió a los treinta y cinco años de edad en Igualada; y fue a consecuencia de una grave enfermedad diagnosticada como «arenes de ronyons» [arenas de riñones]. Su cadáver se trasladó –como dejó indicado en el testamento y dictaba su dignidad real– al monasterio de Santa María de Poblet. Había dispuesto ser enterrado «sin túmulo ninguno elevado» –lo que quizá explique, junto a su prematura muerte, que no iniciase su sepulcro en vida–; sin embargo, a instancias de su segundo hijo, Juan II, su cuerpo fue inhumado en el espacio reservado para Martin I, el último rey de la extinta dinastía anterior. Como en su día advirtió Español, resultaba más imperioso hallar un lugar en los arcos reales para los miembros de la nueva dinastía que para los de la precedente. Con esta iniciativa el panteón genealógico de la casa de Aragón quedaba reconvertido en panteón regio de los reyes de Aragón al incluir dos linajes distintos, aunque con lazos de consanguinidad, principio legitimador que Fernando I proclamó insistentemente y a través de distintos mecanismos a lo largo de su gobierno.

Su viuda, Leonor, se retiró al monasterio de dominicas que había fundado en Medina del Campo: San Juan de las Dueñas. Desde allí haría todo lo posible para favorecer y velar por los intereses de sus hijos, dos de los cuales ceñirían la corona de Aragón: Alfonso, el futuro Magnánimo, y Juan, apodado el Grande por algunos, o «Sens Fe» [sin fe] para los rebeldes catalanes que se alzaron contra él.

Alfonso V 1416-1458

[Medina del Campo, 1396 / Nápoles, 1458]. **María** [Enrique III de Castilla]. -**Giraldona**: Fernando, María, Leonor. + San Domenico Maggiore > Santa María de Poblet.

El infante Alfonso era el primogénito de Fernando I y su esposa Leonor de Alburquerque y, como sucesor natural al trono, recibió trato y educación acorde a su relevante cometido. Siempre gozó del respeto de sus seis hermanos, a quienes protegió y asesoró, mediando entre ellos en las numerosas querellas que protagonizaron.

Se inició muy pronto en las tareas de gobierno, cuando su padre fue elegido rey de Aragón. En 1415 contraía matrimonio en la catedral de Valencia con su prima, la frágil y débil doña María, hija de Enrique III, de quien no tendría descendencia legítima. Sí la tuvo, aunque bastarda, fruto de su larga relación con Giraldona de Carlino: Fernando o Ferrante, al que sancionaría como sucesor en el reino de Nápoles; María, que casaría con Lionel, marqués de Este y duque de Ferrara; y Leonor.

La muerte de su padre, de forma repentina y por complicaciones derivadas de una dolencia renal, lo convertía en rey de Aragón, de Valencia, de Mallorca, de Sicilia, de Cerdeña y conde de Barcelona. Ansioso por conseguir el trono de Nápoles, iniciaba una larga y costosa campaña que marcaría los avatares del reino. Un feliz 26 de febrero de 1443 entraba, como invicto y triunfalmente, en la ciudad partenopea. La escena quedaría grabada en una soberbia escultura en el friso que culmina el Arco d'Aragona del Castel Nuovo, donde una inscripción sintetiza el talante del rey: ALFONSVS REX HISPANVS SICVLVS ITALICVS PIVS CLEMENS INVICTVS; esto es: «Alfonso, rey hispano, sículo e itálico, pío, clemente e invicto».

Diestro caballero y astuto gobernante

El talante del rey es sin duda consecuencia de la elevada y extensa instrucción que, compartida con sus hermanos, recibió como infante. Es muy probable que fuera su tío segundo, el distinguido Enrique de Villena, el encargado de su educación, lo que para algunos explica el acusado interés que mostró a lo largo de su vida hacia las artes y las ciencias.

En su formación también participó activamente el franciscano Pedro de Santa Eulalia, considerado como el primer maestro del futuro rey por enseñarle el conocimiento básico de las letras. Sabemos que durante su niñez aprendió latín, gramática, poética, geometría y astronomía. En época juvenil gustó de la literatura y, con posterioridad –conocedor de la propaganda humanística–, apreció notablemente la filosofía y la historia, que ocuparían un lugar de primer orden entre los intereses lectores del monarca.

Conforme a su educación religiosa y moral –aspectos que se destacan en las descripciones de los humanistas– exhibió una observancia estricta de sus obligaciones personales, veneración por la Virgen, los santos y sus reliquias, y una reflexiva lectura de la Biblia.

Fue un gran amante de la música, y aunque carecía de especial talento para ejecutarla, su conocimiento y afición hicieron de su corte (especialmente la que asentaría en Nápoles) uno de los centros más importantes de su tiempo en atraer y promocionar a músicos y bailarines. Igualmente, fomentó el culto a la caballería, encabezando la Orden de la Jarra y el Grifo, instituida por su padre, y ejercitándola de forma aguerrida también en torneos y desafíos.

Como buen hidalgo adoraba la caza y no escatimó en gastos para practicarla de forma adecuada y oportuna. Informado por sus embajadores con asiduidad, estaba al día en lo innovador y las nuevas corrientes en elegancia y en el vestir, de lo que hacía gala constantemente. Estas características distintivas eran ya explicitadas en 1416 por parte de un embajador francés cuando describía con esta elocuencia al joven heredero:

> Maneja a la perfección una espada de dos manos, es un excelente jinete y disfruta en las justas y torneos [...]. Muy elegante en el vestir, toca toda clase de instrumentos y danza admirablemente. Y encima es tan prudente como un hombre de cincuenta años.

De estos términos, pero también conforme a sus actuaciones, se infiere que fue un joven afable, de temperamento equilibrado y que pronto demostró talento y habilidad políticos, lo que junto a la presencia de diestros escritores que supieron difundir su imagen de príncipe renacentista, fomentó su ulterior reputación de rey espléndido en maneras y apariencias, pero también de eminente energía, valentía y audacia.

Las oligarquías

Al asumir responsabilidades de gobierno antes de ser proclamado rey, Alfonso V conocía sobradamente la idiosincrasia de cada territorio que conformaba la corona y, también, los problemas que hostigaban a cada uno de ellos. Aunque no les prestó especial atención, pues prefirió centrarse en la expansión mediterránea, en líneas generales su política estuvo marcada por encontrar el entendimiento con las oligarquías catalanas, que pronto rechazaron el elevado número de miembros de la nobleza castellana elegidos para los cargos representativos.

Las Cortes de 1419 reclamaron, con determinación, la reducción de esta presencia foránea, por lo que Alfonso V se vio obligado a reorganizar la Casa Real. Su cometido para entenderse con las oligarquías fue meritorio, aunque las pugnas se fueron sucediendo durante su reinado, agravadas por su política expansionista exterior, cuyos efectos económicos fueron ruinosos.

A las pretensiones aristocráticas y oligárquicas se sumaron los altercados de los «remences» y de los «forans» en Mallorca (campesinos contra el Municipio), y las disputas entre los partidos de la «Busca» y la «Biga» en Barcelona, por lo que procuró consolidar su autoridad a través de la influencia del patriciado urbano, convocando escasas Cortes y nombrando a forasteros para cargos de administración, lo que endureció todavía más el clima combativo.

Con el paso del tiempo, surgieron altercados a raíz de la controversia sobre la práctica de los «Ius Maletractandi» o malos usos, prestaciones que no eran sino extralimitaciones del poder señorial (cuatro de derecho escrito: «intestia», «cugucia», «exorquia» y la «remença personal»; y dos de derecho consuetudinario: «arcia» o «arsina» y «firma de spoli»).

En 1448 el rey había dictaminado desde Nápoles una provisión que permitía a los campesinos reunirse para discutir sobre su supresión al considerarlos un abuso de autoridad, provisión que fracasó ante la tajante negativa de los señores feudales a aplicarla. Sin embargo y a pesar de las duras protestas, en 1455 el monarca promulgó la célebre Sentencia Interlocutoria con la que se anulaban las servidumbres y los malos usos, resolución que además de no solventar la disputa ahondó en las discrepancias.

Cinco años después, durante el reinado de su hermano Juan, se iniciarían las guerras de los «remences», sucedidas en dos oleadas que abarcaron casi dos décadas y que concluyeron con la conocida Sentencia Arbitral de Guadalupe, firmada ya por Fernando II en 1486 y que abolía definitivamente estos gravámenes, abusos y malos tratos, aunque previo pago de una indemnización de los campesinos a sus respectivos señores feudales.

Asuntos de Castilla

Alfonso V se vio inmerso en los asuntos castellanos al tener que intervenir para asegurar el poder de sus hermanos, los infantes de Aragón: no solo su influencia había mermado en aquel reino de forma significativa, sino que protagonizaban enfrentamientos entre ellos por su preeminencia en el poder. La razón gravitaba en la ascendencia que sobre el rey de Castilla mostraba don Álvaro de Luna, quien había maniobrado hábilmente para convertirse en la persona más influyente de la corte y ganarse tal respeto y admiración por parte del joven monarca que –resulta revelador– muchos lo atribuyeron a un hechizo.

Tras diversos incidentes y episodios en los que actuaron sus hermanos Enrique y Juan, Alfonso V debió participar promoviendo, el 3 de septiembre de 1425, el Tratado de Torre de Arciel que supuso el punto de partida de un futuro acuerdo entre la alta nobleza castellana y los infantes de Aragón para hacer frente a la posición dominante del nuevo condestable Álvaro de Luna; compromiso que culminaría en la ulterior alianza de Orcilla. Ante las exigencias de sus súbditos, Juan II ordenó el destierro de don Álvaro, aunque pronto, como consecuencia de las divisiones en la facción que encabezaban los infantes de Aragón, el valido volvió a la corte, exaltado y ovacionado.

Pronto se originaría la guerra castellano-aragonesa, librada entre 1429 y 1430 y que culminaría en las treguas de Majano ratificadas cinco años después, el 22 de septiembre de 1436, en la Concordia de Toledo, rubricada por el infante don Juan, lugarteniente de los reinos de Aragón y Valencia, colugarteniente del principado de Cataluña, y rey consorte de Navarra. Este tratado, que suponía la paz definitiva entre ambos reinos y que presentaba, aparentemente, unas condiciones poco ventajosas para la corona de Aragón, favorecía, en realidad, la futura participación de los infantes aragoneses en la defensa de sus derechos en aquel reino vecino.

Cerdeña, Sicilia y Nápoles

En cuanto a los asuntos exteriores, Alfonso V se dedicó casi en exclusiva a la política mediterránea, herencia de su padre. Su actuación se puede glosar en dos intereses y, por ende, en dos períodos cronológicos: entre 1420 y 1425, cuando reafirmó su autoridad en Cerdeña y en Sicilia; y entre 1432 y 1458, cuando se centró en la ocupación y gobierno de Nápoles. Con respecto al primero, al morir Fernando I, los sicilianos quisieron que el trono fuera ocupado por su segundo hijo, el infante Juan, por lo que Alfonso V reclamó su presencia para ayudar a su otro hermano, Enrique, a resolver la lucha que mantenía por hacerse con el control de Castilla. Zanjado el peligro independentista siciliano, acometió sus esfuerzos en la pacificación de Cerdeña, todavía inmersa en rebeliones instigadas por los genoveses. En 1420 el rey partió con veinticuatro galeras desde el puerto de Los Alfaques (Alcanar, Tarragona) rumbo a Alguer, donde los sardos rebeldes se sometieron sin apenas resistencia. Dos meses después pactó con Guillermo VII de Narbona, quien, previo pago de 100 000 florines, claudicaba definitivamente a sus pretendidos derechos y cedía las plazas retenidas al rey Alfonso V. De ahí Alfonso V se dirigió a Córcega, donde consiguió ocupar la ciudad de Calvi y sitiar la de Bonifacio, aunque no logró terminar con la influencia genovesa en la isla. De Córcega partió hacia Nápoles, territorio en el que tenía depositadas sus máximas aspiraciones, al recibir la solicitud de socorro de Juana II, que sufría un duro asedio por parte de las tropas de Luis III de Anjou a instancias de Muzio Attendolo Sforza. El rey acudió en su ayuda y, tal como estaba estipulado, la reina napolitana lo adoptó como hijo y heredero, al tiempo que lo nombraba duque de Calabria. Se abría así el segundo período en cuanto a política exterior.

Nápoles, otra vez

La ambición de Alfonso V por conseguir la corona de Nápoles se vio truncada en este primer intento porque, a pesar de haber sido investido como sucesor, Juana II, exhortada por las revueltas y la toma de la ciudad por los angevinos, se vio obligada a revocar el nombramiento del aragonés y a investir a Luis III de Anjou. Alfonso V volvía a territorios peninsulares derrotado, pero sin claudicar: en su fuero interno sabía que aquel era un proyecto que nunca iba a abandonar.

Tras intervenir en los aludidos asuntos de Castilla apoyando a sus hermanos y después de advertir, nuevamente, las hostilidades que las Cortes manifestaban hacia él y la institución que representaba, el rey decidió volver a territorios italianos, dejando como lugarteniente a su esposa María, quien ya había asumido este cargo con anterioridad. El 29 de mayo de 1432 embarcó hacia Sicilia, que se convertiría en el centro de operaciones militares destinadas a recuperar el trono napolitano.

Tras algunos éxitos, el 4 de abril de 1433 Juana II volvía a reconocerlo como candidato en detrimento del de Anjou,

Alfonso V fue un monarca volcado en la política mediterránea.

provocando, esta vez, los recelos del papa Martín V y de otros notables, como el duque milanés y señor de Génova Filipo Maria Visconti, quien promovió una poderosa liga aliada contra el aragonés, conformada entre otras pujantes ciudades por Venecia y Florencia. Las sobrevenidas muertes de Luis III de Anjou y, poco después, de Juana II aceleraron los acontecimientos porque, inesperadamente, la reina había cedido el trono de Nápoles a Renato de Anjou. Dispuesto a luchar por lo que consideraba suyo, Alfonso V emprendió una serie de ofensivas que culminarían en la batalla de Ponza, librada el 5 de agosto de 1435. La derrota del aragonés –hecho prisionero con sus hermanos y los barones de sus dominios– fue aparente: previo pago de un rescate de 30 000 ducados y la renuncia a cualquier derecho sobre Córcega, el duque de Milán le permitirá vía libre para la conquista napolitana. Secundado por el milanés, Alfonso V fue ocupando poblaciones vecinas de la capital hasta que esta, tras sufrir un asedio de seis meses, ofrece su rendición el 2 de junio de 1442. El 26 de febrero del año siguiente, Alfonso V entra en Nápoles con la pompa de un emperador romano, a modo de «adventus» o «trionfo all'antica», hito historiográfico humanista que, muy poco después, originaría no menos de diez relatos y seis representaciones visuales que han sido analizados escrupulosamente por Molina. A los pocos días, los barones de los cinco «seggi» (áreas político-administrativas controladas por la nobleza urbana) en los que estaba dividida la urbe lo reconocían como rey, y a su hijo Fernando como sucesor y duque de Calabria. Alfonso V (I de Nápoles) convertiría la ciudad del Vesubio en la corte de la corona aragonesa. Para la política interior designa lugarteniente general a su hermano Juan, lo que era convertirlo de facto en el responsable del gobierno en la Península. Junto a su cuñado se queda la reina María, que ejercerá la regencia en una situación personal muy complicada: enfermiza, sola y sin hijos, y en constante conflicto con Castilla, de donde era oriunda.

Desde la ciudad partenopea, Alfonso V emprendió una estrategia expansionista en Europa Oriental y en Oriente, interesándose por la cruzada contra los turcos, aunque con escaso éxito. Para ello organizó una maquinaria de administración social y política con cargos y tribunales de competencia general con características consideradas como las propias de los primeros Estados europeos modernos.

A pesar de la insistencia de su esposa y sus súbditos para que regresara a sus dominios peninsulares (las Cortes le concederían altas sumas pecuniarias al efecto) y de sus reiteradas promesas por volver, no lo haría nunca, al menos en vida.

Liberalitas augusta

El interés de Alfonso V por la cultura y los objetos artísticos se percibe desde muy pronto, como evidencian los inventarios de sus «joyes, robes e altres coses» que mandó realizar: el de 1412, cuando su padre Fernando alcanza el trono; y el que en julio de 1417 ordena al camarlengo de Valencia, al que acababa de confiar otros sesenta y un volúmenes. También lo testimoniarán documentos posteriores, que reflejan su predilección por los libros teológicos, filosóficos, religiosos, históricos y trovadorescos. Su extraordinaria biblioteca se nutrió de manuscritos de altísimo valor, muchos de ellos exquisitamente ornamentados, y llegó a configurarse como uno de los fondos más ricos de su tiempo.

La estancia en Italia afianzó su admiración por la cultura clásica y le descubrió el humanismo, movimiento intelectual que rompía con las tradiciones escolásticas medievales y exaltaba las cualidades propias de la naturaleza humana. En realidad, Alfonso V se había encontrado con ese pensamiento en Sicilia [1421], de la mano de Tommaso de Chaula, autor de poemas y tragedias en latín de escaso valor literario, pero que redacta uno de los primeros ejemplos de panegírico humanista sobre hechos contemporáneos: *Gestorum per Alphonsum Aragonum et Siciliae regem libri quinque*. La llegada del rey a Nápoles en 1442 iniciaría un rápido proceso de renacimiento cultural que devolvería a la ciudad su papel protagonista en el contexto mediterráneo. Su corte, convertida en centro literario y artístico de primera magnitud, acogería poetas castellanos y aragoneses que, junto con humanistas de la talla de Giovanni Pontano, Antonio Becadelli il Panormita o Lorenzo Valla, cantarían sus glorias, proezas y virtudes en las cuatro lenguas utilizadas como vehículos de expresión: latín, castellano, catalán e italiano.

Alfonso V estimó y recompensó a cualquier intelectual que diera muestras de ingenio, impulsando la traducción de textos griegos y hebreos, y acelerando el proceso de recepción de las corrientes renovadoras del Renacimiento en nuestros autores literarios.

Su mecenazgo en las letras ha sido comparado con el que ejercía la curia papal; no en vano, el archivero real de la corona de Aragón –el célebre Pedro Miguel Carbonell, «Carbonellus»– escribía:

> Estamos acostumbrados a los usos bárbaros; no teníamos la suavidad y elegancia que algunos tienen hoy. Por eso todos estamos en deuda con el rey Alfonso quien nos ha despertado de esta manera y nos ha mostrado el camino para apreciar, comprender y conseguir todo el bien y el tesoro que conllevan las ciencias mencionadas, especialmente el arte de la oratoria y la poesía.

Muy consciente de la utilidad de la imagen como símbolo de poder y siempre en comunión con el humanismo naciente, se afanó por multiplicar sus divisas personales mediante programas textuales y visuales de cierta complejidad con el fin de glorificar tanto su persona como la institución que encarnaba. Y además –como en su día apuntó Aurell–, Alfonso V buscó mostrar y exaltar la omnipresencia de su poder en sus dominios, legitimar sus ambiciones en el Mediterráneo y remarcar el sentido providencialista de sus conquistas. Para ello propagó el señal del rey y la divisa de la Orden de la Jarra y el Grifo; y forjó nuevos símbolos que proyectaron las virtudes que le engalanaban como virtuoso príncipe renacentista: el «siti perillós» o sitial ardiente (de tradición artúrica, proclamador de su elección para el trono napolitano), el «llibre obert» o libro abierto (muestra de su sabiduría y erudición), y la «mata de mill» o manojo de mijo (de raigambre martorelliana que destacaba su fuerza, coraje y valor). Los exhibió en su indumentaria, mobiliario, presentes, toda clase de objetos y joyas; emblemáticas y preciadas alhajas cargadas de significación que, aunque perdidas casi en su totalidad, pueden conocerse gracias a los testimonios escritos e iconográficos.

También reprodujo su «vera efigie» en todos los soportes artísticos, aunque no siempre alcanzara sus aspiraciones, como la frustrada estatua ecuestre que quiso modelada por Donatello. Pero sí se conservan espléndidos retratos, como el del magnífico arco triunfal napolitano, los de las medallas del aclamado Pisanello, o las dispersas por los códices de su biblioteca. Algunos volúmenes son de un valor artístico incalculable, como un lujoso libro de horas obsequiado por el cardenal Joan de Casanova, quizá para promocionarse –según Francesca Español– en su «cursus honorum» hacia algún cargo de mayor responsabilidad en el seno de la Iglesia . Estos retratos muestran un semblante muy parecido a las descripciones que se conservan del rey, como la glosada –cuando Alfonso V contaba unos cincuenta y ocho años de edad– por el humanista italiano Eneas Silvio Piccolomini, futuro Pío II [1458-1464]:

> Delgado de cuerpo, de rostro pálido, aspecto jovial, nariz aguileña, ojos brillantes, cabello negro –que ya empezaba a ponerse cano– tendido hasta las orejas, de mediana estatura, muy sobrio en la comida y bebida.

En 1448 el medallista Pisanello grababa su efigie junto a la leyenda LIBERALITAS AVGVSTA.

Que fue admirado como rey mecenas y amante de las letras volvió a aseverarse justo tras su muerte; un epitafio lloraba: «Las Musas yacen con Alfonso en su tumba». Mientras otro afirmaba que con su fallecimiento «La esperanza de los hombres de letras se ha extinguido totalmente». Ya en su tiempo se ganó el apelativo de Magnánimo.

Muerte y recuerdo

Es cierto que fue el rey más laureado de la época, aunque su reinado haya sido interpretado de forma diversa conforme a la procedencia de sus biógrafos: los hubo fascinados por su persona, mayoritariamente valencianos, reino por el que más predilección sintió el Magnánimo; pero en otros retronó la impopularidad que le profesaron sus súbditos, sobre todo aragoneses y catalanes, que tanto censuraron sus ambiciones, arbitrariedades y ausencias.

Era un monarca profundamente instruido y erudito, que desarrolló habilidades estratégicas, talento diplomático y facilidad para la oratoria, y exhibió una arrolladora vitalidad. Aunque no lograra solucionar los graves problemas que acuciaban sus reinos, supo aplicar métodos novedosos que abrirían nuevas posibilidades de actuación.

Es llamativo que no quisiera incorporar el reino de Nápoles a la corona de Aragón, puesto que en el testamento redactado la víspera de su fallecimiento legó la corona napolitana a su hijo bastardo Ferrante, duque de Calabria. El artífice de la política expansionista planteada por los reyes de Aragón en el siglo XIII truncaba en el último momento las aspiraciones imperialistas.

El rey muere en Nápoles el 27 de junio de 1458; dos meses más tarde fallecía su esposa María, cuyo nombre se omite en el mismo testamento que lega la corona de Aragón a Juan de Navarra, hermano de Alfonso.

Doscientos trece años después [1671], el virrey de Nápoles Pedro Antonio de Aragón obtuvo permiso para trasladar sus restos desde San Domenico Maggiore al monasterio de Santa María de Poblet, como le correspondía por haber sido rey de Aragón y como había solicitado en sus últimas voluntades.

Juan II 1458-1479

[Medina del Campo, 1398 / Barcelona, 1479]. -**Leonor**: Alfonso. 1ª **Blanca** [Carlos III de Navarra]: Carlos, Juana, Blanca, Leonor. -**Avellaneda**: Juan. 2ª **Juana Enríquez** [Fadrique Enríquez, almirante de Castilla]: Leonor, Fernando, Juana. -**Catalina**: Fernando, Leonor, María. + Santa María de Poblet.

La muerte de Alfonso V sin descendencia legítima provocó el ascenso de su hermano Juan como nuevo monarca de la corona de Aragón, cuando contaba ya con sesenta años de edad. Su experiencia política era dilatada: ejercía como rey de Navarra desde 1425 a raíz de su matrimonio con doña Blanca, aunque también había mostrado dotes de gobierno en sus intervenciones en la política castellana y durante su período como lugarteniente general de Aragón en ausencia del Magnánimo, más pendiente y atento a los asuntos italianos que a los peninsulares.

No obstante, a pesar de su largo ejercicio gubernamental –con resultados de éxito relativo en muchos de sus episodios–, su reinado se convirtió en uno de los más convulsos y conflictivos de la Edad Media.

Segundogénito

Al igual que su padre y su hermano, Juan nació en la principesca corte de Medina del Campo y sería allí, en Castilla, donde pasaría su primera etapa vital: cuando su padre Fernando I fue nombrado rey tras la elección en el Compromiso de Caspe, contaba con catorce años y ostentaba el único título de señor de Castrojeriz. La elección de su progenitor como rey de Aragón cambiaría su suerte al recibir, con motivo de su coronación en Zaragoza en febrero de 1414, el ducado de Peñafiel, que le comportaba un importantísimo patrimonio y la jefatura de la rama menor de los Trastámara. Poco después, sería nombrado lugarteniente general de Sicilia, sin duda al tener presente su padre el concierto de matrimonio del infante con la reina Juana de Nápoles, enlace que finalmente no llegó a celebrarse. De inmediato se iniciaría en la política mediterránea, que desempeñará con altibajos. Allí conoció y quedó prendado de doña Blanca de Navarra, viuda del rey Martín I de Sicilia y lugarteniente de la isla desde el advenimiento de Fernando I como rey. Los sicilianos quisieron convertirle en su monarca, a lo que su padre, temiendo un conflicto fratricida entre Juan y Alfonso, respondió solicitando su regreso a tierras peninsulares.

A la muerte de Fernando I recibió la parte fundamental de las extensas posesiones paternas en Castilla, por lo que junto con el ducado de Peñafiel, era señor de Lara y la villa de Medina del Campo y sus aldeas, del condado de Mayorga, las villas de Cuéllar, Castrojeriz, Olmedo, Villalón; y en la Rioja, señor de Haro, Belorado, Briones y Cerezo. Se acrecentará la sustancial herencia con el ducado de Montblanc, ya en tierras catalanas. No obstante, los conflictos políticos en los que se sumió a lo largo de su vida, mermarían todo este vasto patrimonio.

Aragonum Regis

Gonzalo García de Santa María ofrecía en su obra *Serenissimi Principis Johannis Secundi Aragonum Regis Vita* el perfil más personal del rey:

> Su cuerpo grueso, su estatura mediana fue; y puesto que de su natural mando, su corazón clemente, una como terrible fiereza en su persona se mostraba, el blanco de sus ojos con sangre enrojecidos.

Este cronista también glosó otros detalles sobre su aspecto físico, luego recogidos por el humanista italiano Lucio Marineo Sículo, quien evocaba su rostro blanquecino, sus cabellos castaños, su pequeña nariz y sus manos hermosas y cuidadas. Los elogios hacia su persona se refieren también a su bello semblante y proporcionada complexión.

Las diversas descripciones conservadas de don Juan indican su profundo sentido del honor y del deber. Las fuentes documentales, que desvelan a fray Luis Despuig, Pierres de Peralta, Galcerán Oliver y Rodrigo de Rebolledo como principales consejeros, insisten en su admirable sentido político, pero también en su habilidad, ambición, tenacidad y largueza de miras, cualidades que sin duda explican su empeño para conseguir su anhelado proyecto de unidad de los reinos peninsulares.

También destaca su interés por actividades lúdicas como –conforme al adiestramiento militar que adquirió en edad temprana– la caza, que continuaba practicando a los ochenta años, según recoge el escribano y archivero real Pedro Miguel Carbonell.

Por otra parte, había sido criado en las letras, lo que explica que patrocinase la traducción de obras de Virgilio y Dante al castellano y que su biblioteca contase con volúmenes de autores relevantes y ejemplares de lujo, como una Biblia «en pergamins molt bella», si bien es cierto que muchos procedían de los fondos bibliográficos de su hijo Carlos y de su segunda esposa, Juana Enríquez –hija de Fadrique Enríquez, almirante de Castilla–, y a quien llamaba con fervor «mi ninya e mi senyora bella». Además, como digno hijo de la «rica fembra» Leonor de Alburquerque –«la señora mejor heredada que se fallaba en España», como en su día refiere López de Ayala– gustó del lujo y la comodidad.

Así lo ilustran los términos de una crónica valenciana de 1541:

> … holgaba mucho en yr muy atauiado de sedas, de brocados, de oro, de piedras y perlas [...] a sus servidores [fue] muy agradescido, a muchos de los quales gualardonó bien según que pudo, no como su voluntad lo demandaua, porque las guerras y desatientos le estoruaron de hazer lo que él quisiera.

Los inventarios exhuman bellas y costosas joyas en su tesoro, como «hun collar d'or ab la divisa del velloxi de la empresa del duc de Burgunia ab ses smalts e divises de pedres fogueres» [un collar de oro con el vellocino del emblema del duque de Borgoña con sus esmaltes y divisas de piedras brillantes]; esto es: el Toisón de Oro enviado por Felipe el Bueno tras su elección como caballero el 30 de abril de 1461. Collar que no formó parte de las preseas de valor que tuvieron que empeñarse para costear su enterramiento, dado que en el numerario de la cámara regia «no se trovaven pecunies algunes». También atestiguan su posesión de paños y tapices con escenas narrativas religiosas y profanas, no solo procedentes de los tesoros de Carlos de Viana, el condestable Pedro de Portugal o de su esposa Juana Enríquez, sino también adquiridos por él personalmente, para lo cual negoció con mercaderes de Flandes y de la feria de Medina del Campo. Estos tapices, lejos de ser enajenados, fueron heredados por Fernando II, quien, siguiendo las disposiciones testamentarias paternas, financió la construcción de Santa Engracia en Zaragoza y la dotó con bienes muebles, entre otros, algunos de estos hermosos paños.

A pesar de lo dicho, a lo largo de su vida Juan II no evidenció un interés específico por las artes, contrastando diametralmente con la proclividad de su hermano Alfonso o su hijo Carlos. La historiografía coincide en considerar que las razones no estriban solo en la precaria coyuntura económica, porque en los momentos de bonanza tampoco mostró interés alguno, ni tan siquiera por edificios relevantes entonces en construcción, como la catedral de Zaragoza. Sí es cierto que, como queda dicho, patrocinó la construcción de Santa Engracia, aunque lo hizo como acción de gracias: el rey había perdido la vista durante años al padecer cataratas en ambos ojos; pero una operación realizada [12/X/1468] por el rabino catalán Cresques Abiadad le devolvió la visión a los setenta años de edad.

Rey consorte de Navarra

Tras recibir la pertinente dispensa papal para que los esponsales pudieran celebrarse, a finales de 1419 fueron rubricados los capítulos matrimoniales entre el infante don Juan de Aragón y Blanca de Navarra, doce años mayor que el futuro cónyuge e hija de Carlos III el Noble. La princesa, viuda del rey de Sicilia

Martín el Joven, había conseguido, tras solicitar insistentemente su proclamación como primogénita, ser nombrada heredera del reino de Navarra en las Cortes de Olite, reunidas el 28 de octubre de 1416. En los acuerdos prematrimoniales se establecía, entre otros asuntos, que los derechos a la corona navarra pasaran, tras la muerte de la reina, al primogénito o primogénita aunque, si doña Blanca fallecía antes que su esposo sin herederos, don Juan abandonaría Navarra dado que, «como extranjero», no esperaba «la subcesión e herencia» del reino. Sorprendentemente, nada se estableció sobre el papel del rey consorte en el caso específico de que hubiese hijos mayores de edad, imprecisión que junto con la controvertida interpretación de una de las cláusulas incluidas en el testamento de la reina, causaría graves conflictos entre Juan y su primogénito.

Los esponsales se celebraron en la catedral de Pamplona el 10 de julio de 1420 a pesar de que el cronista Alvar García de Santa

A pesar del convulso reinado, Juan II retuvo los territorios de la corona.

María anotara que la efeméride había tenido lugar el 18 de junio. Fruto de la unión nacerían tres hijos que llegaron a edad adulta: Carlos, alumbrado en Peñafiel en 1421 y para el que su abuelo Carlos III instituyó el título de príncipe de Viana como heredero del reino; y dos hijas habidas en Olite, Blanca y Leonor.

La muerte inesperada del Noble el 8 de septiembre de 1425 provocó la inusitada proclamación de don Juan como rey de Navarra. De ella, en sus *Anales de la Corona de Aragón* Jerónimo Zurita y Castro escribiría:

> Y fue llamado rey [...] dentro del mismo reino de Navarra, aunque según los fueros y costumbres de aquel reino no se había de llamar rey hasta que fuese alzado por rey en la iglesia mayor de Pamplona, con la ceremonia que solían.

Fue el 15 de mayo de 1429 cuando Blanca I y don Juan fueron solemnemente coronados en Pamplona, celebración en la que el príncipe Carlos fue también jurado heredero. A partir de aquel momento, el reino de Navarra se convirtió en la plataforma a partir de la cual el rey consorte llevaría a cabo sus actividades en Castilla, lo que tendría consecuencias económicas y políticas para el territorio navarro. El 1 de abril de 1441 fallecía Blanca I en Santa María la Real de Nieva (Segovia), iniciándose un problema sucesorio que arrastraría al reino a un conflicto que duraría más de dos décadas.

El testamento de la soberana establecía claramente quién debía ostentar la corona: su primogénito Carlos, que como heredero había recibido el título de príncipe de Viana. No obstante, una cláusula –sin duda añadida por doña Blanca con la voluntad de asegurar la paz entre padre e hijo– resultó ser el objeto de la discordia. El artículo testamentario establecía:

> Y aunque el dicho príncipe, nuestro caro y muy amado hijo, pueda, después de nuestra muerte, por causa de herencia y derecho reconocido, intitularse y nombrarse rey de Navarra y duque de Nemours, no obstante, por guardar el honor debido al señor rey su padre, le rogamos, con la mayor ternura que

> podemos, de no querer tomar estos títulos sin el consentimiento y bendición del dicho señor padre.

El rey viudo apeló a esta cláusula y nunca aceptó que heredase el reino su hijo, al que nombró lugarteniente general. El príncipe Carlos aceptó el nombramiento, aunque especificando, en un acta, que lo hacía sin menoscabo de sus derechos a la corona, que le pertenecía por su poder propio y la autoridad de Dios, aludiendo a su legitimidad por sucesión y descendencia. Añadía que aceptaba la lugartenencia por respeto al rey su padre, pero sin reconocerle derecho alguno sobre Navarra.

Este consentimiento permitió a don Juan proseguir con los arduos asuntos castellanos, aunque el descalabro en la guerra de 1445 y su ulterior matrimonio con Juana Enríquez agravarían el conflicto interno, provocando una profunda escisión en Navarra protagonizada por dos bandos contrapuestos: los beaumonteses, partidarios del primogénito, y los agramonteses, defensores de don Juan. El enfrentamiento desencadena una guerra civil que se prolongará hasta el fallecimiento de Carlos veinte años después, el 23 de septiembre de 1461.

En el ambiente exaltado del momento, se acusó, sin fundamento alguno, a su madrastra de haberle envenenado. Casi con toda seguridad, el príncipe murió como consecuencia de un avanzado proceso de tuberculosis.

Sempiterno conflicto con Castilla

Don Juan, al margen de su nombramiento como rey de Navarra y luego de Aragón, siempre mantuvo su preocupación e inclinación personal hacia Castilla: los historiadores han sido unánimes al concluir que siempre estuvo vinculado a sus tierras de origen, tanto por razón de su estirpe como por sus intereses políticos y económicos. Y aunque desde 1419 los infantes de Aragón habían intervenido en aquellos territorios a favor de Álvaro de Luna –condestable, maestre de la Orden de Santiago y a la postre valido del rey Juan II de Castilla–, a partir de 1425 se mostraron contrarios, llevando su rivalidad al cenit pocos años después.

El condestable se había ido haciendo con el poder progresivamente, prometiendo el reparto de la fortuna y heredades de las que los infantes de Aragón disponían en aquel reino, por lo que consiguió que gran parte de la nobleza jurase fidelidad al monarca castellano. Los infantes de Aragón reaccionaron propiciando una guerra en 1429 y, acaudillados por don Juan, invadieron aquel reino, si bien los ejércitos no llegaron a enfrentarse por intervención de María de Aragón, hermana de los infantes y esposa del rey de Castilla, Juan II.

Las disputas culminaron meses después con las conocidas treguas de Majano, firmadas en aquel lugar el 16 de julio de 1430 y que supusieron un duro revés a las pretensiones de los reyes de Aragón y de Navarra.

A corto plazo, la pérdida patrimonial de don Juan sería muy importante, asimismo se vería mermada su capacidad para intervenir en los asuntos castellanos; no obstante, y como se ha referido en páginas anteriores, la derrota supuso también nuevas oportunidades para los de Aragón.

Tras una breve y fallida empresa mediterránea en la que tanto él como sus hermanos resultaron hechos prisioneros y llevados a Milán, don Juan regresó a la Península como lugarteniente de Aragón y Valencia. Como consecuencia del Tratado de Toledo, que corroboraba las treguas de Majano, el 16 de septiembre de 1440 se celebraban en la iglesia conventual de San Pablo de Valladolid las fastuosas bodas entre su hija Blanca, que llevaba como dote parte del patrimonio arrebatado a su padre, y el heredero de la corona de Castilla.

Caprichos de la historia favorecieron la denostación aunque transitoria de Álvaro de Luna, y que el rey de Navarra gobernase, desde 1441 y durante tres años, en el reino castellano. Este período no estaría exento de dificultades, entre otras la muerte de doña Blanca y la consiguiente huida del príncipe Carlos a Castilla. Se sucedieron diversos episodios, entre otros la acusación y detención del príncipe de Viana por alta traición al apalabrar su matrimonio con la hermanastra de Enrique IV, Isabel.

Don Juan, tras una serie de éxitos militares y conquistas diplomáticas –también internacionales–, estuvo en condiciones de negociar, en 1469, el matrimonio de su hijo Fernando –nieto de Fernando I de Aragón, bisnieto de Leonor de Aragón, tataranieto de Pedro el Ceremonioso– con Isabel –hija de Juan II de Castilla, bisnieta de Leonor de Aragón, tataranieta de Pedro el Ceremonioso–. Su habilidad política acabó por proporcionar una salida al conflicto y, como se verá, asegurar el futuro de la dinastía y de la Corona.

Joan Sens Fe

Como queda dicho, don Juan había sido nombrado lugarteniente general de Aragón durante el reinado de su hermano Alfonso V, aunque primero alternando estas tareas con doña María de Castilla: mientras él ejercía en Aragón, Valencia y Mallorca, su melancólica cuñada lo hacía en Cataluña. Durante este período convocó y presidió diversas Cortes en Alcañiz y Zaragoza, y otras reuniones parlamentarias, entre ellas la celebrada entre 1446 y 1450, en la que se puso de manifiesto el descontento general por el desgobierno del monarca ausente. Las últimas presididas como lugarteniente se celebrarían entre 1451 y 1454 en la capital del reino, Zaragoza. En ese último año, don Juan asumió también tareas gubernamentales en Cataluña y, en breve, pudo constatarse su poco entendimiento con las Cortes del principado: durante los cuatro años que duró su lugartenencia le fue imposible llegar a un acuerdo con los procuradores catalanes.

La muerte de Alfonso V el Magnánimo en junio de 1458 convirtió al longevo don Juan en rey de Aragón. Salvo Nápoles, el resto de territorios quedaban sometidos bajo su cetro: Sicilia, Cerdeña, Córcega, Atenas y Neopatria, Rosellón y Cerdaña, Cataluña, Valencia y Mallorca.

Tal y como le era requerido, Juan II juró los fueros del reino en poder del Justicia de Aragón, aunque no protagonizó ceremonia de consagración o coronación alguna. Asumió el gobierno con actitud enérgica y firme, a pesar de los problemas que tanto complicaban su gestión: las constantes hostilidades con Castilla se habían intensificado y, además, debía hacer frente a la sublevación napolitana contra Ferrante I, el hijo natural de su hermano Alfonso y sucesor en aquel reino.

Como había hecho durante su lugartenencia, convocó Cortes en diversas ocasiones, entre otras las celebradas [1460-1461] en Fraga, Zaragoza y Calatayud, donde fue «jurado rey» por los cuatro brazos, tras volver a jurar él guardar y defender los fueros de Aragón; y las de 1463, en las que el infante Fernando fue «jurado» como heredero. Hacía dos años que había fallecido su primogénito, el príncipe Carlos, a quien tanto había apoyado públicamente Cataluña, sobre todo tras su detención por real orden, lo que sazonaría las tiranteces entre el gobernante y sus súbditos.Incomprensión agravada por los conflictos entre la «Busca» y la «Biga» que se disputaban el gobierno municipal y la rebelión de los «forans mallorquins» y «remences catalans», que no se solventaría hasta la sentencia arbitral de Guadalupe, rubricada en 1486. Estas ariscas relaciones explican que en el *Dietari de la Generalitat* aparezca escrito «Joan Sens Fe».

Exceso de candidatos

Como se sabe, las aspiraciones catalanas se desvanecieron tras la imprevista muerte del mitificado «sant Karles de Catalunya» cuando, a la postre, la lugartenencia fue asumida por Juana Enríquez en nombre de su hijo de nueve años, Fernando, el futuro rey Católico. Aunque como lugarteniente real en Cataluña procuró una política de equilibrio, sus indiscutibles esfuerzos fueron en vano. En 1462 se originaba una rebelión en la Ciudad Condal que obliga a Juana Enríquez a escapar y protegerse en Gerona, desde donde dirigirá una campaña bélica que involucra a su hijo Fernando. Con solo diez años de edad, el príncipe se ve conminado –por formación castrense– a participar en los episodios armados. La guerra se prolongó durante diez años, y en ella fueron partícipes las monarquías castellana por un lado (Enrique IV llegó a aceptar la corona que le ofrecía el Parlamento) y francesa por el otro (Luis XI intervino en favor de Juan II a cambio de obtener los derechos sobre el Rosellón y la Cerdaña). Así las cosas, Enrique I (IV, en realidad), Pedro de Portugal –nieto de Jaime de Urgel– o René I –duque de Anjou–, basando todos ellos sus derechos en el fallo del Compromiso de Caspe, fueron los sucesivos candidatos para asumir el reino.

El largo conflicto, que afectó y empobreció la economía de la corona de Aragón, culminó con la Capitulación de Pedralbes en 1472, en la que el soberano fue extremadamente indulgente: ofreció un perdón general y reconoció las leyes y privilegios de aquella tierra.

Dilatada existencia

El mismo año en que se firma la Capitulación de Pedralbes, el infante Fernando se convierte en rey consorte de Castilla: Juan II vive, por fin, la culminación de su aspiración máxima al personificar su hijo el poder que él siempre había intentado aglutinar.

Los desembolsos personales y los de sus reinos –sumidos en respectivas guerras civiles– no impidieron una ruina económica que justificará la imposición de una «política de redreç» [política de enderezamiento] a aplicar por el heredero y sucesor, en quien tanto aragoneses como catalanes han depositado su confianza.

Hombre de gran fortaleza física, padeció una forma de artritis tan frecuente como compleja: la gota, enfermedad reumática con la que tuvo que convivir al final de su vida. Murió, más por vejez que por dolencia –en términos de Zurita–, aunque pocos días antes había sufrido un accidente de caza en los bosques de Canyelles (Barcelona) que pudo empeorar su estado de salud.

Juan II expiraba el 19 de enero de 1479 en el palacio episcopal de Barcelona. Había recibido los sacramentos y organizado los asuntos políticos y sucesorios, redactando los últimos codicilos de su testamento. Le habían faltado pocos meses para llegar a cumplir los ochenta y un años: una vida excepcionalmente longeva para la época.

Sus exequias, descritas de forma pormenorizada por Pedro Miguel Carbonell en su célebre *De exequiis, sepultura et infirmitate regis Joannis secundi*, fueron extraordinarias y de gran solemnidad. Se celebraron en todas las ciudades de los dos grandes reinos de la Península, que ahora presenciaban una nueva realidad al quedar ambos incorporados en las posesiones de los soberanos que se intitularían, a partir de entonces y de acuerdo con lo decidido junto al Consejo Real:

> Don Fernando e doña Isabel, por la graçia de Dios, rey e reyna de Castilla, de León, de Aragón, de Seçilia, de Toledo, de Valençia, de Galizia, de Mallorca, de Seuila, de Cerdeña, de Córdoua, de Córçega, de Murçia, de Jahén, del Algarbe, de Gibraltar, conde e condesa de Barçelona, señores de Vizcaya e de Molina, duques de Atenas e de Neopatria, condes de Rosellón e Cerdania, marqueses de Oristán e Goçiano.

Fernando II 1479-1516

[Sos, 1452 / Madrigalejo, 1516]. –**Aldonza**: Alonso. 1º **Isabel** [Juan II de Castilla]: Isabel, Juan, Juana, María, ?, Catalina. –**Juana**: Juana María. –**Toda**: María. –**Juana**: María. 2º **Germana de Foix** [Juan I, conde de Étampes]: Juan. + Capilla Real de Granada.

Fernando no estaba destinado a ocupar el trono: nacido a resultas de las segundas nupcias de Juan II con Juana Enríquez, era el segundo hijo varón del rey de Aragón. La corona hubiera correspondido al primogénito, Carlos, príncipe de Viana como hijo de Blanca de Navarra y nieto de Carlos III el Noble (quien precisamente había instituido el título para su nieto). Pero el también príncipe de Gerona falleció –como se ha dicho– a causa de la tuberculosis el 23 de septiembre 1461. Ante la situación de enfrentamientos y hostilidades que doblegaban el reino, las Cortes aragonesas juraron ese mismo año al segundón como sucesor. El clima, no obstante, siguió convulso hasta la muerte de Juan II, cuando Fernando fue aceptado unánimemente. En él depositaban las esperanzas todos sus súbditos, incluidos los catalanes. Junto a su esposa Isabel protagonizó un gobierno trascendental que marcaría el futuro de los reinos peninsulares. Su preocupación por la defensa del cristianismo fue notoria y reconocida internacionalmente. En una de las «stanzas» del Vaticano pintadas por el afamado Rafael, hay una efigie suya laureada y orlada por la siguiente inscripción: «Fernando, el rey Católico, propagador del imperio cristiano».

Crecer entre conflictos

Sus primeros años de vida (nació el 10 de marzo de 1452) fueron agitados, lo que tuvo consecuencias en su formación intelectual que, sin ser deficiente, no culminaría de forma adecuada. Receptivo a las enseñanzas, intervinieron en su formación personajes de la relevancia intelectual del cardenal Juan Margarit, quien desempeñaría misiones diplomáticas en nombre de su pupilo, ya devenido rey. Como infante nunca fue ajeno a las tensiones de la corona de Aragón, siendo una de las más sustanciales la reivindicación «remença» que colisionaba con la alta nobleza, insistente en mantener los llamados «mals usos». Sufrió las peleas que hostigaban el núcleo familiar, en especial las luchas entre su padre Juan II y el primogénito Carlos, recrudecidas tras el matrimonio del rey con Juana Enríquez y, lo que no es baladí, por su propio nacimiento.

A petición paterna, en las Cortes de 1461, Fernando fue jurado como primogénito sucesor y, aunque «el Reyno fue contento de jurarlo» –lo que anotó Blancas–, no amainaron las tiranteces.

Ni tan siquiera la muerte del príncipe de Viana comportó la pacificación, a pesar de que instantáneamente y para cualquier súbdito, Fernando se había convertido en heredero de la corona aragonesa.

En 1462 estallaba la guerra civil en Cataluña: por un lado estaba el bando conformado por su padre, algunos representantes de la nobleza, la «Busca» y los «remences»; enfrente la facción integrada por la Generalitat, la mayoría del estamento nobiliario terrateniente y la «Biga». Ya hemos dicho que con solo diez años y bajo la autoridad de su madre –lugarteniente real– tuvo que participar de forma activa en la contienda armada. Las hostilidades se prolongaron por más de diez años, durante los que, como ya ha sido referido, se sucedieron hasta tres candidatos para ocupar el trono: Enrique I (IV de Castilla), Pedro de Portugal y Renato de Anjou. Juan II, para sofocar y terminar con la seria amenaza que suponía el angevino, debió recurrir a la corona de Castilla para solicitar apoyo. Las negociaciones fructificaron y, aunque las condiciones fueron muy duras para el aragonés, también se firmó el acuerdo matrimonial entre Fernando e Isabel.

Isabel

La proclamación de Isabel como heredera de Castilla vino precedida de graves tensiones en el seno familiar que –de modo similar a lo sucedido en Aragón– culminaron en la guerra de Sucesión, desarrollada entre 1475 y 1479. Los enfrentamientos se inician en 1464, cuando un grupo de nobles pretendieron la abdicación del rey Enrique IV y la deposición de su valido, Beltrán de la Cueva; tensiones que culminan el 5 de junio de 1465 en la llamada «farsa de Ávila». En aquella singular ceremonia, una efigie del rey fue desprovista de todas sus insignias y derribada al suelo con el grito: «¡A tierra, puto!». Al mismo tiempo era coronado con solemnidad su hermanastro Alfonso (y hermano menor de Isabel). La muerte del infante en julio de 1468 convirtió a Isabel en la candidata de los rebeldes, aunque esta prefirió pactar con su hermano paterno. Por mediación de Antonio de Véneris se alcanzaba un acuerdo en Castronuevo que se formaliza en una concordia sancionada en Cadalso y Cebreros el 18 de septiembre de 1468 y que se ratificará al día siguiente como Tratado de los Toros de Guisando (toma el nombre del escenario: una explanada por donde discurre la Cañada Real Leonesa Oriental y se encuentra emplazado un grupo de verracos ibéricos conocido como Toros de Guisando). Fue entonces cuando Isabel fue declarada heredera de la corona de Castilla, quedando definitivamente excluida su sobrina Juana. Como fruto del matrimonio entre Enrique IV y Juana de Portugal, fue considerada ilegítima pues la unión en consanguinidad no disponía de la oportuna dispensa papal y por lo tanto no resultaba válida. (Esa Juana fue apodada con malicia «la Beltraneja», haciendo sospechar que era fruto de la intimidad de la reina con Beltrán de la Cueva).

Pese a que una de las cláusulas rubricadas establecía que los esponsales de la princesa de Asturias y heredera al trono debían realizarse con la previa aprobación de Enrique IV, el 5 de marzo de 1469 Isabel firmaba las Capitulaciones de Cervera, que suponían el acuerdo matrimonial con el heredero de Aragón, Fernando. Las condiciones –según advierte la historiografía– demuestran el espíritu de recelo con que la facción castellana rebelde recibía al príncipe aragonés, a quien pretendía utilizar como instrumento para sus propósitos. Las disposiciones fueron desfavorables a Fernando –no ayudaría la situación de su padre, inmerso en una guerra civil y necesitado de la ayuda castellana–, y entre otras anuencias, se comprometió a respetar la libertad eclesiástica y los fueros de villas y ciudades de Castilla; no ordenar nada, ni hacer la guerra o firmar la paz sin la voluntad y firma de su cónyuge; y no otorgar mercedes ni nombrar cargo alguno, prerrogativas exclusivas de Isabel.

Los esponsales se oficiaron en secreto el 19 de octubre de 1469 en Valladolid, y todavía hoy se desconoce si los contrayentes fueron conscientes de que la bula que les permitía consagrar el matrimonio era una falsificación. Para celebrarlos, Isabel se fugó de Ocaña, donde la retenía su hermanastro desde el Tratado de los Toros de Guisando, y Fernando atravesó la frontera disfrazado de arriero, temiendo ser reconocido y caer en manos de los partidarios de Enrique. Cuando la unión se hizo pública, el castellano apartó a Isabel de la sucesión y, en la ceremonia de la Val de Lozoya, el 25 de octubre (para otros, noviembre) de 1470, volvía a reconocer los derechos de su hija Juana.

Cita con la historia

La muerte en 1474 de Enrique IV supuso un nuevo enfrentamiento entre los isabelinos y los juanistas, ahora internacionalizado por la participación de la corona de Aragón al lado de Isabel, y de Francia y Portugal en el de Juana. La victoria sería para la primera, que se erigiría oficialmente como la nueva reina. En enero de 1475 los reyes pactaban en el real alcázar la Concordia de Segovia que, basada en las capitulaciones matrimoniales cerveranas y redactada por el arzobispo Carrillo y el cardenal Mendoza, fijaba el papel que asumiría Fernando en la administración y gobierno del reino de Castilla. Al año siguiente moría en Barcelona Juan II, y su hijo Fernando era proclamado rey de Aragón. A partir de entonces personificará junto a Isabel la unión de dos grandes coronas; aunque, conforme a la tradición federalista de Aragón, cada reino mantendrá sus trazos distintivos, particulares y característicos.

Reformar

Superadas las complicaciones en sendos reinos y pacificados los territorios, los reyes asumieron profundas reformas para aumentar y consolidar su poder a todos los niveles, incluso el religioso. La insistencia de Fernando II para establecer la Inquisición bajo el control real es conocida, obstinación que se manifiesta en su institución incluso antes de la obtención de la bula papal correspondiente, que arribó a suelo peninsular el 1 de noviembre de 1478. Sellada por Sixto IV [1471-1484], autorizaba su establecimiento y aceptaba el ideal de doble cruzada: una exterior contra los musulmanes granadinos y otra interior frente a los malos cristianos. La implantación del Tribunal del Santo Oficio de la Inquisición, cuya figura más destacada será Tomas de Torquemada, suponía –conforme a los argumentos de Sesma– la introducción de cuñas de poder monárquico en el rígido entramado administrativo con el que se organizaban sus estados patrimoniales, lo que indujo ciertos movimientos de oposición con base en la defensa de fueros, privilegios y libertades.

La década de los ochenta se abrió con la convocatoria de Cortes que resultarían medulares para la estrategia política. En 1480 se celebrarían las de Toledo, en las que se llegó a un consenso para el ejercicio del gobierno. Al año siguiente, se convocaron las simultáneas de Cataluña y Aragón y, poco después, las de Valencia. En las primeras, mostrando Fernando II su talante conciliador, aceptó y promulgó la *Constitució de l'Observança*, que revitalizaba el funcionamiento de la Diputación del General, constituida como garante de los privilegios del territorio, y autorizó de nuevo la aplicación de los «mals usos» que habían sido derogados por Alfonso V en 1455; esta medida originó descontento y protestas solo resueltas tras su abolición definitiva mediante la Sentencia Arbitral de Guadalupe, rubricada el 21 de abril de 1486.

Ni en Aragón, donde fueron presididas por Isabel al estar Fernando en Barcelona, ni en Valencia se introdujeron reformas relevantes. En todos los territorios, el príncipe Juan fue jurado heredero.

Toma de Granada

La conquista del último reducto musulmán en la peninsula fue objetivo prioritario de los reyes. Se consumó en diversas fases y campañas, que fueron talladas, a modo de crónica cuasi síncrona con los acontecimientos, por Rodrigo Alemán en la magistral sillería baja de la catedral de Toledo, promovida por el cardenal Mendoza, participante activo en la contienda. Tras la firma, el 25 de noviembre de 1491, de las Capitulaciones de Granada, la conquista culmina el 2 de enero de 1492 con la entrega de la plaza por parte de «Abu 'Abd Allah Muhammad Ibn 'Ali Al-Hasan 'Ali», esto es, el nazarí Muhammad XII, conocido por los cristianos como Boabdil. En la madrugada de aquel día –imborrable en la memoria de cualquier súbdito cristiano o musulmán– el sultán entregaba las llaves del reino a un oficial castellano en el salón del Trono, la torre de Comares de la Alhambra. Por la tarde, quien ya en su tiempo fue apodado como «Al-Zugabi», el Desdichado, acudía a las puertas de la ciudad para homenajear a los Reyes Católicos e iniciar su exilio hacia Fez.

Expulsión de los judíos

En ese mismo año se decretaba el Edicto de Granada, que expulsaba a los judíos que no abjurasen de su fe y se convirtieran al cristianismo, disposición que comportaba el embargo del patrimonio judío y la venta de todos los bienes individuales de quienes decidieran marcharse.

Constan llamamientos del rey para nombrar comisarios que revisaran los trámites de compra-venta que, no pocas veces, se llevaban a cabo con tanta rapidez como oscuridad legal, así como ordenaciones para proteger a la comunidad mosaica durante su destierro, para evitar que sufrieran vejaciones y abusos. Esta protección real no oculta la humillación a la que se sometió a la comunidad sefardí, expatriada forzosamente, acaso por la presión constante de una parte de la Iglesia y del resto de monarquías cristianas, acaso por asuntos más internos del reino, como la usura o la existencia de los falsos conversos. Quizá la motivación estribe en el contexto del bastimento del llamado «Estado moderno» que requería –en términos de Joseph Pérez– una mayor cohesión social.

La mar océana...

En 1486 Cristóbal Colón ya había ofrecido un proyecto a los reyes para abrir una nueva ruta hacia las Indias por el océano Atlántico, empresa que, pese a la inicial desconfianza, contó con el respaldo de Isabel.

Tras un penoso viaje, el 12 de octubre de 1492 llegaba el navegante a tierra firme, pero en un continente entonces desconocido que se colonizaría inmediatamente.

A su regreso, Colón fue recibido a mediados de abril de 1493 en Barcelona, aunque el encuentro no fue público, según refiere la documentación conservada. Al margen de los constatados contactos transoceánicos precolombinos, los beneficios que acarrearía el llamado «descubrimiento de América» para Castilla serían tan diversos como la ramificación de las rutas marítimas, el intercambio cultural y de productos inimaginables o la evangelización en las nuevas tierras, lo que repercutiría en la consolidación del reino.

Liga Santa

En el orden internacional, Fernando II gobernó con un perfil continuista con respecto a sus predecesores, por lo que se centró en dos objetivos: afianzar su presencia en el Mediterráneo y en Italia, y detener la supremacía de Francia, cuya monarquía se erigía como la más potente de Europa.

Logró controlar Cerdeña y Sicilia, y supo mantener su influencia en Italia prestando su ayuda a Ferrante, quien, en plena campaña contra los turcos, perdía la vida. La situación fue aprovechada por Francia, que invadió Nápoles en 1495, por lo que Fernando II –a pesar del Tratado de Barcelona de 1493 que le devolvía los condados de Rosellón y Cerdaña y algunas plazas navarras a cambio de no agraviar al reino ultrapirenaico– se vio obligado a participar en la contienda.

La estabilidad de su poder posibilitaba el estipendio, mientras que su proyección internacional le permitió, en coalición con

Roma y el Sacro Imperio, formar la Liga Santa bajo el pretexto de luchar contra los turcos. Esta alianza supranacional, cuyo propósito era excluir a Francia de la política europea, conllevó el matrimonio de sus cinco hijos con los herederos al trono de Portugal, Austria, Flandes e Inglaterra. A pesar de esta estrategia internacional, Francia continuó desestabilizando el reino: la conquista de Milán a manos de Luis XII desequilibró el panorama ítalo, y las fricciones entre las mesnadas hispanas y francesas en Nápoles desembocaron en una lucha armada de la que Fernando saldría vencedor.

Muerte del infante y problemas sucesorios

La súbita muerte en 1497 del infante Juan, heredero al trono, supuso un durísimo revés al ver extinta la dinastía Trastámara (a la que ambos conyuges pertenecían). De la conmoción que se produjo en el reino da buena cuenta –entre otros posibles

Con Fernando II la corona llega a su máxima expansión territorial.

ejemplos– el planto del dramaturgo humanista Juan del Enzina: *Triste España sin ventura*.

El malogrado Juan, de constitución endeble, había tenido una vida difícil por nacer con labio leporino, hoy fácilmente corregible con cirugía, pero antes de gravedad, pues ocasionaba problemas en la alimentación, y retrasos en el habla y en el lenguaje. Había engendrado una niña a resultas de su matrimonio con Margarita (hija del emperador Maximiliano I), pero la hija póstuma murió en el parto. Así, la hermana mayor de Juan, Isabel (casada con el rey de Portugal Manuel I), quedaba convertida en heredera de los reinos, lo que anunciaba tensiones en Aragón a causa de la ley sálica. El fallecimiento de la princesa Isabel en 1498 dejaba como sucesor a su hijo Miguel, pero no supuso el fin del problema, puesto que este infante moriría poco después, en 1500.

Serán Juana (tercer vástago de Fernando e Isabel) y su esposo Felipe (hijo también del emperador Maximiliano I) los que reclamen ahora la corona de Castilla. Tras realizar un largo viaje desde Flandes, serán jurados como herederos ante las Cortes castellanas en la catedral de Toledo el 22 de mayo de 1502.

Por entonces, los Reyes Católicos solicitarían –en vano– el traslado a la Península del nieto nacido en Gante, el infante Carlos. Pretendían educarlo en los reinos hispanos previendo que, de otro modo, tras su entronización, los súbditos pudieran considerarle un rey extranjero. Pero siguió en los Países Bajos tutelado por su tía Margarita, la viuda del príncipe Juan.

De buen entendimiento y muy notable

No se conoce bien el perfil de este rey a pesar de la ingente información de cronistas y viajeros que aludieron a su persona. De los relatos conservados, el de Hernando de Pulgar quizá sea el más extenso y preciso con los rasgos físicos y personales:

> … era home de mediana estatura, bien proporcionado en sus miembros, en las facciones de su rostro bien compuesto,

> los ojos rientes, los cabellos prietos e llanos [...]. Tenía la fabla igual, ni presurosa ni mucho espaciosa. Era de buen entendimiento e muy templado en su comer e beber, y en los movimientos de su persona [...] ni la ira ni el placer facía en él alteración [...]. Era gran cazador de aves, e home de buen esfuerzo e gran trabajador en las guerras [...]. E había una gracia singular que qualquier que con él fablase, luego le amaba e le deseaba servir...

El cronista también recuerda su talante justiciero, su piedad y misericordia, referencias que repiten otras semblanzas, como la del embajador florentino Francisco Guicciardini, quien lo tildaba de prudente, paciente y organizado, conocedor de todos los asuntos del reino, fuesen importantes o insignificantes: solo él los resolvía o disponía sobre ellos. Fernando se dejaba aconsejar también por su esposa Isabel, de la que reconocía su entendimiento y a la que amaba profundamente, «aunque dábase a otras mujeres».

Se dejó seducir por las alhajas, especialmente las que lucían diamantes y rubíes; algunas elaboradas por afamados plateros, de los que constan hasta ocho a su servicio, uno de ellos judío. Y gustaba de exhibirlas; de hecho, parece que sobrevivió al atentado sufrido en Barcelona gracias al collar de hombros que portaba: su anchura ayudó a que el cuchillo del regicida, Joan de Canyamàs, no penetrara lo suficiente como para provocarle la muerte.

Sorprende que se le definiera como iliterato –tal vez por antagonismo con sus predecesores– aunque como príncipe renacentista destacó en la promoción de la cultura, por la que también hizo tanto su esposa Isabel.

Iconografía publicitaria

Los Reyes Católicos explotaron su imagen –prestigiada por el ceremonial de la corte, los panegíricos y la iconografía–, para la que emplearon instrumentalmente un arte destacado, novedoso, rico y variado que se abría a las nuevas tendencias renacentistas, aunque sin exluir los lenguajes tardogótico, el de la herencia islámica y el llamado mudéjar, persistentes en la arquitectura, los objetos y los ambientes cotidianos. Su imagen proliferó en diversos soportes, ahora con el género del retrato como «vera efigie», acompañada por extensas intitulaciones, heráldicas y divisas que expresaban de forma efectiva el gobierno bicéfalo. Fernando II siempre fue consciente de que el arte era el signo plástico más visible de su poder, y aunque como promotor siempre actuó en compañía de su esposa Isabel, al enviudar no desentendió las obras proyectadas o iniciadas. Como afirmó Yarza, es pertinente reivindicarlo como uno de los grandes promotores coronados de la Edad Media hispana. Aunque le sirvieran artistas de menor categoría que los que trabajaban para la reina –los célebres Juan de Flandes o Michel Sittow–, constan nombres de la talla de los pintores Tomás Giner, Miguel Ximénez y Hernando del Rincón, el platero Jaume Aymerich, el miniaturista Alonso Ximènez o los escultores Gil Morlanes y Domenico Fancelli.

Consumación de la dinastía

La defunción de Isabel I en 1504 supuso un duro golpe para Fernando II, que afirmaría melancólico: «su muerte es para mí el mayor trabajo que en esta vida me podría venir». Siguiendo lo establecido en el testamento y conforme a la incapacidad mental de Juana, aceptó la gobernación general del reino huérfano, aunque debió cederla a su yerno para viajar a Nápoles, donde la situación era inestable: en 1505 sería investido rey de Nápoles por el papa.

La repentina muerte de Felipe el Hermoso en septiembre de 1506 y la provisionalidad del gobierno encabezado por Cisneros exigió, sin embargo, su retorno. Durante sus últimos años y en la estela de los deseos de Isabel, tomaría Melilla y Orán, aunque el desastre de Djerba obligó a hacer un alto en las conquistas por el norte de África.

En 1512 incorporaba Navarra a la corona de Castilla gracias a la ocupación militar comandada por el duque de Alba.

La tradición atribuye la muerte del rey Católico a sus intentos por tener un heredero con su segunda esposa, Germana de Foix, lo que le hizo abusar de la cantárida, producto afrodisíaco pero muy nocivo. No obstante, su estado de salud, según Mártir de Anglería, se había ido deteriorando en los últimos tres años, puesto que refirió disnea –asma– y edemas –hidropesía– como consecuencia de problemas cardíacos.

El 22 de enero de 1516 dictaba su último testamento y, en nombre de la enajenada reina Juana, nombraba como gobernador y administrador de los reinos de Castilla y de León al príncipe Carlos. Al día siguiente fallecía en Madrigalejo (Cáceres) a los sesenta y tres años de edad.

Se le ha criticado la elección de Granada como última morada, porque rompía con la tradición de sus predecesores de ser sepultados en Poblet, pero Fernando debió de considerar aquella ciudad como lugar emblemático, como el bastión del nuevo orden establecido por la monarquía y como estandarte que unía las dos grandes coronas hispanas.

Diez días después de sus funerales, se escuchaba por el reino:

> Vivan los católicos reyes doña Juana y don Carlos su hijo.
> Vivo es el rey, vivo es el rey, vivo es el rey.

Los Reyes Católicos no conformaron la unidad nacional, aunque su reinado fuera medular para la historia moderna de España, como en su día expuso Solano. Con la muerte de Fernando II se inauguraba un nuevo episodio en la historia del reino de Aragón: con el advenimiento de Carlos, una tercera dinastía –los Austrias– asumía el gobierno. Carlos arriba a suelo peninsular en 1517, reuniendo por vez primera en una misma persona las coronas de Castilla, Navarra y Aragón. Como Carlos I de España y V de Alemania, personificará uno de los reinados más poderosos y espectaculares de toda nuestra historia.

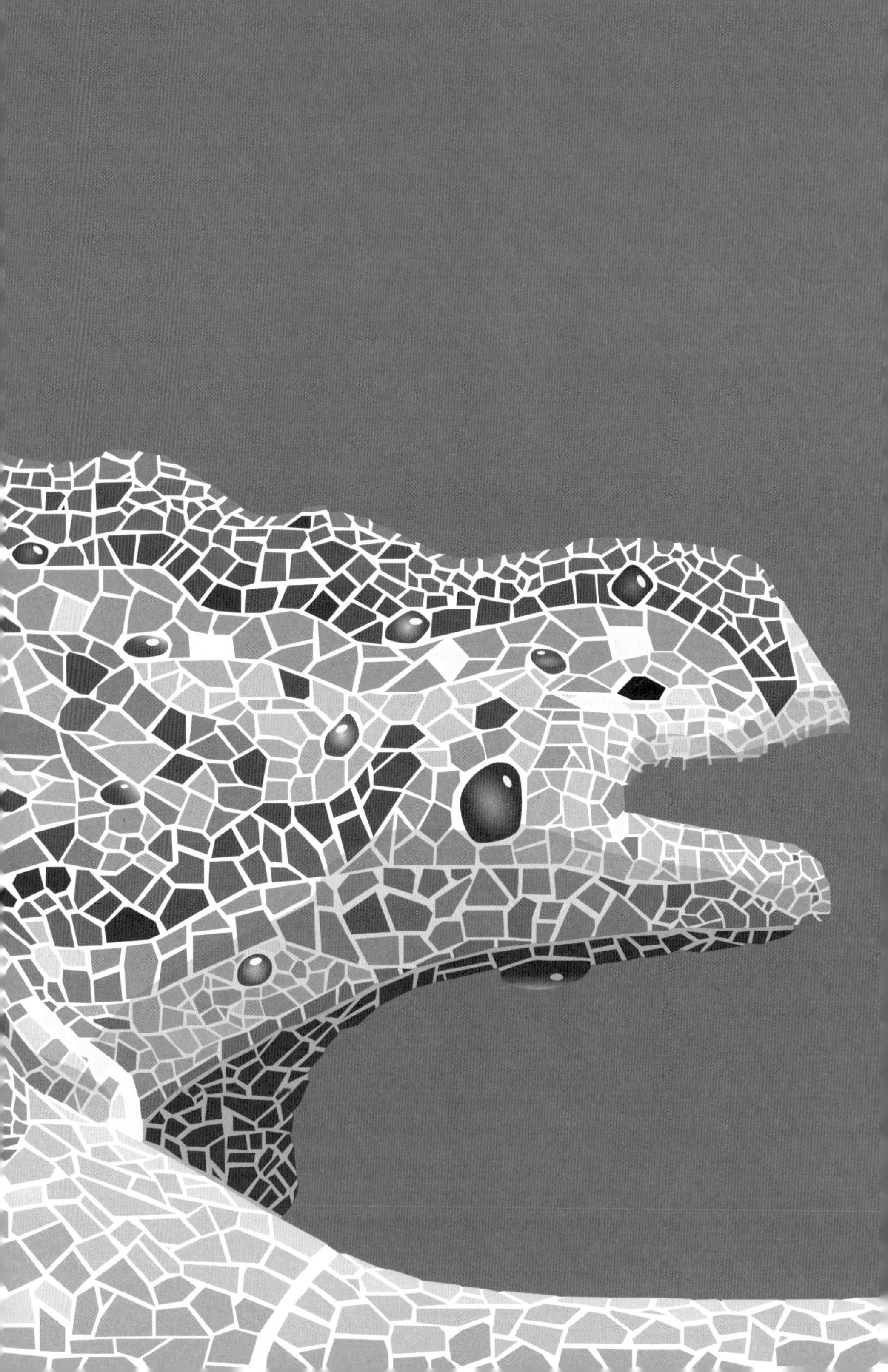

VIII Ecos del pasado

La historia de los reyes de Aragón, junto con la de sus reinas, infantes e infantas y también la de sus súbditos –casi todos anónimos– constituye una de las ramas más robustas y fructíferas del patrimonio cultural en la España de hoy.

Los hechos –de mayor o menor calado y fortuna historiográfica– a los que tuvieron que hacer frente aquellos soberanos se desarrollaron en unos territorios que, con fronteras casi idénticas a las que tuvieron en la Edad Media (salvo lo perdido tras el Tratado de los Pirineos en 1629), configuran hoy cuatro autonomías de fuerte personalidad: Aragón, Baleares, Cataluña y Valencia.

En el dilatado período que describe y examina este volumen, ya se concibieron progresivamente como entidades singulares y autónomas que –gobernadas bajo el mismo cetro– disfrutaron y mantuvieron fueros, privilegios, moneda o lengua que les eran propios y exclusivos.

Los reyes de Aragón lograron –no sin cierta dificultad– mantener su autoridad sobre esa diversidad territorial y poblacional; pues sus «súbditos» respondían a extracciones heterogéneas, sin ir más lejos, había cristianos, musulmanes y judíos.

Fueros y Cortes

Para articular un gobierno eficiente, se crearon una serie de instituciones que, con sus correspondientes mutaciones y evolución, algunas aún persisten en la actualidad. Entre todas ellas procede destacar las Cortes de Aragón, cuya potestad de legislar es, a todas luces, casi milenaria. Con el precedente de la

Curia Regia leonesa [1017], se constituyeron como asamblea del rey por los representantes de los estamentos en los que se dividía el reino; los conocidos como brazos: eclesiástico, aristocrático, militar y villano. Desde una condición meramente consultiva, estas reuniones fueron derivando en unas verdaderas Cortes que podían condicionar la acción real. Estas asambleas vehiculizaron sus actuaciones a través de un conjunto de leyes y normas compiladas sistemáticamente en tiempos de Jaime I, y que desde 1247 se conocen como «Fueros de Aragón», imitados y literalmente trasplantados a otros lugares ajenos al reino. Desde entonces, y superado el paréntesis de silencio legislativo que a principios del siglo XVIII supuso el Decreto de Nueva Planta promulgado por Felipe V de Borbón, esta reglamentación se ha mantenido viva hasta la actualidad.

En Cataluña consta la convocatoria de Cortes desde 1228, aunque también tuvieron como precedente la «Curia Comtal», formada en el siglo XI siguiendo el modelo franco. Allí surgen los primeros «Usatges» que –como usos y costumbres que darán base a las constituciones catalanas– empezaron a recopilarse en tiempos de Ramón Berenguer I.

El reino de Mallorca, como feudatario del de Aragón, no dispondrá de Cortes. El de Valencia las asumirá en tiempos de Jaime II, ya en el siglo XIV, y sus normas se singularizarán semánticamente como «Furs».

Estas Cortes se convirtieron en el escenario en el que los reyes y sus súbditos, esto es, nobles o ricos hombres, infanzones y caballeros, el clero y las «universidades», resolvían y dirimían sus diferencias y alcanzaban pactos para llevar a cabo las empresas y actuaciones políticas necesarias para el buen gobierno.

Nuestra realidad actual no es muy distinta; de hecho, lo que otras naciones llaman Parlamento o Estados Generales, son en España las Cortes Generales, respetando el pedigrí histórico del término. Y allí se dirimen los aspectos esenciales de la soberanía nacional al tener potestad legislativa, aprobar los presupuestos públicos, controlar la acción de gobierno y desempeñar el resto de funciones que les atribuye la Constitución. Nada nuevo como se ve.

Diputación del General

Durante los períodos intermedios de celebración de Cortes, actuaba la Diputación del General para los reinos de Aragón y Valencia y para el principado de Cataluña, nacida en las Cortes de 1364, primero para recaudar una serie de impuestos, pero después convertida en un órgano de representación política en el que los diversos estamentos defendían sus intereses frente a los reyes, controlando el cumplimiento de los fueros y las libertades respectivas.

La «Diputació del General de Catalunya» es el embrión de lo que a partir de la Segunda República conocemos como «Generalitat».

El Justicia del rey

Otra institución propia del reino de Aragón –abolida igualmente en 1707 junto a los fueros, la Diputación y las Cortes– fue el Justicia del rey, figura que se constata por vez primera en 1115, pero que es instituida formalmente en 1265 como juez que dirimía los conflictos entre el rey y la nobleza. Poco después, en 1283, el Privilegio General de Aragón confirmaría su carácter mediador, ampliando su jurisdicción a los pleitos y causas entre los propios nobles. Pronto se convertiría en la autoridad más respetada del reino: los monarcas debían jurar ante él el cumplimiento de los fueros. Sucesivas resoluciones de las Cortes hicieron que el Justicia no pudiera ser arrestado, detenido ni molestado por el rey ni por ninguna otra autoridad.

Con la unión de la corona de Aragón y la corona de Castilla su figura perdió perspectiva, y algunos reyes no comprendieron la sensibilidad de sus súbditos aragoneses hacia la legislación tradicional. Felipe II intentando limitar la autonomía de esta figura capital, provocó las conocidas Alteraciones que concluirían con la decapitación del justicia Juan de Lanuza V el Mozo.

El contexto de este incidente es farragoso, no siendo ajeno a él los resentimientos derivados de la guerra de las Comunidades y las Germanías; y un rey que se siente traicionado por su secretario y desafiado por un funcionario.

Juan de Lanuza se enfrenta a Felipe II por haber entrado en el reino de Aragón con soldados para reducir las revueltas producidas como respuesta a la acción del Tribunal de la Inquisición. El rey había utilizado la jurisdicción del Tribunal del Santo Oficio porque, al estar por encima de los códigos de cualquier reino, podía apresar a Antonio Pérez, fugitivo y acogido a la jurisdicción del justicia mayor mediante el «privilegio de manifestación», una suerte de precedente de lo que hoy conocemos como «habeas corpus» en los procesos legales.

La figura del Justicia de Aragón volvió a resurgir en 1982 con el Estatuto de Autonomía de Aragón y bajo el amparo de la Constitución de 1978, con el cometido de defender el Estatuto y ser valedor de los derechos individuales y colectivos. El 2 de diciembre de 1987, a los doscientos ochenta años de su abolición y en el mismo lugar en el que fue suspendido el cargo –el salón de obispos del palacio episcopal de Tarazona–, quedó restaurada su función: el nuevo justicia juraba su cargo ante las Cortes y en presencia de la arqueta que contenía los restos óseos del malogrado Juan de Lanuza y Urrea.

Títulos

Otro de los elementos que proceden de la Edad Media son los títulos que ostenta el heredero de la corona de España (hoy heredera). El de príncipe de Gerona está ligado a la condición de primogénito de la corona de Aragón desde 1351, junto con los del duque de Montblanc, conde de Cervera y señor de

Balaguer. El escudo de armas de la princesa Leonor es idéntico al cuartelado de su padre, Felipe VI, pero con el añadido de un lambel azur con tres pendientes.

Autonomía

Estas instituciones, que arrancan de la Edad Media y que tuvieron su versión en los diferentes reinos y territorios que conformaron la corona de Aragón, pudieron ser recuperadas –tras la dictadura– con la Constitución de 1978, que «garantiza y reconoce el derecho de autonomía de las nacionalidades y regiones que la integran».

Aragón, Baleares, Cataluña y Valencia lograron restablecer su capacidad de autogobierno mediante la restitución de aquellas instituciones que, desde antaño, les eran propias y exclusivas. De este modo, pudo volver a ponerse en valor y apreciarse como algo tan positivo como distintivo la diversidad que caracteriza e identifica a estos territorios, y que se acrisoló en los tiempos medievales.

Nuestro Estado de hoy descentraliza la Administración, concediendo a cada una de sus demarcaciones la capacidad de gobernarse según sus propias políticas, lo que favorece la posibilidad de disponer de órganos administrativos y legislativos regionales, como las Cortes, la Diputación General y el Justicia, que aunque han variado en parte su cometido, se erigen como ecos indudables de lo que fueron en la Edad Media.

Lenguas

En los territorios de la corona de Aragón se utilizaron (y utilizan) dos lenguas vernáculas oriundas: el aragonés y el catalán. Lo que se refrenda en la abundantísima documentación de sus reyes, que eventualmente emplearon también el latín o el castellano. La expansión territorial y la dinámica comercial favorecerán el uso de un catalán que –sin entrar en los intensos y apasionados debates que el tema suscita– los habitantes de Mallorca llaman mallorquín, los vecinos de la Comunidad Valenciana, valenciano… Anotemos, por lo que tiene de singular, que en la ciudad sarda de Alguer aún se habla una variante de catalán conocida como alguerés.

Moneda

Los territorios de la corona de Aragón también tuvieron capacidad para acuñar moneda, salvo en el caso de Mallorca que, dicho sea de paso, por su incumplimiento en tiempos de Jaime III (entre otros motivos de carácter jurídico) volvió a ser conquistada por parte del Ceremonioso y anexionada al reino.

La variedad numismática fue notable: mancusos, dineros o «diners», óbolos o «òbols», cruzados o «croats», reales o «rals», entre otras, engrosaron las tipologías, muy diferentes en cuanto a materiales, valor e iconografías. Que ya a partir del siglo XI la mayoría presentasen el busto del rey (de frente o de perfil) en el anverso y una cruz (de tipología muy diversa según el lugar de acuñación) en el reverso es lo que explica que todavía hoy hablemos en estos instrumentos numismáticos de «cara o cruz».

Heráldica

Los reyes de Aragón –cuya intitulación fue alargándose al tiempo que aumentaban sus dominios por las sucesivas conquistas– mantuvieron siempre e inalterable su emblema, como se sabe, surgido como medio de reconocimiento militar y de identificación personal en las guerras del siglo XII.

Los palos de gules sobre campo de oro se convirtieron en el señal invariable de los reyes de Aragón, si bien el primero que ostentó este palado fue el conde de Barcelona Ramón Berenguer IV, aunque se observa solo en soporte sigilográfico, donde se intitula «Princeps Aragonensis».

Sin entrar a debatir las tesis aragonesistas o catalanistas en lo que concierne a su origen, sí que es preciso recordar que no sería hasta mucho más tarde –mediados del siglo XVI– cuando se atribuya su nacimiento a un afortunado diseño realizado con la sangre de Wifredo el Velloso; leyenda que, por otra parte, se constata en otras casas europeas. De acuerdo con los estudiosos, apareció no como emblema regio sino familiar, en tiempos de Ramón Berenguer IV, aunque progresivamente se vincularía directamente al reino de Aragón y, por ende, a toda la corona.

Con el paso del tiempo pudieron incorporarse otros elementos más personales, pero susceptibles de convertirse en hereditarios, como sucede con la célebre cimera del dragón alado que a partir de 1343 Pedro IV el Ceremonioso incorpora como timbre. El uso de esta bestia mitológica ¿es un juego parlante (dragón/d'Aragón) o el resultado de connotaciones simbólicas de carácter mesiánico derivadas de una propaganda en sintonía con la ambiciosa aventura imperialista de la monarquía?

Tras el matrimonio de los Reyes Católicos, el emblema partido de Aragón y Sicilia apareció en los cuarteles dos y tres del campo. En el blasón actual de España, los palos de Aragón permanecen en el campo tres, junto con el de Castilla, uno; León, dos; y Navarra, cuatro. En la punta, y también desde tiempos de Isabel y Fernándo, se presenta la granada, emblema parlante del último bastión conquistado a los musulmanes.

Mare Nostrum

La estrategia expansionista de los reyes de Aragón les llevó a someter –primero y como es natural– los territorios más inmediatos a sus fronteras, entonces parte del islam.

Con el paso del tiempo, y siempre conforme a expectativas concretas y efectivas, los monarcas fueron tornándose cada vez más ambiciosos: con propósitos mayoritariamente de carácter comercial y en parte también para atajar el peligro pirata, se acomete la conquista de Mallorca y Valencia.

Progresivamente los dominios aragoneses se van extendiendo por todo el Mediterráneo: Sicilia, Córcega, Cerdeña, Nápoles, los ducados de Atenas y Neopatria… Estos son los más importantes enclaves, además de otras pequeñas plazas en el norte de África.

A partir del siglo XVI esta política se agota.

La guerra de Sucesión provoca la desaparición de la corona de Aragón como entidad y, con ella, se fueron perdiendo sus extensas y dispersas áreas de influencia. Sin embargo, todavía hoy son visibles y palpables sugerentes reminiscencias materiales, como el imponente castillo nuevo de Nápoles, por citar un conspicuo ejemplo.

De hecho y como puede constatarse, la historia que infiltra estas páginas es, en realidad, la historia de todos y la historia de hoy. En definitiva: un pasado muy presente.

Glosario 284

Bibliografía 293

Crónicas 303

Glosario

alférez Oficial de la casa del rey que tenía como misión cuidar de las armas del monarca o llevar los emblemas heráldicos en los ejércitos.

aljama Entidad con alto grado de autonomía donde se agrupan las comunidades judías de la península Ibérica en el Medioevo, segregadas desde un punto de vista religioso e identitario de la población cristiana.

almajaneque Máquina de guerra utilizada para lanzar proyectiles contra las defensas enemigas, en especial para derribar murallas.

almogávares Tropas mercenarias, formadas especialmente por infantería ligera, originarias del reino de Aragón y que participarán en grandes contiendas de la Plena y Baja Edad Media, como, por ejemplo, las distintas batallas de la llamada «reconquista». Especialmente recordados por su valor y fiereza, será de gran importancia su participación en el proceso de conquista por parte de la corona de Aragón de distintos lugares del Mediterráneo entre los siglos XIII y XIV.

almohade Dinastía bereber fundada a partir del movimiento religioso creado por Muhámmad Ibn Túmart [1080 1112] con el apoyo de las tribus del Alto Atlas. Apareció [s. XII] en el actual Marruecos para corregir las desviaciones religiosas de los almorávides, que se habían adueñado del Magreb, pero habían fracasado en su intento de detener el avance de los Estados cristianos peninsulares. Procedentes del norte de África, llegan a la península Ibérica en 1146.

almorávide Pueblo bereber procedente del norte de África que, poseedor de una interpretación rigorista del islam, someterá bajo su autoridad una importante extensión del occidente musulmán. Los almorávides llegan a la Península en 1085, acudiendo a la llamada de auxilio de los reinos de taifas que pretendían poner fin a la sangría económica del sistema de parias al que les sometían los reyes cristianos.

arcia Ver arsina.

arsina Mal uso señorial —perniciosa relación de dominio— propio de la zona de la Cataluña Vieja y documentado ya desde el siglo X. Consistía en el derecho del señor feudal a reclamar una parte del patrimonio del payés si se le quemaba el terrazgo de manera fortuita. Se trataba, pues, de penalizar una posible negligencia campesina.

aula de aparato Estancia relevante en términos arquitectónicos en palacios y edificios residenciales de cierta envergadura. Utilizada en actos y celebraciones de especial significación, solía disponer de mobiliario y ornamentos distintivos, como pinturas murales u otros dispositivos visuales de carácter, no pocas veces, celebrativo.

baile Funcionario encargado de la administración del patrimonio. El «baile general» –del reino de Aragón, de Valencia y del principado de Cataluña– pertenecía a la casa del rey y se ocupaba de recaudar impuestos, cobrar derechos de explotación de las tierras regias o multas; también podía dar consejos al monarca. El «baile general» nombraba a los «bailes locales» de las distintas poblaciones del territorio. Los orígenes de ese cargo se remontan a tiempos de Jaime I.

biga Una de las facciones en que se divide la burguesía de Barcelona durante el siglo XV, radicalmente opuesta a la «busca». La «biga» es el partido de las grandes oligarquías de comerciantes burgueses enriquecidos durante la centuria anterior y, por ello, con una presencia representativa en el municipio de Barcelona, en las Cortes y en la Generalitat. Defensores de la tradición, conservadores, inmovilistas y contrarios a las reivindicaciones de los campesinos.

busca Uno de los bandos en que se divide la burguesía de Barcelona durante el siglo XV, opuesto a la «biga». La «busca» es el partido de los menestrales, de los pequeños comerciantes y artesanos burgueses, que ven cómo el gobierno municipal de Barcelona –en concreto el «Consell de Cent»– ignora sistemáticamente sus propuestas. Con el tiempo, los campesinos dependientes catalanes también entrarán a formar parte de la «busca». Contrariamente a la «biga», sus miembros son partidarios de la devaluación monetaria para salvar la economía y de aplicar una serie de medidas comerciales proteccionistas.

califato Sistema de gobierno regido por un califa, figura que, en el mundo musulmán, se utiliza para referirse al representante de «Allah» depositario de un poder político, pero también religioso. En la península Ibérica, el califato omeya de Córdoba, proclamado por Abderramán III en 929, puso fin al emirato independiente de Córdoba, instaurado por Abderramán I en 756. Perduró hasta 1031, año en el que se fragmenta el poder político estatal andalusí en los múltiples reinos de taifas. Se reconoce la época del califa Abderramán III [929-961] y la de su sucesor Al-Hakam II [961-976] como la de mayor vitalidad y esplendor político, cultural, artístico y comercial de Al-Ándalus.

callo Nombre que toma la judería o parte de una ciudad donde se concentra y se agrupa la población judía; en la corona de Aragón, desde 1234, segregada por motivos religiosos del resto de la población cristiana. Algunos de los «callos» más relevantes son los de Zaragoza, Calatayud, Huesca, Gerona, Besalú o Barcelona, duramente golpeados durante el pogromo –revuelta antijudía– de 1391.

cátaro También nombrado «albigense», por la ciudad de Albi. Perteneciente a un movimiento religioso cristiano heterodoxo que se propaga por la Europa occidental desde mediados del siglo XI (se introdujo, por ejemplo, en la Lombardía y Cataluña) y arraiga con fuerza en el Mediodía francés durante el siglo XII, especialmente en el Languedoc. En lugares como Toulouse, Narbona, Carcasona o Béziers contó con la protección de vasallos de la corona de Aragón. El catarismo era una religión de origen oriental con influencias del maniqueísmo; la Iglesia católica consideró su doctrina como herética y persiguió de manera inquisitorial a todos sus practicantes (algunos se desplazarán a Cataluña). Con el apoyo de la corona francesa, la Santa Sede promovió una cruzada contra ellos. En esta persecución se verá implicado Pedro II el Católico, que morirá [1213] en la Batalla de Muret, donde se enfrentaba a las huestes cruzadas de Simón de Montfort.

corona Llamamos corona de Aragón, término documentado desde el siglo XIV, al conjunto de territorios (reino de Aragón, principado de Cataluña, reino de Valencia, reino de Mallorca, reino de Sicilia, reino de Cerdeña, reino de Córcega, reino de Nápoles, ducado de Atenas y ducado de Neopatria) que comparten un mismo soberano: el rey de Aragón. Situamos el nacimiento de la corona el 1137, año en que se produce la unión dinástica entre el conde de Barcelona, Ramón Berenguer IV, y la infanta Petronila, luego reina de Aragón. Formando parte desde el siglo XVI de la monarquía hispánica, pero conservando sus características propias, la corona de Aragón será liquidada en 1707 a través de los Decretos de Nueva Planta.

cortes Institución parlamentaria de los reinos cristianos peninsulares de carácter estamental: son el marco en el que se produce el encuentro entre el rey, que es quien las convoca, y los estamentos. En la corona de Aragón, existían desde el siglo XII, pero serán suprimidas en el XVIII por los Decretos de Nueva Planta. Las reuniones de Cortes pueden ser de carácter territorial —catalanas, aragonesas o valencianas— o de carácter general. Estas últimas se convocan normalmente en Monzón y en ellas se reúnen representantes de todos los territorios de la corona, con lo que adquieren un claro carácter representativo. Las Cortes catalanas están formadas por tres brazos: el eclesiástico, el militar o noble y el real o de las ciudades; las Cortes aragonesas –en cambio–, por cuatro: el eclesiástico, el de las ciudades y el de la nobleza, dividida en alta y baja. Las Cortes irán adquiriendo un protagonismo cada vez mayor: en la Baja Edad Media serán convocadas muy frecuentemente por unos monarcas necesitados cada vez más de recursos pecuniarios que solo podrán obtener a partir de la concesión de privilegios a los estamentos: se convertirán, así, en ámbitos de presión por parte de unos grupos que llegarán a condicionar la política regia.

crisma Óleo sagrado que ya se menciona en el Antiguo Testamento, cuando Moisés obtiene los ingredientes para la «Unción Santa». Se trataba de aceites y perfumes que constituyen una substancia sagrada que consagraba todo lo que tocaba, primero sacerdotes y después también a reyes.

cugucia Mal uso («mals usos») típico de la zona de la Cataluña Vieja; aparece ya en documentos del siglo XI, junto a la «arsina». Era la prestación que el payés debía hacer al señor feudal en caso de que su mujer hubiese cometido adulterio, y que consistía en la apropiación de la mitad de los bienes de la adúltera.

curia También «corte regia». Término que aparece en la documentación a partir del siglo XI, define una asamblea palatina permanente formada por el rey, su familia, obispos, abades y oficiales de palacio, algunos nobles y expertos en derecho. Asesoraba al monarca en asuntos de gobierno en una doble vertiente: como órgano de consejo y como tribunal de justicia. La curia ordinaria se reunía en presencia del rey y de las personas que formaban su séquito, mientras que a la extraordinaria podían acudir todos los personajes relevantes del reino.

doblas Término con el cual se conocen las distintas tipologías de monedas de oro de los reinos cristianos y musulmanes peninsulares del Medioevo. Posiblemente introducidas en la Península por los almohades, la documentación distingue entre «doblas baladíes» —del reino nazarí de Granada—, «doblas de la banda», «doblas castellanas» y «doblas de oro» moriscas. Las «doblas» tuvieron ley, peso y valor variables.

ducado Moneda de oro creada [s. XIII] en la república de Venecia con un peso de 3,60 gr. Introducida [s. XV] en la corona de Aragón por el rey Juan II como patrón para numerario de oro.

emir En el mundo andalusí, gobernador que posee poderes diversos: políticos, administrativos, militares, económicos... En el año 756, se forma en la península Ibérica el «emirato omeya independiente de Córdoba», que prolongará su existencia hasta 912. El primer emir, Abderramán I [731-788] fue un omeya que –huyendo de la persecución de los abasíes de Bagdad– llega hasta Hispania y funda un emirato independiente –política y administrativamente– del califato abasí.

encomienda Tipo de señorío donde la idea de protección y defensa configura la base de su constitución. Se trata de una cesión –temporal o vitalicia– de un dominio, una población o un castillo hecha por un monarca, un monasterio o una orden militar a un noble con la finalidad de que asuma su protección y defensa.

entremés Pequeña pieza teatral en un solo acto que tiene su auge en el Siglo de Oro. Sin embargo, en la corona de Aragón se documentan entremeses ya en el siglo XV. Desde los círculos monárquicos, se impulsará este tipo de género con finalidades legitimadoras. Uno de los casos más emblemáticos de su utilización fue durante la coronación en Zaragoza [1414] del primer monarca aragonés de la dinastía Trastámara, Fernando I [1380–1416], cuando, al final del banquete, se documentaron entremeses en los que los aspectos providenciales marianos, la virtud caballeresca y de liderazgo guerrero se asociaron diáfanamente a Fernando como rey de Aragón.

estudi general Los «studia generalia» eran instituciones de enseñanza superior de las que surgirían las primeras universidades de la cristiandad latina. Para el caso de la corona de Aragón, resulta sumamente importante el llamado «Estudi General de Lleida», fundado en el año 1300 por el rey Jaime II [1291–1327], previa autorización papal. Desde sus inicios, «l'Estudi General» contó con las facultades de Derecho, Medicina, Filosofía y Artes —posteriormente se añadiría la facultad de Teología—, y la voluntad monárquica fue que tuviera el monopolio de los estudios universitarios de toda la corona. Sin embargo, en el siglo XIV, el rey Pedro IV fundará el Estudio General de Perpiñán, en 1349, y el Estudio General de Huesca en 1354.

exorquia También «exorchia». Mal uso típico de la zona de la Cataluña Vieja consistente en que, si el campesino moría sin descendencia, el señor feudal podía apropiarse de un tercio de sus bienes. Aparece frecuentemente en la documentación junto a la «intestia» y la «cugucia».

fuero Conjunto de leyes dadas a un municipio por parte del rey, del señor feudal u otro poder político de la zona, destinadas a regular la vida local. Habitualmente estas normas y privilegios se otorgan con la finalidad de estimular la urbanización y consolidar unos territorios de reciente conquista.

gonfaloniero También «confaloniero». Voz que procede de «gundfano», que significa bandera de combate, y que designa el «vexilliter Ecclesiae», es decir: quien portaba el estandarte papal durante el combate. Con el tiempo derivó en un oficial militar de los Estados Pontificios con una función ceremonial y política. La custodia del confalón se confió a individuos de alto rango, y era la más alta función que el santo padre podía otorgar a un laico. No pocas veces el cargo recayó en monarcas, como en nuestro caso, Jaime II de Aragón.

honores Bienes en forma de tierras entregados por el rey o el señor feudal a sus vasallos en compensación por los servicios prestados en virtud del contrato de vasallaje. El responsable del honor —que no es el propietario— ejerce en esas tierras, normalmente integradas por un castillo, un pequeño núcleo de población y su territorio circundante, las funciones delegadas del monarca: militares, administrativas, judiciales o civiles. Institución propia del primitivo reino de Aragón, el sistema de los honores posiblemente fue introducido por el rey Sancho Garcés III [992-1035].

intestia Mal uso —prestación abusiva reclamada a un siervo— propio de la zona de la Cataluña Vieja que permitía al señor feudal recibir la tercera parte o la mitad de los bienes muebles del payés que moría sin haber hecho testamento.

lemnisco En sigilografía, es la cinta –atraviesa el ánima de plomo o queda sumergida en la cera– de la que pende un sello. Los más antiguos los constituían pequeñas tiras de cuero; más tarde se han usado hilos de cáñamo trenzados para formar un cordón, o algún tejido fino.

ley sálica Código legal que debe su nombre a los francos salios y que fue creado entre los siglos V y VI, posiblemente durante el mandato de Clodoveo I [466-511]. Conocida particularmente por regular la sucesión monárquica en favor del hijo mayor del último rey y, en ausencia de este, del pariente varón más cercano; se asume que la ley sálica excluía a las mujeres y sus descendientes de la herencia del trono.

lugarteniente La más alta figura de la magistratura en los territorios de la corona de Aragón, documentada desde el siglo XIV. Gobernaba en nombre y con la autoridad del rey en un territorio determinado durante un período de tiempo. Puesto reservado para miembros de la familia real o la alta nobleza. Normalmente delegada en la persona que se encontraba en el puesto más alto para ser el sucesor al trono. El lugarteniente tenía la plena jurisdicción civil y criminal, así como la facultad para convocar Cortes o promulgar constituciones.

mancuso Moneda acuñada en oro en los reinos cristianos, imitando el dinar andalusí. En las fuentes, su valor es impreciso y cambiante; pero siete mancusos venían a hacer una onza.

mazmodina Moneda de oro acuñada por los almohades, dinastía bereber —surgida en el siglo XII y en el actual Marruecos— que llegó a la península Ibérica en 1146, sustituyendo y desplazando a los almorávides.

minoría Legalmente, se refiere a un individuo que no ha alcanzado la edad adulta, establecida entre los 18 y los 21 años de edad. En la Edad Media la minoridad de un rey culminaba hacia los catorce años; aunque en algunos casos fuera antes, por ejemplo, Jaime I fue declarado mayor de edad con 10 años. Durante estos períodos, en los que se reconoce la plena potestad del heredero, pero también su incapacidad para ejercer su cargo, otra persona –a menudo un familiar directo– asume las decisiones de gobierno en su nombre.

número regnal También «ordinal». Número identificador del orden de los reyes, papas o nobles con idéntico patronímico. Para los monarcas, y en la corona de Aragón, pueden seguirse dos criterios: *a*) el que cuenta los nombres anteriores a la unión de Petronila con Ramón Berenguer IV, y por tanto, incluye los reyes exclusivos de Aragón; *b*) el que inicia la numeración con la nueva saga.

planto Lamento lírico por la pérdida de algún personaje singular –en retórica culta, frente a la endecha popular–. Puede formar parte de una celebración como elegía funeral o actuar solo como un duelo nostálgico.

parias Tributos o impuestos que pagaban los reyes de las taifas musulmanas a los distintos soberanos cristianos peninsulares con la finalidad de no ser atacados. A menudo se ha relacionado el fortalecimiento del poder de los condados catalanes —especialmente el de Barcelona— durante la segunda mitad del siglo XI con la abundante entrada de oro procedente de esas parias. Ver **taifa**.

razia Expedición militar que ataca por sorpresa un asentamiento enemigo y así garantiza la obtención de botín o captura de rehenes. En la península Ibérica se documentan razias musulmanas contra territorio cristiano —llamadas aceifas— desde pocas décadas después del 711. Con el paso del tiempo, y la progresiva debilitación del califato de Córdoba, también se darán a la inversa: campañas militares de corta duración protagonizadas por cristianos sobre territorio andalusí. Son célebres las aceifas de Almanzor [939-1002], tanto por la cantidad —capitaneó más de cincuenta— como por el impacto de algunas de ellas. Especialmente recordada por la historiografía posterior es el ataque a Barcelona en verano del año 985, con el consiguiente saqueo e incendio de la ciudad.

regente Es la persona designada para gobernar la corona en nombre del rey; y se da por diversas circunstancias: ausencia del monarca, porque el nuevo rey es menor de edad, o por incapacidad. Ver **minoría**.

remença Uno de los seis malos usos a los cuales estaban sometidos los campesinos –especialmente de la Cataluña Vieja– junto con la «arsina», la «cugucia», la «exorchia», la «intesta» y la «firma d'espoli». En concreto, la remensa o «remença» era el pago que debía realizar el payés para poder emanciparse de su señor y abandonar la tierra donde trabajaba. El precio era fijado arbitrariamente por este último. Con posterioridad, el término se utilizará también para referirse a los campesinos sujetos a esta condición. Así, los payeses de «remença» serán los cultivadores de tierras adscritos a ellas de manera forzosa y hereditaria.

sello Impronta de cera o metal (bula) que se obtiene por la presión de una matriz con los signos distintivos de una persona física o jurídica y que testimonia la voluntad de intervención de su dueño o titular. En la Edad Media suelen tener una imagen central y rodearse de un texto, o leyenda, que identifica a su titular. Además de su carácter representativo, tiene un sentido validativo y de seguridad, por lo que alcanza un claro carácter jurídico.

senescal Cargo del casal de Barcelona de origen carolingio y vigente en los condados catalanes desde el siglo XI. Es asimilable al de un superintendente de los oficios domésticos de la casa del conde que, con el tiempo, adquirirá un carácter eminentemente militar. El senescal se encargará de comandar las huestes reales en ausencia del monarca y, si en la campaña participa el rey, irá a su lado llevándole la espada. En tiempos de paz, el senescal podrá presidir, en nombre del soberano, la corte real. Una conocida familia de senescales fue la de los Montcada.

señal real Escudo de armas o composición heráldica que identifica al rey. La primera denominación para el emblema se documenta en la concesión de Alfonso II de Aragón de unos privilegios a Millau (villa occitana) en 1187, donde se refiere al «vexillum nostrum». No obstante, la primera evidencia iconográfica puede encontrarse en los sellos de su padre, Ramón Berenguer IV, en los que se intitula «Princeps Aragonensis».

spoli Llamada también «firma d'espoli forçada» es un mal uso de introducción tardía que gravaba los matrimonios entre los hombres y mujeres de «remença». Concretamente, el payés de «remença» estaba obligado a asegurar sobre sus bienes inmuebles por lo menos la mitad de la dote que recibía de la mujer que entraba a vivir en su masía. Es decir, el campesino se veía forzado a garantizar con sus tierras y posesiones la posibilidad de que tuviera que restituir la dote recibida. A cambio de esa hipoteca, el señor de las tierras obligadas tenía derecho a una compensación que podía llegar al diez por ciento del valor asegurado.

sueldo Moneda de cuenta equivalente a doce dineros y a una veinteava parte de una libra, según el sistema monetario heredado del mundo carolingio.

sultán Príncipe o gobernador musulmán. El primero en llevar oficialmente el título fue Mahmud de Gazni [998-1030], de la dinastía de los gaznauíes. Posteriormente, el título de sultán pasó a los turcos selyúcidas y otomanos. Uno de los grandes sultanatos será el de Marruecos.

taifa Cada uno de los pequeños estados en los que se divide el califato de Córdoba como consecuencia del período de la «fitna» o de enfrentamiento interno entre facciones que se produjo en Al-Ándalus entre 1009 y 1031. El término pretende destacar la rivalidad que existió entre estos distintos reinos (literalmente, taifa significa «bando» o «partido») a lo largo de todo el período transcurrido entre 1031 y 1090. Llegarán a coexistir en esta época en el territorio andalusí más de treinta taifas, siendo algunas de las más relevantes las de Málaga, Almería o Murcia. Normalmente se trata de reinos inestables en su definición territorial, a menudo con una ciudad fortificada en el centro a modo de capital. Existe un llamado «segundo período de reinos de taifas» que se prolongó desde 1144 a 1170.

tenencia Circunscripción territorial que nace fruto de la expansión del reino de Pamplona en el siglo XI con el rey Sancho Garcés III [992-1035], que entrega a algunos de sus barones una cantidad de parcelas de tierra (honores) proporcional a la ayuda que estos le han prestado. En cada uno de los honores se delimitan distintas tenencias, distritos militares, que constituyen el sistema administrativo más antiguo del reino de Aragón. Constan de un núcleo fortificado y un pequeño distrito territorial.

usatges Principalmente usados en Barcelona, son un cuerpo legislativo donde cogen forma los llamados usos y costumbres que regían la sociedad feudal catalana. Pese a que alguno de ellos es de los tiempos de Ramón Berenguer I, hay acuerdo entre los historiadores sobre el hecho de que se recopilaron definitivamente durante la época del Ramón Berenguer IV, a mediados del siglo XII. La base de su normativa la conforman, a parte de los usos consuetudinarios, fragmentos de derecho romano, visigodo, canónico y feudal. Se trata de una compilación legislativa con vocación de proyectarse a todos los condados catalanes: algunos de los ciento setenta y cuatro «usatges» que conforman el «corpus» definitivo se refieren a la figura del príncipe («prínceps») como el que posee el liderazgo de todo el territorio, así como la obligación de defenderlo. Originalmente escritos en latín, se traducirán al catalán durante el siglo XIII.

vellón Pieza monetaria fruto de la aleación de plata y cobre que generalmente contenía un cincuenta por ciento de cobre.

vicario Representante del conde en los distintos territorios en los que se subdivide un condado: las vicarías.

Gerard Puig Gavarro

Bibliografía

AA. VV. 1954. *Alfons el Franc, Jaume II, Alfons el Benigne*. Barcelona. * AA. VV. 1960. *Estudios sobre Alfonso el Magnánimo con motivo del quinto centenario de su muerte.* Barcelona. * AA. VV 1963. *Els primers comtes-reis*. Barcelona. * AA. VV. 1992. *Ceremonial de consagración y coronación de los reyes de Aragón,* II vols. Zaragoza. * AA. VV. 2006. *La Corona de Aragón. El poder y la imagen de la Edad Media a la Edad Moderna* (siglos XII-XVIII). Valencia. * AA. VV. 2011. *La construcción medieval de la memoria regia*. Valencia. * AA. VV. 2018. *Panteones reales de Aragón*. Zaragoza. * ABARCA DE BOLEA, P. 1684. *Los reyes de Aragón en los Anales Históricos*, III vols. Imprenta Imperial, Madrid/Salamanca. * ALTISENT, A. 1974. *Història de Poblet*. L'Espluga de Francolí. * ALVIRA, M. 2010. *Pedro el Católico. Rey de Aragón y conde de Barcelona* (1196–1213). *Documentos, testimonios y memoria histórica*. Zaragoza. * ALVIRA, M. 2014. «Tòpics i llocs comuns d'una batalla decisiva: Muret, 1213». *Butlletí de la Societat Catalana d'Estudis Històrics* XXV: 19-43. * ALVIRA, M. 2018. «Destruir aquels qui reneguen lo nom de Jhesuchrist, el obispo de Barcelona Berenguer de Palou (1212–1241)». En *Hombres de religión y guerra. Cruzada y guerra santa en la Edad Media peninsular (siglos* X-XV*)*: 361-418. Madrid. * ANDERLE, A. 1996. «Constanza de Aragón en la historiografía española». *Acta Hispánica* I: 5-13. * ARCO, R. DEL 1945. *Sepulcros de la Casa Real de Aragón*. Madrid. * ARCO, R. DEL 1952. «Pedro I de Aragón, el fiel amigo del Cid». En *Homenaje a Ramón Menéndez Pidal* I: 375–433. * AURELL, J. 2012. *Authoring the past: history, autobiography and politics in medieval Catalonia*. Chicago. * AURELL, J. 2016. *La historiografía medieval: entre la historia y la literatura*. Valencia. * AURELL, J. y SERRANO, M. 2014. «The Self-Coronation of Peter the Ceremonious (1336): Historical, Liturgical and Iconographical Representations». *Speculum* 89 (1): 66-95. * AURELL, M. 1997. «Messianisme royal de la Couronne d'Aragon». *Annales, Histoire, Sciences Sociales* 52: 119–155. * AURELL, M. 1998. *Les noces del comte. Matrimonis i poder a Catalunya* (785–1213). Barcelona. * **B**ALAGUER, F. 1945. «Noticias históricas sobre Ramiro el Monje antes de su exaltación al trono». *Estudios de Edad Media de la Corona de Aragón* 1: 327–333. * BALAGUER, F. 1950. «El obispo de Huesca-Jaca y la elevación al trono de Ramiro II». *Argensola* 1: 3–26. * BALAGUER, F. 1953. «La muerte del rey Sancho Ramírez y la poesía épica». *Argensola* 15: 197–216. * BALAGUER, F. 1956. «La 'Chronica Adefonsi imperatoris' y la elevación de Ramiro II al trono aragonés». *Estudios de Edad Media de la Corona de Aragón* 6: 7–40. * BANGO, I. G. (Dir.) 2006. *La edad de un reyno. Las encrucijadas de la Corona y la diócesis de Pamplona*, II vols. Pamplona. * BARANDA, N. 1987. «Una crónica desconocida de Juan II de Aragón (Valencia, 1541)». *Dicenda. Cuadernos de Filolo-*

gía Hispánica 7: 267–288. ✱ BECCADELLI, A. 1538. *De dictis et factis Alphonsi regis Aragonum et Neapolis.* Basilea. [Edición de J. de Molina, 1552, Zaragoza]. ✱ BARTOLOMÉ, A. (Dir.) 2004. *Los Reyes Católicos y la monarquía de España*. Valencia. ✱ BELENGUER, E. 1999. *Ferran el Catòlic. Un monarca decisiu davant la cruïlla de la seva època*. Barcelona. ✱ BELENGUER, E. 2008. *Jaime I y su reinado*. Lleida. ✱ BELENGUER, E. 2015. *Vida i regnat de Pere el Cerimoniós* (1319–1387). Lleida. ✱ BELENGUER, E. 2017. *Ferran II: el rei del redreç?* Barcelona. ✱ BELENGUER, E. 2019. *Los Trastámara. El primer linaje real de poder político en España*. Barcelona. ✱ BENITO, E. (Coor.) 2003. *Sancho III el Mayor de Navarra*. Madrid. ✱ BLANCAS, J. DE 1583. *Coronaciones de los serenísimos Reyes de Aragón. Seguido de dos Tratados del modo de proceder en Cortes de Aragón y de la forma de celebrar Cortes en Aragón*. [Edición de D. Dormer, 1641, Zaragoza]. ✱ BOFARULL, M. 1886. *Funerals dels reys d'Aragó á Poblet*. Barcelona. ✱ BOFARULL, M. (Ed.) 1864. «Pedro Miguel Carbonell. De exequiis, sepultura et infirmitate regis Joannis secundi. Liber foeliciter incipit». En *Opúsculos inéditos del cronista catalán Pedro Miguel Carbonell* I. Barcelona. ✱ BONET, M. 2019. «L'orde de l´Hospital i l'herència del Temple a la Corona d'Aragó: politització i internacionalització». En *Santa María de Montesa: la oren militar del Reino de Valencia (ss.* XIV–XIX*)*: 55–72. Valencia. ✱ BOFARULL, P. DE 1836. *Los condes de Barcelona vindicados y cronología y genealogía de los reyes de España*. Barcelona. ✱ BRACONS, J. 1989. «Operibus monumentorum que fiere facere ordinamus: L'escultura al servei de Pere el Cerimoniós». En *Pere el Cerimoniós i la seva època*. Barcelona. ✱ BUESA, D. J. 1978. *El rey Sancho Ramírez*. Zaragoza. ✱ BUESA, D. J. 2000. *El rey de Aragón*. Zaragoza. ✱ CANELLAS, A. 1956. «La instauración de los Trastámara en Aragón». *Cuadernos de Historia Jerónimo Zurita*: 4–5. ✱ CANELLAS, A. 1959. *Alfonso el Magnánimo y Aragón*. Zaragoza. ✱ CAÑADA, A. 1988. «Un posible interregno en la monarquía pamplonesa. 1000-1004». *Príncipe de Viana* 8:15-18. ✱ CARBONELL, P. M. 1513. *Cròniques d'Espanya.* Barcelona. [Edición crítica de A. Alcoberro, 1997, Barcelona]. ✱ CARUANA, J. 1962. «Itinerario de Alfonso II de Aragón». *Estudios de Edad Media de la Corona de Aragón* 7: 73–298. ✱ CÁTEDRA, P. M. 1986. «Acerca del sermón político en la España Medieval (a propósito del discurso de Martín el Humano en las Cortes de Zaragoza de 1398)». *Boletín de la Real Academia de Buenas Letras de Barcelona* XL:17–47. ✱ CAWSEY, S. 2008. *Reialesa i propaganda: l'eloqüència reial i la Corona d'Aragó, c. 1200-1450*. València. ✱ CENTELLAS, R. 1993. *Los reyes de Aragón. Zaragoza.* ✱ CHAO, R. 2017. *Historia de los reyes de León. De Pelayo* (718) *a Juan I* (1300). *León.* ✱ CINGOLANI, S. 2006. *Historiografia, propaganda, comunicació. Bernat Desclot i les dues redaccions de la seva Crònica*. Barcelona. ✱ CINGOLANI, S. 2006. *La memòria dels reis. Les Quatre*

Grans Cròniques. Barcelona. ✱ CINGOLANI, S. 2007. *Jaume I. Història i mite d'un rei*. Barcelona. ✱ CINGOLANI, S. 2010. *Pere el Gran. Vida, actes, paraula*. Barcelona. ✱ CINGOLANI, S. 2015. «The myth of the origins and the royal power in the late medieval Crown of Aragon». En *Catalonia and Portugal. The Iberian Peninsula from the Periphery*: 243–267. Berna. ✱ CINGOLANI, S. 2019. «Relato, oratoria y discurso: el pasado como instrumento de comprensión y control en tiempo del rey Pedro tercero». En *Cultura y poder del Estado en la Corona de Aragón: Historiadores e Historiografía en los siglos* XIII–XVI: 15-38. Zaragoza. ✱ COLL, M. 1962. «El rei Martí, historiador». *Estudis Romànics* X: 217–226. ✱ COLL, N. 1953. *Doña Juana Enríquez. Lugarteniente real en Cataluña* (1461-1468). Madrid. ✱ CORRAL, J. L. 1983. «Cambios estructurales en Aragón a mediados del siglo XIII». *Aragón en la Edad Media* 5: 95–112. ✱ CORRAL, J. L. 1984. «El origen de las comunidades medievales aragonesas». *Aragón en la Edad Media* 6: 66–94. ✱ CORRAL, J. L. 1998. «La Reconquista del valle del Ebro». *Militaria. Revista de cultura militar* 12: 49–67. ✱ CORRAL, J. L. 2009. «Fernando el Católico y la construcción historiográfica de un mito». *Aragón en la Edad Media* 21: 99–120 ✱ CORRAL, J. L. 2014. *La Corona de Aragón: manipulación, mito e historia*. Zaragoza. ✱ CREMADES, J. A. 2018. El rey Ramiro II el monje, Obispo de Roda. *Jornadas Culturales de la Asociación de Amigos de la Peña*. [https://www.rodamedieval.es/roda-de-isabena/] ✱ **D**'ABADAL, R. 1987. *Pere el Cerimoniós i els inicis de la decadència política de Catalunya*. Barcelona. ✱ DURÁN, A. 1962. *La Iglesia de Aragón durante los reinados de Sancho Ramírez y Pedro I*. Roma. ✱ DURÁN, A. 1978. *Ramiro I de Aragón*. Zaragoza. ✱ DURAN, A. 1989. «El rito de la coronación del rey de Aragón». *Argensola* 103: 17–39. ✱ **E**NSENYAT, G. 2018. «La filosofía discursiva de Pedro el Cerimonioso respecto a la reintegración de la corona de Mallorca a la corona de Aragón». *Medievalista online* 23. ✱ ESPAÑOL, F. 1998. «El sepulcro de Fernando de Antequera y los escultores Pere Oller, Pere Joan y Gil Morlanes, en Poblet». *Locus Amoenus* 4: 81–106. ✱ ESPAÑOL, F. 2001. *Els escenaris del rei. Art i monarquia a la Corona d'Aragó*. Barcelona. ✱ ESPAÑOL, F. 2003. «El Salterio y Libro de Horas de Alfonso el Magnánimo y el cardenal Joan de Casanova [British Library, Ms. Add. 28962]». *Locus Amoenus* 6: 91–114. ✱ EWERT, CH. Y GARRIDO, J. P. 1979. *Hallazgos islámicos en Balaguer y la Aljafería de Zaragoza*. Madrid. ✱ **F**ERRER, M. T. 1970. «Els darrers sobirans del Casal de Barcelona: Joan I i Martí l'humà». En *Història de Catalunya:* 142–150. Barcelona. ✱ FERRER, M. T. 2014. «Las crónicas reales catalanas». En *Monarquía, crónicas, archivos y cancillerías en los reinos hispanos-cristianos: siglos* XII–XV: 77–144. Zaragoza. ✱ FERRER, M. T. (Ed.) 2015. *Martí I l'Humà. El darrer rei de la dinastia de Barcelona* (1396–1410). *L'interregne i el Compromís de Casp*. Barcelona. ✱ FINKE, E. 1908. *Acta Aragonensia. Correspondencia diplomática de Jai-*

me II (1291–1327), II vols. Berlin-Leipzig. * FLUVIÀ, A. de 2018. «Del matrimonio de Ramón Berenguer IV de Barcelona con Petronila de Aragón». *La vaca cega* [https://www.histo.cat/principal/armand-de-fluvi-.-del-matrimoni-de-ramon-berenguer-iv-de-barcelona-amb-peronella-d-arag]. * FUENTE, M. J. 2007. *Reinas medievales en los reinos hispánicos*. Madrid. * FURIÓ, A. 2007. *El Rey Conquistador. Jaime I: entre la historia y la leyenda*. Valencia. * **G**ARCÍA GARCÍA, F DE A. 2018. *Las portadas de la catedral de Jaca. Reforma eclesiástica y poder real a finales del siglo XI*. Jaca. * GARCÍA de SANTA MARÍA, G. 2020. *Vida de Juan II de Aragón: la guerra en Cataluña de* 1461 *a* 1472. Zaragoza. * GARCÍA GALLO, A. 1966. «La sucesión al trono en la Corona de Aragón». *Anuario de Historia del Derecho Español* XXXV: 5–187. * GARCÍA GUIJARRO, L. 2004. «El papado y el reino de Aragón en la segunda mitad del siglo XI». *Aragón en la Edad Media* XVIII: 245–264. * GARRIDO, J. D. 2010: *Vida i regnat de Martí I, l'últim rei del Casal de Barcelona*. Barcelona. * GIMÉNEZ SOLER, A. 1909. *Itinerario de Alfonso de Aragón, el que ganó Nápoles*. Zaragoza. * GIMENO, F. 2006. *Escribir, reinar: la experiencia gráfico-textual de Pedro IV en Ceremonioso* (1336–1387). Valencia. * GIRONA, D. 1912. «Itinerari del rey en Martí (1396–1402)». *Anuari de l'Institut d'Estudis Catalans* IV: 81-184. * GIRONA, D. 1914. «Itinerari del rey en Martí (1403–1410)». *Anuari de l'Institut d'Estudis Catalans* V: 515–654. * GIRONA, D. 1930. «Itinerari del rey en Joan I (1387–1396)». *Estudis Universitaris Catalans*:13-15. * GIUNTA, F. 1989. *Aragoneses y catalanes en el Mediterráneo*. Barcelona. * GÓMEZ BAYARRI, J. V. 2010. «Alfonso el Magnánimo: rey político y mecenas humanista». *Serie Histórica. Real Academia de Cultura Valenciana* 31:11–58. * GONZÁLEZ ANTÓN, L. 1975. *Las Uniones Aragonesas y las Cortes del reino*: 1281–1301. Zaragoza. * GONZÁLEZ ANTÓN, L. 1977. «Las Cortes aragonesas en el reinado de Jaime II». *Anuario de Historia del Derecho Español* XLVII: 523-682. * GONZÁLEZ HURTEBISE, E. 1911. *Libros de tesorería de la Casa Real de Aragón*, vol. I: *Reinado de Jaime II*. Barcelona. * GUBERN, R. 1955. *Epistolari de Pere III* (*IV de Aragón*). Barcelona. * **H**ERNANDO GARRIDO, J. L. 2023. *Historia de los reyes de Castilla*. León. * HILLGARTH, J. H. 1977. «Jaime I y Pedro IV de Aragón: sus crónicas en relación con el reino de Mallorca». *Butlletí de la Societat Arqueològica Lul·liana* 35: 342–353. * HILLGARTH, J. H. 1993. «La personalitat política i cultural de Pere III a través de la seva crònica». *Lengua & Literatura* 5: 7-102. * HINOJOSA, J. R. 2006). *Jaime II y el esplendor de la Corona de Aragón*. San Sebastián. * HUICI, A. 1922. *Colección diplomática de Jaime I*. Valencia. * HUICI, A. y CABANES, M. D. 1976. *Documentos de Jaime I de Aragón*. Valencia-Zaragoza. * **I**BN AL-KARDABUS. s. XIII. *Historia de Al-Ándalus*. [Edición de F. Maíllo, 1986, Madrid]. * IGUAL, A. 1950. *Iconografía de Alfonso el Magnánimo*. Valencia. * **J**AVIERRE, A. 1946. «El último viaje de Alfonso IV de Aragón». *Estudios* *de Edad Media de la Corona de Aragón* 2: 241-256. ✱ JENKINS, E. 2012. *The Mediterranean world of Alfonso II and Peter II of Aragon* (1162-1213). New York. ✱ KHER, P. 1945. «Cómo y cuándo se hizo Aragón feudatario de la Santa Sede». *Estudios de Edad Media de la Corona de Aragón* 1: 285-326. ✱ KHER, P. 1946. «El papado y los reinos de Navarra y Aragón hasta mediados del siglo XII». *Estudios de la Edad Media de Aragón* 2:167-168. ✱ LACARRA, J. M. 1962. «Alfonso II el Casto, rey de Aragón y conde de Barcelona». En *Actas del VII Congreso de Historia de la Corona de Aragón* I: 95-120. Barcelona. ✱ LACARRA, J. M. 1971. *Vida de Alfonso el Batallador*. Zaragoza. ✱ LACARRA, J. M. 1973. *Historia política del reino de Navarra desde sus orígenes hasta su incorporación a Castilla*. Pamplona. ✱ LACARRA, J. M. 1975. *Historia del reino de Navarra en la Edad Media*. Estella. ✱ LACARRA, J. M. 1982. *Documentos para el estudio de la reconquista y repoblación del valle del Ebro*. Zaragoza. ✱ LACARRA, J. M. 2018. *Alfonso el Batallador* [Estudio preliminar de Fermín Miranda]. Pamplona. ✱ LALIENA, C. 1996. *La formación del Estado feudal. Aragón y Navarra en la época de Pedro I*. Zaragoza. ✱ LALIENA, C. 2000. «Rituales litúrgicos y poder real en el siglo XI». *Aragón en la Edad Media* XVI: 467-476. ✱ LALIENA, C. 2000. *Pedro I de Aragón y de Navarra* (1094-1104). Burgos. ✱ LALIENA, C. 2002. «La apropiación mítica del pasado: poder real, legitimación y memorias de clase en Navarra y Aragón en el siglo XIII». En *Memoria, mito y realidad en la historia medieval*: 61-84. Nájera. ✱ LALIENA, C. 2003. «Problemas historiográficos de la Alta Edad Media Aragonesa: una revisión crítica». *Argensola* 113: 13-36. ✱ LALIENA, C. 2005. «Guerra sagrada y poder real en Aragón y Navarra en el transcurso del siglo XI». En *Guerre, Pouvoirs et idéologies dans l'Espagne chrétienne aux alentours de l'an mil* (950-1050): 97-112. Turnhout. ✱ LALIENA, C. 2006. «La memoria real en San Juan de la Peña: poder, carisma y legitimidad en Aragón en el siglo XI». *Aragón en la Edad Media* 19: 309-324. ✱ LALIENA, C. 2008. «El Compromiso y los Trastámara». En *Historia de Aragón*: 316-319. Madrid. ✱ LALIENA, C. [en prensa]. «Barbastro, ¿protocruzada?». *Actas de las II Jornadas Internacionales sobre la primera Cruzada a Jerusalén*. ✱ LALINDE, J. 1979. *La Corona de Aragón en el Mediterráneo medieval*: 1229-1479. Zaragoza. ✱ LAPEÑA, A. I. 2008. *Ramiro II de Aragón, el rey monje* (1134-1137). Gijón. ✱ LEMA, J. A. 1997. *Instituciones políticas del reinado de Alfonso I el Batallador, rey de Aragón y Pamplona* (1196-1134). Bilbao. ✱ MAC DONALD, I. 1938. *Don Fernando de Antequera*. Oxford. ✱ MACKAY, A. 1987. «Don Fernando de Antequera y la Virgen Santa María». *Homenaje al profesor don Juan Torres Fontes* II: 949-957. Murcia. ✱ MANFRONI, C. 1902. *Storia della marina italiana*, III vols. Livorno. ✱ MARTÍN RODRÍGUEZ, J. L. 2000. «Fernando de Antequera y el Compromiso de Caspe: ¿una incorporación a España? *Espacio, tiempo y forma: Historia Medieval* 13:

161-176. ✱ MARTÍNEZ DE AGUIRRE, J. 2011. «Arquitectura y soberanía: la catedral de Jaca y otras empresas constructivas de Sancho Ramírez». *Anales de Historia del Arte.* Vol. ext. 2: 181-249. ✱ MARTÍNEZ FERRANDO, J. E. 1947. «Exequias y enterramientos reales en la Corona de Aragón». *Boletín Arqueológico de Tarragona* 47: 57-84. ✱ MARTÍNEZ FERRANDO, J. E. 1948. *Jaime II. Su vida familiar*, II vols. Barcelona. ✱ MARTÍNEZ FERRANDO, J. E. 1950. *Els fills de Jaume II.* Barcelona. ✱ MARTÍNEZ FERRANDO, J. E. 1954. *Els descendents de Pere el Gran: Alfons el Franc, Jaume II, Alfons el Benigne*. Barcelona. ✱ MARTÍNEZ FERRANDO, J. E. 1954. *Jaume II o el seny català. Alfons el Benigne*. Barcelona. ✱ MASSIP, F. 1996. «Imagen y espectáculo en la entronización de los Trastámara». Actas XV *Congreso de Historia de la Corona de Aragón* I: 371-386. Zaragoza. ✱ MASSIP, F. 2003. *La monarquía en escena. Teatro, fiesta y espectáculo del poder en los reinos ibéricos: de Jaume el Conqueridor al Príncipe Carlos*. Madrid. ✱ MASSIP, F. 2010. *A cos de rei. Festa cívica i espectacle del poder reial a la Corona d'Aragó*. Lleida. ✱ MASSÓ, J. 1905. «Inventari dels bens mobles del rei Martí d'Aragó». *Revue Hispanique* XII: 513-590. ✱ MATEU, F. 1963. «Sacra Regia Aragonum Maiestas. Notas sobre la diplomática y simbología real». *Homenaje a Johannes Vincke*: 201-220. Madrid. ✱ MÍNGUEZ, V. 2018. *El linaje del Rey Monje. La configuración cultural e iconográfica de la Corona aragonensis* (1164-1516). Valencia. ✱ MIRET, J. 1904. «Itinerario del rey Pedro I de Cataluña, II de Aragón (1196-1213)». *Boletín de la Real Academia de Buenas Letras de Barcelona* II: 257-278 / 389-423 / 437-474. ✱ MIRET, J. 1906. «Itinerario del rey Pedro I de Cataluña, II de Aragón [1196-1213]». *Boletín de la Real Academia de Buenas Letras de Barcelona* III: 79-87 / 151-160 / 238-244 / 265-284 / 365-387 / 435-450 / 497-519. ✱ MIRET, J. 1908. «Itinerario del rey Pedro I de Cataluña, II de Aragón [1196-1213]». *Boletín de la Real Academia de Buenas Letras de Barcelona* IV: 15-36 / 91-114. ✱ MIRET, J. 1910. «Itinerario del rey Alfonso III de Cataluña, IV de Aragón». *Boletín de la Real Academia de Buenas Letras de Barcelona* V: 3-15 / 57-71/ 114-123. ✱ MIRET, J. 1918. *Itinerari de Jaume I el Conqueridor.* Barcelona. ✱ MIRÓN, E. L. [sin fechar]. *Las reinas de Aragón. Sus vidas y sus épocas*. Valencia. ✱ MOLINA, J. 1999. *Arte, devoción y poder en la pintura tardogótica catalana*. Murcia. ✱ MOLINA, J. 2013. «La memoria visual de una dinastía. Pedro IV el Ceremonioso y la retórica de las imágenes en la Corona de Aragón (1336-1387)». *Anales de Historia del Arte* 23 (n.e.): 219-241. ✱ MOLINA, J. 2015. «De la Historia al mito. La construcción de la memoria escrita y visual de la entrada triunfal de Alfonso V de Aragón en Nápoles (1443)». *Codex Aquilarensis* 31: 201-232. ✱ MONTANER, A. 1995. *El señal del rey de Aragón: historia y significado*. Zaragoza. ✱ MORA, A. 1999. «La sucesión al trono en la Corona de Aragón». En *El territori i les seves institucions històriques*: 547-566. Lleida. ✱

MORALEJO, S. 1984. «Un reflejo de la escultura de Jaca en una moneda de Sancho Ramírez (†1094)». *Scritti di Storia dell'Arte in Onore di Roberto Salvini*: 29–35. Florencia. ✱ **N**ARBONA, M. 2010. «Intercambios culturales entre las Cortes pirenaicas. Las Cortes del Ars subtilior». En *Espacios de montaña: las relaciones transpirenaicas en la Edad Media*: 247–263. Zaragoza. ✱ **O**RCÁSTEGUI, C. (Ed.). 1978. *La 'Crónica de los reyes de Navarra' del Príncipe de Viana. Estudio, fuentes y edición crítica*. Pamplona. ✱ ORCÁSTEGUI, C. (Ed.) 1985. *Crónica de San Juan de la Peña (versión aragonesa). Edición crítica*. Zaragoza. ✱ ORCÁSTEGUI, C. y SARASA SÁNCHEZ, E. 2001. *Sancho III el Mayor*. Burgos. ✱ **P**ALACIOS, B. 1975. *La coronación de los reyes de Aragón*. Valencia. ✱ PÉREZ DE URBEL, J. 1950. *Sancho el Mayor de Navarra*. Madrid. ✱ PÉREZ J. 1993. *Historia de una tragedia. La expulsión de los judíos en España*, Barcelona. ✱ PUIG, G. 2020. «El rei Pere el Cerimoniós i els seus llibres. Les cròniques i la biblioteca de Poblet» [Tesis Doctoral, Universitat Rovira i Virgili]. ✱ PULGAR, H. DEL (*post qvem*) 1482. *Crónica de los señores Reyes Católicos, don Fernando y doña Isabel de Castilla y de Aragón*. [Edición de J. Mata, 1953, Madrid]. ✱ **R**AMOS, J. M. 1961. *El reino de Aragón bajo la dinastía pamplonesa*. [Edición de J. M. Lacarra, Salamanca]. ✱ REDONDO, G. y ORERA, L. 1980. *Fernando II y el Reino de Aragón*. Zaragoza. ✱ RIERA, A. 2008. *Jaume I i la seva època. Anàlisi breu d'un important llegat polític i cultural*. Barcelona. ✱ RIERA, J. 1977. «Los tumultos contra las juderías de la Corona de Aragón en 1391». *Cuadernos de Historia* 8: 231–225. ✱ RIQUER, M. DE 1963. «La poesía d'Alfons, dit el Cast» En *Congreso de Historia de la Corona de Aragón*. Vol. I: 123–140. Zaragoza. ✱ ROCA, J. M. 1929. *El rey don Juan I, l'aymador de la gentilesa*. Barcelona. ✱ ROCA, J. M. 1929. *Johan I d'Aragó*. Barcelona. ✱ ROSELL, C.1878. *Crónicas de los reyes de Castilla, desde Don Alfonso el Sabio hasta los católicos Don Fernando y Doña Isabel*, Madrid. ✱ RUBIÓ, A. 1918. «Joan I humanista i el primer periode de l'humanisme català». *Estudis Universitaris Catalans* 10. ✱ RUBIÓ, A. 1921. *Documents per l'història de la cultura catalana migeval*. Barcelona. [Edición facsímil IEC, 2000, Barcelona]. ✱ RUIZ, F. 2011. «Els primers Trastàmara. La legitimació mariana d'un llinatge». En *Capitula facta et firmata. Inquietuds artístiques en el quatre-cents*: 71–112. Barcelona. ✱ RUIZ, J. E. 1996. *A propósito de Alfonso, rey de Aragón, conde de Barcelona y marqués de Provenza*. Barcelona. ✱ RUMEU DE ARMAS, A. 1974. *Itinerario de los Reyes Católicos*, 1474–1516. Madrid. ✱ RYDER, A. 1992. *Alfonso el Magnánimo, rey de Aragón, Nápoles y Sicilia*, 1396–1458. Valencia. ✱ **S**ABATÉ, F. 1994. *Lo senyor rei és mort! Actitud i cerimònies dels municipis catalans baix-medievals davant la mort del monarca*. Lleida. ✱ SABATÉ, F. 2005. «El poder soberano en la Cataluña bajomedieval: definición y ruptura». En *Coups d'État à la fin du Moyen Âge? Collection de la Casa de Velazquez* 91: 483–527. ✱ SABATÉ, F. 2019. *Ideolo-*

gy in the Middle Ages: approaches from southwestern Europe. Leeds. ✱ SAGARRA, F. DE 1932. *Sigil·lografia catalana. Inventari, descripció i estudi dels segells de Catalunya*. III vols. Barcelona. ✱ SALARRULLANA DE DIOS, J. 1907. *Documentos correspondientes al reinado de Sancho Ramírez*. Vol. I: *Documentos reales*. Zaragoza. ✱ SALICRÚ, R. 1995. «La coronació de Ferran d'Antequera: l'organització i els preparatius de la festa». *Anuario de Estudios Medievales* 25: 699-759. ✱ SALICRÚ, R. 2017. «De Martí l'Humà, del Compromís de Casp o de Ferran I a Ferran II: la Catalunya del segle XV, un segle de canvis i transicions». En *El segle XV, temps de canvis i incerteses*: 17-36. Vilassar de Dalt. ✱ SÁNCHEZ CASABÓN, A. I. 1995. *Alfonso II Rey de Aragón, Conde de Barcelona y Marqués de Provenza. Documentos* (1162-1196). Zaragoza. ✱ SANS I TRAVÉ, J. M. (Coord.) 2002. *Els comtes sobirans de la Casa de Barcelona. De l'any* 801 *a l'actualitat*. Barcelona. ✱ SANTA CRUZ, A. DE 1552. *Crónica de los Reyes Católicos*. [Edición de J. de Mata, 1951, Sevilla]. ✱ SARASA, E. (Coord.) 2014. *Monarquía, crónicas, archivos y cancillerías en los reinos hispanos-cristianos: siglos* XIII-XV. Zaragoza. ✱ SARASA, E. 1981. *Aragón y el Compromiso de Caspe*. Zaragoza. ✱ SARASA, E. 1986. *Aragón en el reinado de Fernando* I (1412-1416). *Gobierno y Administración. Constitución política. Hacienda Real*. Zaragoza. ✱ SARASA, E. 1986. *Aragón en el reinado de Fernando I*. Zaragoza. ✱ SARASA, E. 2000. «Un rey del año mil: Sancho Garcés III de Navarra, Sancho el Mayor (992?, 1004-1035)». En *Los protagonistas del año 1000*: 118-132. Aguilar de Campoo. ✱ SARASA, E. (Coord.) 2007. *Las cinco villas aragonesas en la Europa de los siglos* XII *y* XIII: *de la frontera natural a las fronteras políticas y socioeconómicas (foralidad y municipalidad)*. Zaragoza. ✱ SARASA, E. (Coord.) 2009. *La sociedad en Aragón y Cataluña en el reinado de Jaime I (1213-1276)*. Zaragoza. ✱ SCHRAMM, P. E. 1960. *Las insignias de la realeza en la Edad Media española*. Madrid. ✱ SCHRAMM, P. E.; CABESTANY, J. F.; BAGUÉ, E. (Eds.) 1985. *Els primers comtes-reis*. Barcelona. ✱ SÉNAC, Ph. y LALIENA, C. 2020. *1064, Barbastro. Guerra Santa y Yihad en la España medieval*. Madrid. ✱ SERRANO, J. 1998. «La donación de Ramiro II de Aragón a Berenguer IV de Barcelona, de 1137, y la institución del «casamiento en casa». *Hidalguia* 270: 709-719. ✱ SERRANO, M. 2008. *Jaime I el Conquistador. Imágenes medievales de un reinado*. Zaragoza. ✱ SERRANO, M. 2015. *Effigies Regis Aragonum. La imagen figurativa del rey de Aragón en la Edad Media*. Zaragoza. ✱ SERRANO, M. 2015. *Ferdinandus Dei gratia Rex Aragonum. La efigie de Fernando II el Católico en la iconografía medieval*. Zaragoza. ✱ SESMA, J. A. 1987. *El establecimiento de la inquisición en Aragón* (1484-1486). *Documentos para su estudio*. Zaragoza. ✱ SESMA, J. A. 1992. *Fernando de Aragón. Hispaniarum Rex*. Zaragoza. ✱ SESMA, J. A. 2000. *La Corona de Aragón. Una aproximación histórica*. Zaragoza. ✱ SESMA, J. A. (Coord.) 2010. *La*

Corona de Aragón en el centro de su historia (1208-1458). Zaragoza. ✱ SESMA, J. A. (Dir.) 2010. *La Corona de Aragón en el centro de su historia* (1410-1412). *El Interregno y el Compromiso de Caspe*. Zaragoza. ✱ SESMA, J. A. 2011. «Pedro IV y la proyección de la imagen real en la Corona de Aragón». En *La construcción medieval de la memoria regia*: 415-423. Valencia. ✱ SESMA, J. A. 2011. *El Interregno (1410-1412). Concordia y compromiso político en la Corona de Aragón*. Zaragoza. ✱ SOBREQUÉS, J. 1982. *El pactisme a Catalunya*. Barcelona. ✱ SOBREQUÉS, J. y MORALES, M. 2011. *Comtes, reis, comtesses i reines de Catalunya*. Barcelona. ✱ SOLANO, F. 1979. *Fernando el Católico y el ocaso del reino aragonés*. Zaragoza. ✱ SOLDEVILA, F. 1962. *Pere el Gran*, IV vols. Barcelona. ✱ SOLDEVILA, F. 1955. *Jaume I. Pere el Gran*. Barcelona. ✱ SOLDEVILA, F. 1958. *Vida de Jaume I el Conqueridor*. Barcelona. ✱ SOLDEVILA, F. 1963. *Vida de Pere el Gran i d'Alfons el Liberal*. Barcelona. ✱ SOLDEVILA, F. 1971. *Les quatre grans cròniques*. Barcelona. ✱ STALLS, C. 1995. *Possessing the land. Aragon's expansion into Islam's Ebro Frontier under Alfonso the Battler*, 1104-1134. Leiden-New York, Köln. ✱ SUÁREZ, L. 2012. *La expulsión de los judíos. Un problema europeo*. Barcelona. ✱ **T**ASIS, R. 1957. *Pere el Cerimoniós i els seus fills*. Barcelona. ✱ TASIS, R. 1959. *Joan I, el rei caçador i músic*. Barcelona. ✱ TASIS, R. 1961. La vida del rey En *Pere* III. Barcelona. ✱ TORRA, A. 1996. «Reyes, santos y reliquias. Aspectos de la sacralidad de la monarquía catalano-aragonesa». XV *Congreso de Historia de la Corona de Aragón. El poder real en la Corona de Aragón (siglos* XIV-XVI*)*, I [vol. III]: 493-517. Zaragoza. ✱ TORRE, A. DE LA 1966. *Documentos sobre relaciones internacionales de los Reyes Católicos*. Barcelona. ✱ TORRES, J. 1964. «La regencia de don Fernando de Antequera», *Anuario de Estudios Medievales* 1: 375-429. ✱ TORRES, J. 1980. «Don Fernando de Antequera y la romántica caballeresca». *Miscelánea Medieval Murciana* 5: 83-120. ✱ TOSCANO, G. (Dir.) 1998. *La Biblioteca Reale di Napoli al tempo della dinastía Aragonese*. Nápoles. ✱ TOURTOULON, Ch. DE 1874. *Don Jaime I el Conquistador*, II vols. Valencia. ✱ **U**BIETO, A. 1948. «La fecha de la muerte de Ramiro II de Aragón». *Estudios de Edad Media de la Corona de Aragón* 3: 474-475. ✱ UBIETO, A. 1947: «La participación navarro-aragonesa en la primera cruzada». *Príncipe de Viana* VIII: 357-383. ✱ UBIETO, A. 1950. «Monarcas navarros olvidados: los reyes de Viguera». *Hispania. Revista española de Historia* 38: 3-24. ✱ UBIETO, A. 1951. «El nacimiento de Alfonso II de Aragón». *Estudios de Edad Media de la Corona de Aragón* 4: 419-425. ✱ UBIETO, A. 1951. *Colección diplomática de Pedro I de Aragón y de Navarra*. Zaragoza. ✱ UBIETO, A. 1952. «La peregrinación de Alfonso II de Aragón a Santiago de Compostela». *Estudios de Edad Media de la Corona de Aragón* 5: 438-452. ✱ UBIETO, A. 1956. «De nuevo sobre el nacimiento de Alfonso II de Aragón». *Estudios de Edad Media de la Coro-*

na de Aragón 6: 203–209. ✱ UBIETO, A. 1977. «La creación de la Corona de Aragón». *Alcores* 2: 1–22. ✱ UBIETO, A. 1980. *Historia de Aragón en la Edad Media. Bibliografía para su estudio*. Zaragoza. ✱ UBIETO, A. 1987. *Creación y desarrollo de la Corona de Aragón*. Zaragoza. ✱ UBIETO, A. 1987. *Los esponsales de la reina Petronila con el conde Ramón Berenguer IV*. Zaragoza. ✱ UBIETO, A. 1991. Orígenes de los reinos de Castilla y Aragón. Zaragoza. ✱ UBIETO, A. (Ed.) 1988. *Documentos de Ramiro II de Aragón*, Zaragoza. ✱ UDINA, A. 2001. *Els testaments dels comtes de Barcelona i dels reis de la Corona d'Aragó*. Barcelona. ✱ UDINA, F. 1964. «Evolución del poder del soberano hasta la Unión». VII *Congreso de Historia de la Corona de Aragón*. Vol. III: 261–275. ✱ **V**AJAY, S. 1966. «Ramire II le Moine, roi d'Aragon, et Agnès de Poitou dans l'histoire de tans la légende». *Mélanges offerts à René Crozet*, vol. II: 727–750. Poitiers. ✱ VALDEÓN, J. 2006. *La dinastía de los Trastámara*. Madrid. ✱ VALERO, J. 2016. «Fast i creació artística a l'entorn de Ferran d'Antequera». *Lambard. Estudis d'art medieval* XXV: 233–284. ✱ VALLA, L. 1521. *Historiarum Ferdinandi regis Aragoniae, libri tres* [Edición de P. López, 1970, Valencia]. ✱ VELA, L. (Ed.). 1985. *Crónica incompleta del reinado de Fernando I de Aragón*. Zaragoza. ✱ VENTURA, J. 1961. *Alfons 'El Cast'. El primer comte-rei*. Barcelona. ✱ VENTURA, J. 1996. *Pere el Catòlic i Simó de Montfort: els càtars. Catalunya i les terres occitanes*. Barcelona. ✱ VERRIÉ, F. P. 1989. «La política artística de Pere el Ceremoniós». En *Pere el Cerimonios i la seva època:* 177–192. Barcelona. ✱ VICENS, J. 1962. *Historia crítica de la vida y reinado de Fernando II de Aragón*. Zaragoza. ✱ VICENS, J. 1953. *Juan II de Aragón* (1398–1479). *Monarquía y revolución en la España del siglo* XV. Barcelona. ✱ VICENS, J. 1969. *Els Trastàmares*, Barcelona. ✱ VIRUETE, R. 2008. «Aragón en la época de Ramiro I». [Tesis doctoral, Universidad de Zaragoza]. ✱ VIRUETE, R. 2013. *La colección diplomática del reinado de Ramiro I de Aragón* (1035–1064). Zaragoza. ✱ **Y**ARZA, J. 1993. *Los Reyes Católicos. Paisaje artístico de una monarquía*. Madrid. ✱ **Z**ALAMA, M. Á. y PASCUAL, J. F. 2017. *Testamento y codicilos de Juan II de Aragón, y última voluntad de Fernando I: política y artes*. Zaragoza. ✱ ZURITA, J. DE.1580. *Anales de la Corona de Aragón*. Zaragoza. [Edición de A. Canellas, 1980, Zaragoza].

Crónicas

Gesta comitum Barcinonensium et regum Aragoniae

Se ha considerado como el primer texto narrativo que se produjo en las tierras que hoy conforman Cataluña. En ningún caso debe considerarse una obra «nacional», sino estrictamente familiar, donde se narran las gestas de los condes de Barcelona y los reyes de Aragón. La primera parte de la versión más antigua de las *Gesta comitum Barcinonensium* se redactó en el monasterio de Ripoll entre 1180-1184, y explica la historia de los condados catalanes desde el padre de Wifredo I el Velloso, el mítico Wifredo d'Arrià. Después, entre 1184 y 1270, cuatro copistas se encargaron de historiar el relato de los reinados de Alfonso II, Pedro II y Jaime I.

Liber Regum

Ha sido considerado por los historiadores como la primera historia universal en romance de la península Ibérica, puesto que fue redactada entre 1197 y 1211, más de un siglo antes que la afamada *Primera crónica general* de Alfonso X el Sabio. Arranca, como es tradicional en estos escritos, con Adán hasta Jesucristo y, tras las historias bíblicas y romanas orientales, prosigue hasta el epílogo del reino visigodo peninsular, para enlazar luego con los reyes de Asturias y Navarra, y los reyes privativos de Aragón, desde Sancho el Mayor hasta Ramiro II.

Libre dels feyts del rei en Jacme

Aunque hay quien considera que esta crónica es única y especial y que no pertenece al terreno de la historiografía, otros autores sostienen que se trata de la primera obra importante de la historiografía de la corona de Aragón. Constituye, desde los inicios de la redacción, un acto historiográfico consciente por parte de su autor, el mismísimo rey Jaime I, quien se dedicó a escribirla y dictarla a finales de su vida, quizá hacia 1270. Sus pergaminos suponen una proclama de propaganda del soberano, quien justifica sus acciones y reflexiona sobre su vida y sus éxitos, poniendo el acento en el valor de la realeza más que en la antigüedad del linaje. Conviene recordar que su yerno fue Alfonso X el Sabio, impulsor de la *Primera crónica General*.

Crònica del rey en Pere i els seus antecessors passats

Redactada por Bernat Desclot, esta es la segunda de las llamadas «cuatro crónicas catalanas». Empezó a escribirse hacia 1280. Narra las empresas de Pedro III y constituye una suerte de «speculum principum» al mostrar el soberano y sus hechos como una figura modélica. Dotado de una personalidad historiográfica notable (en lo que concierne a su trabajo, la lucidez ideológica e interpretativa y su capacidad literaria), apenas aparece citado en el texto, acaso para dotarlo de mayor objetividad. Quiso transmitir una imagen compleja y elaborada del poder y de la monarquía que iba más allá que la mera descripción de hechos y gestas. En parte bebió del *Libre de l'infant en Pere*, y si su primera redacción presenta influencias de las *Gesta Comitum Barchinonensium et regum Aragoniae*, en la segunda, menos precisa históricamente, gana en fluidez narrativa, lo que convierte a Desclot en punto de inflexión en la evolución de los modelos historiográficos en tierras catalanas.

Crònica

Ramón Muntaner es el autor de la más extensa de las «cuatro grandes crónicas catalanas». Empezó a redactarse en 1325 y narra los acontecimientos que se desarrollaron desde el engendramiento de Jaime I hasta la suntuosa coronación de Alfonso IV. Escrita por el soldado y cronista Ramón Muntaner, proporciona una visión del imperialismo de la corona de Aragón y de las relaciones entre los diversos monarcas del Casal de Barcelona, lo que constituye, en realidad, un verdadero panegírico a la monarquía. De acuerdo con la concepción sacralizada que el cronista tiene de la institución monárquica, su lenguaje se inspira en la Biblia, fundamentalmente en los libros que conforman el Antiguo Testamento. Aunque a su manera tenía conciencia de historiador, la crítica –con más o menos reservas– ha puesto en duda muchas de sus afirmaciones, a pesar de emplear fórmulas que corroboran que fue testigo presencial de los hechos que explica y describe.

Crónica de San Juan de la Peña

Recibe el nombre por suponerse que fue escrita en este cenobio oscense, tan vinculado a la casa real desde su fundación. Se basó en el *De rebus Hispaniae* de Ximénez de Rada, la *Crónica de los estados Peninsulares* y en la *Gesta Comitum Barchinonensium et regum Aragoniae*. Se compiló a instancias de Pedro IV (de hecho, constituyó el precedente de la crónica de su reinado) y fue escrita entre 1369 y 1372 en tres versiones y lenguas: primero latín, y casi simultáneamente se tradujo al catalán y al aragonés. Ha sido explicada como una genealogía de la estirpe, desde el nacimiento de los territorios fundacionales de la corona de Aragón hasta el reinado del Ceremonioso, pasando por los primeros pobladores de la Península, la presencia de los godos, y la ulterior llegada de los musulmanes.

Crònica del rei en Pere

Constituye la cuarta, y la más tardía, de las llamadas «cuatro grandes crónicas catalanas». Comprende el reinado de Alfonso el Benigno y parte del de su hijo Pedro IV, quien ordenó su elaboración con finalidad propagandística y como herramienta para justificar sus decisiones políticas. Se han conservado diversas redacciones: una terminada hacia 1382-1383 y una segunda fechada hacia 1385, con breves modificaciones con respecto a la versión anterior. Aunque quizá empezó a redactarla el rey de su puño y letra (está escrita en primera persona y recoge documentos y recuerdos personales del soberano), el trabajo fue concluido por Bernat Descoll y otros altos funcionarios de la corte.

Històries e conquestes del realme d'Aragó e principat de Catalunya
Compiladas por el caballero Pere Tomic (o Tomich) y dedicadas al entonces arzobispo de Zaragoza Dalmau de Mur, conforman un memorial histórico de los orígenes de Cataluña desde la creación hasta comienzos del reinado de Alfonso V el Magnánimo. Concluidas en 1438, constituyen un documento de gran valor por evidenciar un cambio de sensibilidad en la percepción del devenir histórico desde el punto de vista de la nobleza caballeresca, ávida entonces por compartir el protagonismo que las llamadas «cuatro grandes crónicas catalanas» reservaban a los reyes de Aragón. Las *Històries* se centran en las gestas más señeras de la corona, como son las conquistas de Mallorca, Almería, Valencia o las guerras de Italia, y compilan además un gran elenco de leyendas que tendrán eco posterior. No obstante, no ocultan el planto del autor por la muerte de Martín el Joven o su reproche a Martín el Humano, su padre, por no designar heredero para la corona de Aragón, motivo por el cual considera que la nobleza catalana se encuentra en clara decadencia.

Crónica de los reyes de Navarra
Durante el encarcelamiento que sufrió tras la derrota de Aibar en la que combatió contra su padre Juan II, el príncipe de Viana redactó esta crónica, que no terminaría hasta 1454. En ella narra la historia de la monarquía navarra desde sus albores en Pamplona hasta Carlos III, su abuelo. A través de diversas fuentes, aunque no sin errores e interpretaciones personalistas, logró componer un relato hecho por y para unos fines legitimistas: no en vano, en un durísimo contexto de pulso intenso con su padre, en su prólogo explicita que se trata de una crónica de la historia «y reyes de Navarra cuyo heredero soy y espero a regnar».

De dictis et factis Alphonsi Regis
Este libro consagrado a Alfonso el Magnánimo fue redactado por el jurista canónico, poeta humanista y erudito italiano Antonio Beccadelli, también conocido con el sobrenombre de el Panormita o el Panormitano, quien entró al servicio del rey de Aragón en Nápoles en 1434. Culminó su obra en 1455, en realidad panegírico biográfico que recoge, en cuatro libros y con profusión de detalles, todos los pormenores, anécdotas y sucesos de las peripecias bélicas, sentimentales y civiles del rey, con el fin de ensalzarlo. Se ha considerado que las *Memorables* de Jenofonte fueron su modelo. El códice original –de lujo y dedicado al monarca– ha desaparecido, si bien se conservan varias copias entre bibliotecas y archivos dispersos.

Crónica de Aragón
Impresa en 1499, fue escrita por Gauberto Fabricio de Vagad y constituye la primera crónica general del reino de

Aragón desde los reyes de Sobrarbe hasta el final del reinado de Alfonso el Magnánimo. Viene precedida por tres prólogos que defienden y explicitan la preferencia y excelencia del reino aragonés sobre cualquier otro de los reinos hispánicos medievales. Se considera una obra excepcional en muchos aspectos, entre otros el aragonesismo de su autor, monje cisterciense zaragozano que fue nombrado por Fernando II «cronista mayor» del reino. Pese haber consultado grandes archivos monásticos aragoneses para elaborar su obra (como los de San Juan de la Peña y San Victorián), no rehuyó opiniones y digresiones fantásticas, y jugó con gran habilidad con los mitos y los lugares alegóricos del reino.

Crónica de Aragón

Es el título de la traducción que el bachiller Juan de Molina efectuó del original latino de Marineo Sículo, *De primis Aragonie regibus* y que vio la luz en la imprenta zaragozana de Jorge Coci el 30 de abril de 1509. La obra, que incluye una historia general de España junto con historias inéditas de Juan II de Aragón y de los Reyes Católicos, se debió al mecenazgo de Fernando II o de Alonso de Aragón, su hijo ilegítimo, a quien se le dedica una elogiosa semblanza. El interés historiográfico de la crónica es indudable, si bien sus folios se alejan de la narración cronológica de hechos tan tradicional en nuestros territorios para adentrarse en las galerías de hombres ilustres, que tanto deleitaban a los eruditos humanistas. Marineo Sículo concebía la historia como la principal de las artes, y le concedía una primacía indiscutible por su papel educador.

Crónica de los señores Reyes Católicos, don Fernando y doña Isabel de Castilla y de Aragón

Fernando del Pulgar fue nombrado cronista real –para reemplazar a Alonso de Palencia– por la reina Isabel de Castilla en 1482, año en el que comenzó a escribirse esta crónica de los Reyes Católicos. La finalidad de sus renglones está relacionada con la legitimación y justificación del gobierno de los soberanos, alabando sus logros y éxitos y acentuando sus cualidades y deberes como excelentes monarcas. Para llegar a todos los sectores posibles, se escribió en lengua vernácula y fue traducida al latín por Antonio de Nebrija, al que erróneamente se le atribuyó la obra cuando, en 1565, se imprimió por vez primera en Valladolid.

Cròniques d'Espanya

Compuesta por el escribano y archivero del rey Pedro Miguel Carbonell entre 1495 y 1513, aunque posteriormente añadió algunos documentos, a modo de anexos, sobre las propuestas de los reyes de Aragón a sus vasallos en Cortes Generales. Estas crónicas, descritas por algunos historiadores como la edición moderna de las llamadas grandes crónicas medievales, contienen noticias de los primeros pobladores de la Península hasta el reinado de Juan II, descartando incluir el reinado de Fernando II, siguiendo el consejo de su primo Jerónimo Pau y por razones fundamentalmente económicas. El autor no solo se basó en los documentos conservados en el Archivo Real, que pudo conocer bien a causa de su cargo y que transcribe total o parcialmente en su obra, sino también en el uso de las observaciones arqueológicas como herramienta auxiliar de la historia. A pesar de lo ponderado del texto, contiene recuerdos personales y reflexiones de carácter moralizador que descubren la noción del poder por parte del autor. Se publicó póstumamente, en 1547.

Anales de la Corona de Aragón
Redactados entre 1562 y 1580 por el primer cronista oficial de Aragón Jerónimo Zurita y Castro, quien se propuso recopilar, de forma rigurosa y mediante fuentes escritas originales conservadas en diversos archivos (también ultrapirenaicos como Roma, Nápoles o Sicilia), la historia de Aragón desde el período islámico hasta el reinado de Fernando II el Católico. Consta de ocho volúmenes que, siguiendo un orden cronológico, incluyen hechos históricos relacionados no solo con la política, sino también con la economía, la religión y la cultura. Su composición se prolongó durante treinta años, y la primera edición del último volumen salió a la luz en el año de la muerte del cronista.

Coronaciones de los serenísimos Reyes de Aragón
Jerónimo Blancas fue nombrado cronista oficial del reino para sustituir a Jerónimo Zurita y Castro. Escribió, entre otras obras relevantes, tres libros sobre las coronaciones de los reyes de Aragón, que constan concluidos en 1585: el primero se centra en la coronación de Pedro II el Católico, el segundo recoge la coronación de doña Constanza y el tercero está dedicado a las «juras» en general. Se ha conservado el manuscrito original y algunas copias. Resulta relevante que la obra se acompañe del más antiguo repertorio de voces dialectales aragonesas, encabezado con el título «Índice donde se declaran algvnos vocablos aragoneses antiguos que ay en las Coronaciones, escrito por Gerónimo de Blancas Chronista del Reyno de Aragón».

Índice

Transitar cinco siglos de historia, 9

I Algunos antecedentes, 17

II Albores del reino de Aragón, 23

Sancho Garcés 1004-1035 24

Ramiro I 1035-1064 37

Sancho Ramírez 1064-1094 49

III Consolidación del reino, 61

Pedro I 1094-1104 63

Alfonso I 1104-1134 74

Ramiro II 1134-1137 85

IV Corona de Aragón, 97

Petronila 1137-1164 98

Alfonso II 1164-1196 108

Pedro II 1196-1213 119

V Expansión territorial, 131

Jaime I 1213-1276 132

Pedro III 1276-1285 143

Alfonso III 1285-1291 155

VI La corona se afianza, 167

Jaime II 1291-1327 168
Alfonso IV 1327-1336 179
Pedro IV 1336-1387 190
Juan I 1387-1396 201
Martín I 1396-1410 212

VII Una dinastía castellana, 225

Fernando I 1412-1416 227
Alfonso V 1416-1458 238
Juan II 1458-1479 250
Fernando II 1479-1516 261

VIII Ecos del pasado, 275

Glosario, 284
Bibliografía, 293
Crónicas, 303

Texto:
Marta Serrano Coll

Corrección editorial:
Jesús Tábara Carbajo

Editorial Rimpego, S.L.U.
La Serna, 91 24007 León
987 045 084
www.rimpego.com

Segunda edición: diciembre de 2024

ISBN: 978-84-16610-44-0
Depósito legal: LE 427-2024

Impreso en España

sale de las prensas esta segunda edición el cuatro
de diciembre de dos mil veinticuatro,
a quinientos doce años
del nacimiento de
jerónimo
zurita